# 臨界点を超える世界経済

## 通貨と金をめぐる4大危機に備えよ

吉田繁治

Shigeharu Yoshida

ビジネス社

# はじめに

今までの『通貨論』は、全部が発行する側である政府・中央銀行の立場から理論が組み立てられたものです。本書はこれを逆にして、通貨を使う国民の立場から書いたものです。世界ではじめてのものになるでしょう。

チューリッヒのプライベートバンクを訪ねたときでした。説明してくれた金融学者、エコノミストは、およそ100年のデータを使っていました。「そうか、マネーの運用には、100年、200年のデータがいるのか。スイス金融の秘訣《ひけつ》がこれだ」と思ったのでした。100年のデータからはまるで違ったものが見えるからです。20年前です。ほとんどの場合、長くても10年程度のデータしか利用していないわが国とは違っていたので、印象に残っています。10年では通貨の価値変動はわかりません。

*

本書は、17世紀の西欧、ペーパーマネーが偽《にせ》の金証券として生まれたときから、始めます。つぎは「金貨と金準備制の、近代銀行制度」から中央銀行づくりへ進みます。そのあと、戦後の「米ドル基軸通貨の体制」の成立から、27年あとの金のデフォルトだった「金・ドル交換停止（1971年）」を経て、48年間つづいている「変動相場制」へと論理的につなぎ、その全体を、われわれにとっての通貨の価値（購買力）の視点から見ていきます。

1944年に、44か国の連合国が合意したドル基軸の体制は、「金準備制の米ドルを固定軸の尺度」として、各国の通貨を周辺国の位置にあるものとしてならべる制度です。「金・ドル交換停止」のあとの、米国財務省とFRBの「金との50年戦争」は、価格が高騰していた金に対してドルの価値の低下を隠し、ドル基軸の体制を守ることを目的として実行されたものです。この間のFRBによる金価格との戦いは、一般には知られていません。

2008年のリーマン危機のあとは、「世界の四大中央銀行がとった過剰流動性の供給」を原因に「負債の過剰」が生じて、現在に至っています。今も、これからも増える債務が生むのは、数年内の金融危機でしょう。「金融資産＝別のひとの金融負債」なので、金融危機は、「通貨の危機」になり、「財政の危機」にもなります。このとき各国の政府は、可能な選択肢のうち、どんな対策をとりえるか。その展開を示すことを通じて、「21世紀のマネー価値」を追究しています。

＊

わが国には、GDPの2・4倍を超えて、なお国債の新規発行がつづく、「政府の過剰債務」の問題があります。最近6年は、日銀がおよそ500兆円の国債を買い取ることにより、国債の金利を、マイナスからゼロ％に誘導しています。1000兆円の国債が、国民の純預金を超えた2015年にも予想された財政の危機は、今はまだ防がれています。

しかし、物価の上昇率が1％、1・5％、2％に向かうと予想されるようになると、「債券市場が期待する均衡金利」は、１％、２％、３％と上がっていきます。これに対して日銀は、市場の実勢からは上がっていく期待金利を、１％や０・５％以下に下げる「金融抑圧」をつづけるでしょう。長期債の金利が３％に向かうと、国債の下落から財政が破産するからです。

日本の現在と比べることができるのは、第二次世界大戦後、ＧＤＰの２・５倍の国債をかかえていた英国です。財政の破産をさけるため、イングランド銀行は、国債の金利を市場の実勢より数ポイント低く保つ金融抑圧を約30年つづけました。確かに金利は上がらず、国債は価格を維持し、英国は財政破産からはまぬがれました。しかしポンド安から物価が上がっていたインフレの中で、人為により、低すぎる金利をつづけた英ポンドの交換レートは、円に対して７分の１に下がりました。戦前には世界一ゆたかだった英国人の経済は、英国病ともいわれて成長しなくなったのです。物価は上がって、通貨の価値が下がり、経済と所得の実質成長は小さかったのです。

仮に、１ポンドが１０００円だった時期（第二次世界大戦直後）に１０００万円分のポンドを金に換えた英国人がいれば、今は資産額29億円の富豪でしょう。ポンドに対して金の価格は、およそ２９０倍に上がっているからです。現在の金価格は第二次世界大戦直後の円からは約１０００倍、ドルでは37倍です。自国の、不換紙幣の価値への長期の見通しをもつことは、資産づくりへの道でもあります。

物価の上昇を引いた実質所得の増加を犠牲にして、金融抑圧を長く行った英国と日本で重大に違う点は、英国では戦後の財政赤字はなく国債の増発もなかったことです。わが国では、増大する社会保障費の支払いのため構造的になった財政の赤字により、国債は1年におよそ35兆円は増えつづけます（各年度の補正予算を含む）。金融抑圧を成功させた条件が、英国とは違うのです。

政府に忠実な日銀が、「英国の条件が整わない金融抑圧」を首尾よく行うことができたとしても、物価の上昇率が2％付近に向かうときに、「市場の期待均衡金利」はおよそ2％から3％に上がるでしょう。この金利の上昇により国債価格は15％から21％下がるため、日銀が政府財政の危機と破産を防ぎつづけることができるか、予断をゆるしません。債券市場の投資家（内外の民間金融機関）が期待する均衡金利は、「物価を含む名目GDPの上昇率のあたり」です。結論は、第二章に述べています。

日銀は、短期金利を調整しコントロールできます。しかし預金と貸出の金利のベースになる長期金利（10年債の金利）は、金融機関が多額の国債を売買している債券市場での、今日の国債価格によってきまるものです。金融機関が自己保有している国債に下落のリスク（つまり金利の上昇）を感じて、損をさけるための国債の売りが増えていくと、売られた国債の価格は下がり、国債の市場価格とは逆比例する長期金利は1％、2％、3％と上がっていきます。このときは1000兆円を超えている既発国債の全体の価格が下がり、それを保有する「銀行と日銀を債務超過」におちいらせることから、政府財政の危機に向かったときはどうなるのかをシミュレーションしています。

「危機をつづけながら円安になっても財政は破産しないケース」、「危機から破産に向かって円が暴落するケース」の双方に対して、われわれが分有している金融資産（約１８００兆円）の価値を守る方法も示しています。

政府は、唯一の10年の経済見通しである「中長期の経済財政への試算」を作成し、毎年・毎期、「経済財政諮問会議」で検討しています（19年1月）。最新の「試算」では、物価が１％、１・５％、２％と上がっていくこと、２０２２年には、長期金利が３％に上がることが想定されています。しかし長期金利が２・５％に向かったときは、平均満期が８年の国債価格は約17％下がるため、新規国債の引き受け難が起こって、政府の財政は資金不足から危機にはいります。期待長期金利が３％に上がると、国債が額面ではさばけなくなって価格が大きく下がり、発行難が生じるようになって、財政支払いのデフォルト、つまり支払い猶予になっていきます。財政のデフォルトとは、１年に１０７兆円支給されている社会保障費（公的年金57兆円、医療費39兆円、介護費11兆円：２０１８年：財務省）のうち、国債の新規発行で補填《ほてん》している約30％（32兆円）が支払い困難になることです。このときは円と株価も暴落します。こうした財政危機でとどめず、ひとびとが自分の金融資産を守るだけでなく、増やす方法を示したのも本書の特徴でしょう。方法を知っていれば、金融危機や財政危機は資産をつくる機会に転じるからです。

第二章では、米国で語られ始め、論争も呼んでいる「ＭＭＴ（現代貨幣理論）」における結論、つまり政府の徴税権のまやかしも示します。ＭＭＴ理論はインフレにならない限り、マネーは無限発行できると主張しています。

＊

米ドルは、１９４４年に世界の基軸通貨とされたあと、じつは3回、このポジションからすべり落ちる危機を経験しています（これも、わが国では知られていません）。

①石油危機の１９７３年から１９７９年
②プラザ合意の１９８５年から１９９０年
③リーマン危機の２００８年から２０１０年

ドルは金から離れたときから、中東石油の流通を支配していたロックフェラーによって「原油を事実上の担保」にしました。原油は米ドルでしか売らないという仕組みです。原油を輸入する多くの国には、ドル準備が必要になります。これがドル買いを喚起し、ユーロ成立のあとも、世界の貿易通貨の60％というドル基軸を守ってきたのです。大きなところでは、１９７０年代から94年までは日本とドイツが、１９９４年からは日本と中国のドル買いが、ドル基軸の体制を支えてきました。しかしドイツは１９９９年から統一通貨ユーロをつくって、米ドル圏から逃れています。それ以来、ユーロ19か国内の貿易では、ドルを使う必要がなくなったのです。このため世界最大の経常収支黒字国のドイツが、21世紀にはドル国債を買わなくなっています。

通貨の信用は、発行元ではなく、通貨を使って貯める国民が中央銀行に対してあたえるものです。ＦＲＢや日銀の信用は、ＦＲＢと日銀の資産からくるのではない。海外と国民がドルや円の現在、および将来の価値（購買力）を信用して、貯蓄することからきます。つまりドル基軸体制は、周辺国の通貨である円や人民元からの買いが支えてきました。

海外諸国からのドル買いの超過は、その国にとって対外資産の貯蓄になります。米国にとっては、逆の対外負債です。わが国で大きな順にいうと、金融機関・企業・政府が対外資産として１００８兆円をもっています（18年12月：円のレートによって金額の変動あり）。2位の中国は、外貨準備として３・１兆ドル（３４０兆円）をもちます（18年は６７２億ドル減少）。世界の外貨準備は、13兆ドル（１４３０兆円）に増えていて、そのうち60％から65％はドル建ての国債・証券・ドル預金です。

米国の対外負債は36兆ドル（３９６０兆円：米国のＧＤＰの１・７倍）に達していて、毎年１兆ドルずつ増えていきます（米国の対外負債はドル建てです）。

この対外負債に対しては、米国から海外への金利の支払いが必要です。現在は２・５％程度のドルの長期金利が、３％に上がると利払いだけで１兆ドル（１１０兆円）です。長期金利が４％になると１・４兆ドル（１５４兆円）です。３・５％あたりから、米国の対外負債が利払いという要素で増えるようになっていきます。米国からの利払いによって対外負債が増えるようになったときから、海外からの買いが減るドルは、デフォルトの危機におちいるでしょう。

負債の始末が悪いのは、経済が好調になり、借り入れの需要が増えることにより金利が上がると国債の価格が下がり、金利の支払いが増えていくことです。「米国は対外的なデフォルトの危機に近づいている」という認識が世界の投資家・金融機関に生まれはじめると、海外がもつドルと米国債が売られ、株価と同時に国債も暴落するリスクがあるでしょう。米国は、対外負債を返済して減らさねばならない。しかし、経常収支が構造的に赤字の米国には、ドル切り下げ以外に対外負債を減らす手段がありません（米国の対外債務はドル建てなので、ドル切り下げで減少します）。

ドル安によって、もっとも大きな損をするのは、約40年もかけて貯めてきた対外資産（海外における資産）が1000兆円を超えている日本と、3・1兆ドルの中国です。この損のため、米国の対外債務の危機と日本の財政危機は、おなじときになるでしょう。日本は政府の負債、中国は企業の負債が大きすぎるからです。

＊

中国には、企業債務の問題があります。リーマン危機のあと、人民銀行は、四大国有銀行（合計資産16兆ドル）に対して元を5兆ドル増発し、国有銀行は増えた準備預金を背景にし、企業に貸し付け、負債による設備投資と住宅建設をうながしました。この超金融緩和の目的は、輸出の減少によるGDPの低下を抑えることでした。このため08年のあと、中国の企業の負債は毎年19％も増えつづけて、18年には22兆ドルになっています（2420兆円：GDP比で1・6倍：

ＢＩＳ)。
このうち、およそ１０００兆円は、今もすでに利払いがなく、将来の返済もできない不良債権でしょう。いまだに不良債権とされていないのは、国有銀行が国有企業に帳簿上の追い貸しを行っていて、利払いがされたとする仮想的な処理をつづけているからでしょう。ただし、この特例の処理によっても、企業の負債はさらに大きく増えます。いつまでもこの状態をつづけることはできないということです。数年内には、不良債権の臨界点がくるでしょう。そのあと、政府の対策と展開は、どうなるのか。中国政府と人民銀行は、どんな手段をもっているのか。第八章で中国政府の立場に立って検討し、結論をみちびいています。

＊

文中では、根拠を示すため、世界経済の「＊＊兆円」という規模の数字をかっこ書きとして多用しています。金額のイメージをつくるため、煩雑になることをいとわず、１ドルを１１０円として換算値もつけています。それぞれの数値の根拠も、かっこの中で付記しています。

一貫して、国民にとっての通貨の価値を検討しています。変動相場にある円・ドル・ユーロ・元、それぞれの原因は異なっても、おなじ過剰な債務からくる通貨危機・金融危機・財政危機のあと、「21世紀の通貨価値が何によって維持されるか」を示します。この３つの危機はおなじものです。

冒頭で示したように、過去と現在の通貨論の全部は、政府・中央銀行の立場からつくられています。不思議なことですが、国民にとって長期間貯めても価値を保つ通貨論は存在しません。

本書の結論についての反論は可能です。問題は、その反論の数値的根拠が何かです。根拠がない感情論は、意味がない。そう言い切れるまで、検討を深くするために書いたのが本書です。最初から結論をきめて、逆算して、都合のいい事実や検証を探したのではありません。過去から現在までの数百年の「通貨の本質と現象」を検討したうえで論理をみちびいたものです。中央銀行に対して、価値を保ちえる通貨について論争を挑むものでもあります。

表現法では、ものたりないと思うひともいるくらい形容詞、副詞、接続詞、指示代名詞を少なくし、文意でつないで数字に語らせています。形容詞・副詞は、本人の思いいれと身勝手な評価になることが多いからです。たとえば「美しい」というのは、個人の評価と感想です。国語の述語になる用言では、同音異義の誤解が生じにくいところでは「ひらがな」をつかっています。

筆者は、おもに「まぐまぐ」から、無料版・有料版（1か月６４８円）のメールマガジンを発行しています。19年４月には１０００号を超えました。おかげ様で、ビジネス部門では1位をつづけています。毎週、時事的な現象を本質から考えて書いているので、予測になるものが多い。あわせてお読みいただくことをおすすめします。

（まぐまぐのサイト）http://www.mag2.com/m/P0000018.html

寓居にて

令和元年5月　　吉田繁治

yoshida@cool-knowledge.com

## 第三章 財政破産を先送りし、円安と貧困を招いた異次元緩和

## 第四章　中央銀行設立から見る米ドル基軸への展開



## 第五章　独立戦争、ＦＲＢ創設、ブレトンウッズ協定までの米ドル

## 第六章　ＦＲＢが反ゴールドキャンペーンを行った26年

# 第一章　中世の偽金づくりに似たペーパーマネーの変遷

最初にマネーの過去を振りかえって近未来の予想を交えて描きます。歴史は論理的な展開の先に、雛形《ひながた》の未来を与えます。人間には過去しかない。明日も未来であり、未来は人間の概念の中にしかない。しかし過去を年代記の羅列ではなく、現象の変化の中、あるいは底または奥で働いていた力を整合させると過去から未来が現れます。未来の具体物はなくても、概念あるいはイメージとして現れることが必然に思えるのです。

１９９０年からの資産バブル崩壊のあと、経済成長がゼロ%に近い状態がおよそ30年つづき、個人の所得も増えなかった平成が終わりました。昭和天皇がなくなられたのは、わが国の資産バブル崩壊のときでした。それから30年、令和はどんな時代か。つぎの30年を受動的ではなく主体的に構想せねばならない。中心となる世代は、30年から40年で交替します。

それぞれの小主題において歴史と現在を対置し、論理で未来と関連づけます。歴史は外形と人物、そして通貨の形態と価値は変えてきましたが、動かす力は共通です。経済を動かすキー概念は一貫して、通貨の価値（購買力）でしょう。

## 紙幣の発生と変遷

### 【金細工師が発行した偽の預かり証から紙幣が始まった】

17世紀のイタリアと英国で、金細工師が発行した金の預かり証が通貨として使われはじめました。これは金の返還を約束した手形でした。富裕者が金と装飾品を保管や修理のため、細工師に預けることから始まっています。フィレンツェのベッキオ橋にいくと名残の店が並んでいます。ローマ時代、中世、16世紀ルネサンスが現存するイタリアは近代欧州の金融の発生期も見せます。この預かり証（金兌換の証券）は金とおなじと信用され、意図されることなくマネーとして使われるようになっていきます。これが金兌換紙幣のはじまりでした。しばらくすると細工師は、金の返還を求めるひとは10%から20%くらいしかいないことに気がつきます。細工師は、金貨が不足して借り入れを申し込んできた貴族に、金の根拠がない預かり証を偽造して貸し付けるようになっていったのです。預かり証が偽とは気づかれず、細工師はその貸付金の金利をとり、返済は金地金《きんじがね》で受け取ったのでもとの資本はゼロで金を集めることができたからです。シェークスピアの『ベニスの商人』（1597）は実話をモデルに脚色されたものです。

これが「金の根拠がない通貨の発行＝ペーパーマネーによる信用創造」の始原です。

約束手形を皆が信用するマネーとして発行したことになります。ベニスの金商人が無コストで発行した手形を借りたひとたちは、それで金・消耗財・資産を買うことができました。このとき預金を預かる銀行と、貸付金として発行される預金（紙幣）のモデルが誕生したといえます。

本物の金を預かりながら、ひそかに偽の、しかし社会では信用されて流通する預かり証も発行したのですから詐欺です。しかし詐欺は発覚したあと、詐欺になる。わからない間はマネーを求めるひとに貸し付け、購買力を増すという社会に有益な行為です。これが銀行の原型です。金細工師が正史から消えているのは、偽金づくりの詐欺が発覚しない間は、社会から信用されたという歴史が銀行にあるからです。

マネーはそれが運ぶ価値（購買力）が信用され社会で流通する限り、発行すること自体は詐欺ではありません。「商品が買えない、買っても少ない」と価値の信用を失ったとき詐欺になっていきます。金細工師（中央銀行＋銀行）がマネーを過剰に貸し付けて流通したとき購買力が過剰になって「モノ不足からのインフレ」、つまり通貨の価値下落があったとき詐欺とわかる。銀行は商品をつくりません。購買力だけをつくって貸すからです。

## 【マネーの流通総量−生産される商品量＝インフレ】

商品価格が上がるのは、生産力が増える以上に流通するマネーの量が増えた結果です。

経済学では、マネー量と商品価格の方程式とされる「マネーサプライの量（M）×回転速度（V）＝物価上昇率（P）×商品の生産数量（T）」です。ただし経済学の法則は、自然科学と違い、動的な不均衡のときがあります。発見者の名から、フィッシャーの交換方程式といわれます。

通貨の歴史では、「マネーと経済の天秤《てんびん》のような動的なバランス」の原理が普遍的に働いているでしょう。マネーの流通量が商品の生産力に対して過剰に増えれば、物価が上がる。商品の生産力の増加がマネーの流通量より多ければ、物価は下がる。

ベネズエラは250万倍のインフレです（2019年4月）。ゼロの多い通貨（100万ボリバル）を公的な紙幣として、政府または中央銀行が発行し、政府が税収の根拠がない財政の支出として使って企業や個人に払えば、簡単に起こることです。

政府が100万ボリバルを1ボリバルに単位を切り下げて、通貨の発行総額を減らせばこのハイパーインフレは一瞬で収まります。収まらないのは、政府が通貨単位を幾度か切り下げても、紙幣の増加発行は、軍事費が必要なマドゥロ政権の収入になるので、通貨の全体量を増やしつづけているからです。1億や10億ボリバルもゼロを増やすだけで簡単に発行できます。

今、1kgのトマトが500万ボリバルという。ボリバルでは高く見えても米ドルで買うと76セント（83円）です。ベネズエラのインフレ物価は安い。価格のゼロだけが多くなったものだからです。物価は日本の6分の1くらいでしょう。日本ではトマト1kgが約500円です。

ハイパーインフレのあとのジンバブエのように「米ドル」を自国通貨にしてもいい。地下に眠る富である原油の確認埋蔵量ではサウジを超えて世界一です。ドル圏がベネズエラに拡大すれば、1994年に中国が人民元のドルペッグ制になったときのように米国は喜びます。ドルに通貨価値が連動する仕組みであるドルペッグ制のボリバルでもいい。しかし、それでは政権が自由に増発できなくなります。

大西洋の群青の海が見える丘に豪華な別宅をドルで安く買っておけば、インフレがおさまる5年後には、富豪の仲間入りができるでしょう（独裁政権がつづけば没収のリスクあり）。資産を米軍で防衛する方法があれば、世界中に富豪になるチャンスはいつも転がっています。アジアでは米国からの経済・金融封鎖により危機をつづける北朝鮮がこれから10年で世界一の経済成長率になり、投資利益が巨大な国だと見ている投資家も世界に存在します（ジム・ロジャース）。開放経済になると1億円の投資が近々、100倍、1000倍にはなるかもしれないからです。「危機のときの投資」はロスチャイルドが200年間実践し、今も行っている方法です。数年の間に北朝鮮に対して世界が開放経済を認めるのは、およそ確定していると見ていいからです。今はミサイルと核兵器の問題から、西側が経済・金融封鎖しているだけです（中国、イランとは通商があります）。北朝鮮側は、金正恩《キムジョンウン》も開放を熱望しています。

ベネズエラの確認埋蔵量は3032億バーレルです。1バーレルを現在の価格の70ドルとすると21兆ドル（2310兆円）です。米国の実質GDP21兆ドル（2310兆円）と並ぶ富が地下にありますが、今は生産が稼働していません。

お金の教育を不動産業の親から受け、借金は3回踏み倒して、所得最上位の階層より嗜癖《しへき》に見えるくらいお金と女性の匂いに敏感なトランプ氏が、ベネズエラに関与する理由が、この埋蔵原油です。当然、ロシアも関与しています。

2年前まで10兆倍のインフレを起こしていたジンバブエは自国の通貨（ジンバブエドル）を廃止し、自分では増刷できない米ドルと南アフリカのランドを通貨にしたことから、インフレはおさまっています。ハイパーインフレは通貨の緊縮（通貨単位の切り下げ）をすれば、数か月の混乱で終わります。取り憑《つ》いて離れない悪魔のように怖がる必要はない。政府に通貨の切り下げと発行額抑制の意思があれば、じつに簡単に消せるものがハイパーインフレです。

第一次世界大戦後のドイツの物価1兆倍のハイパーインフレ（1923年）も、数か月で終わっています。旧通貨の廃止になる金額の切り下げ（旧1兆マルク＝新1マルク）によるインフレが終わったとき、紙幣の金融資産を失って没落するのは、紙くずになる旧紙幣での純預金（預金－負債）、国債、政府との年金契約のあるひとたちです。純預金、国債、旧制度の年金は、およそゼロになるからです。政府の負債と預金は、ハイパーインフレでは同時に蒸発します。仮にGDPの10倍の国債があっても、1兆円が1円になるので一瞬でゼロです。

**〔ペーパーマネーと金〕** ペーパーマネーの本質は、金属自体が価値をもつ金とは違う、金から見れば偽札です。紙幣なら金額の単位を100分の1に切り下げることも100倍に上げることも、政府は一瞬で行えます。ところが金はそれ自体が通貨の価値をもつので、だれも偽造して価値を切り下げることはできません。政府にとって、子供にも価値が下がったとわかる混ぜものの改鋳でしか偽造できない金は、やっかいな金属です。世界中の政府とスティグリッツ以外の主要なエコノミストが金本位や金兌換通貨制をヒステリー気味に非難する理由は、金は政府が偽造できないからです。

ベネズエラやドイツ、そして戦後の日本のように、ペーパーマネーは政府が無限に増やすことができます。政府は通貨の発行において、裁量権を国民から付与されています（ただし民主国家では行政権の執行について国会の議決が必要）。

## 【金の預かり証と中央銀行の通貨発行はおなじである】

金の負債を示す預かり証を発行する行為は、その手形が共通文化の都市国家の中でマネー（金）として自然に使われたので、金証券という手形（マネー）を発行したこととおなじです。

これは日銀が国債（当時の金に相当）を買って、「国民経済全体からの負債の証券である円（偽の金の預かり証に相当）」を発行していることともおなじです。

しかし「円は国民経済からの負債証券」というのでは用語が難しい。たとえで示します。金細工師の預かり証は貴族（当時の社会）への金の負債を示す証券です。その負債証券の預かり証が、マネーとして自然に使われるようになったのでした。

われわれは、中央銀行が発行した紙幣と、銀行がもともとは貸付金として発行した預金である円やドルを使っています。その通貨は金細工師の貴族への負債とおなじく、われわれの属する社会、つまり国民経済に対して信用創造をした中央銀行と銀行側にとっての負債です。

◎通貨の発行は「信用創造、英語ではCredit Creation（負債の創造）」といわれます。

「負債＝経済的信用」であるため、信用創造（通貨の発行）をするのは負債をつくることです。お互い借り入れと負債で連結している銀行システム（銀行の全体）が貸付をすることが、預金者の全体をめぐる預金通貨（マネーサプライ）の創造になります。その預金通貨は銀行にとって預金者からの負債であることからも、「通貨＝発行者の負債」という構造がわかるでしょう。

　銀行の貸付に対応する資産は、貸付債権という貸付金を回収する権利です。差しいれる不動産や株などは、債権の回収を担保（補償）する借り手の資産です。銀行では担保に質権《しちけん》をかけるとしています。この古風な用語が電子マネーやハイテクになった銀行でも使われます。個人が保険料を払ってかけた住宅ローンの火災保険（個人の確率的な将来資産）に質権をかけるとか。保険は、預金とは違う確率的な資産です。

　この概念は質屋《しちや》の質《しち》とおなじです。金細工師は、質屋のように金を預かって質札《しちふだ》を発行しました。質屋と違う点は、細工師の質札が都市国家内では金に代わる通貨になったことです。中世から近代の細工師は、ひとびとから価値が信用されたという根拠しかないマネーを創造したのです。

ときおり「あの金庫には金がない」という噂《うわさ》から取り付けにあうと即日つぶれ、詐欺師になった金細工師は縛り首になっていました。細工師は華美を排し、質素な生活を示す（シンボル、つまり象徴として表現する）、黒ずくめの身なり（外面）をつづけていました。僧侶が僧服を、裁判官が法衣を、天皇や宮司が宮司服を、サラリーマンが背広やスーツを、求職者がリクルートスーツを着て面接に向かうこととおなじです。贅沢が見えれば、預かった金を使っているのかと疑われるからです。リクルートに毛皮やジーンズを着て行けば「場の信用」を知らないと評価されて落ちるでしょう。面接の場でひとの信用は服装と姿という外形（フォルム）と、ひとの内部の知識からの応用力をあらわす言葉がつくります。銀行がコストのかかる建物を建てるのは、外形がひとびとに与える信用を得るためです。銀行に大きな金庫があっても、マネーは当座で必要なものしかない。信用があるだけです。マネーは銀行の信用から預金口座に振り込む貸付金としてつくられます。

**〈近現代の銀行システム〉** 銀行システムは、紙幣ではなく紙幣と同等の「預金通貨」を創造しています。紙幣は、中央銀行だけが発行します。しかし銀行預金も残高があればいつでも、いくらでも紙幣で引き出すことができるので紙幣と同等のものです。銀行の信用創造を理解するには、預金も通貨であると知る必要があります。

**〈資本の預かりによる資本主義と複式簿記の発生は同時〉** 資産と負債を対照する簿記と株を発行する資本主義も、金細工師のB／S（貸借を対照した会計表）だった金の預かり帳から始まったものです。

株式は自己資本とはいわれますが、その所有者は株を買った（出資した）株主です。株式は、会社にとって「返済の順位が最後尾である劣後債務」です。

株の本質を見抜いていたドイツの軍医・財務大臣で『金融資本論』（1910）の著者ヒルファディングは、株をひとびとの企業への利益期待だけから価値をもつ擬制資本としています。紙幣の価値は言葉の約束が通じる、共通の価値観の社会をつくる人間だけが理解できる概念です。猿は紙幣を紙としてしか理解しません。1億円の紙幣より、それ自体が価値をもつバナナを選びます。モノとしての価値は、1本のバナナより低い1万円札や金貨を渡しても、チンパンジーはバナナを離しません。価値を表象するシンボル化の能力がないからです。

人間はおよそ5歳からシンボルと文字を理解します。5歳の子は形と色が異なる桜・バラ・チューリップを「花」という概念で共通であると理解することができます。これがマネーの価値をわかる表象能力（抽象化の能力）です。

小林秀雄は、これを逆の面から書いています。「美しい花がある。花の美しさというようなものはない」（『当麻』）。美しい花は存在する具体物ですが、花の美しさは美しい花から抽象された概念です。抽象化とは具体物を消すことですから、それ自体には形はない。このようにマネーの価値は抽象的、概念的なものですから、具体物は紙でも貝殻でも、あるいは仮想通貨のように解けない暗号でも、変質しにくく、社会に信用されるなら何でもいい。社会は、共通の価値観と法をもつ人間の集まりです。

マネーは貯めれば価値（商品の購買力）を保ち、長期間保存（貯蓄）しても価値が変わらないとき、その価値が信用されたのです。バナナの価値は数日しか維持されません。５０００年も変わらない価値の保存では金が最高の金属です。50年から70年経つと、およそ例外のない増発のため、増発から無価値になってきた世界の紙幣より本源的な価値を保つマネーとされたのでしょう。

戦前の1円札（今の1０００円以上の価値）は現在、ほぼ無価値です。ところが江戸時代の純金の大判は２００年前の価値を保っています。実際、明治中期に発行された円は、「1円＝1ドル＝約1・5グラムの金」でした。今の紙幣なら７５００円の価値です。1・5グラムの金は現在５０００円ですが、明治中期の1円紙幣は今も1円であり、価値は７５００分の1です。当時の金で1万円分をもっていれば７５００万円の財産ですが、紙幣では1万円のままだからです。日銀が設立された明治15年からの１３６年では、年平均６・４％のインフレでした。円の価値が６・４％ずつ下がってきたということです。

**〈中央銀行は政府と銀行の都合でつくられた〉**　およそ19世紀から各国で銀行の上に、銀行と政府に貸し付ける「中央銀行」がつくられます。担保資産の下落から銀行のマネーが不足し、金融危機になるか、預金の取り付けで破産しそうになると、「Too Big To Fail（つぶすと悪い影響が大きすぎる）」という非論理から、中央銀行が紙幣を増発して銀行を救います（Bail Outといわれます)。

２００８年のリーマン危機のあと、米国ＦＲＢの３度にわたる量的緩和(ＱＥ：Quantitative Easing)がこれです。ＦＲＢの信用通貨の増発は、約４兆ドル(４４０兆円)でした。

(注)正確には12の連銀からなる連邦準備制度理事会ですが、本書ではＦＲＢとします。ドルを発行する中央銀行です。

国民は銀行があれば、中央銀行を必要としません。

①政府は円滑な国債発行のため、

②銀行は危機のときベイルアウト(救済)を受けるため、インフレを無視すれば無限信用をつくることもできる中央銀行を必要とします。

中央銀行は政府と銀行のための機関です。高額紙幣の発行もじつは簡単です。やるつもりなら、１万円札に１兆円と黒田総裁が書けばいいだけです。

10年くらい前の話です。１枚のプラチナコインに１兆ドルと大統領のサインで刻印し、ＦＲＢに買ってもらい、政府がＦＲＢから１兆ドルをもらえば、政府の累積赤字(22兆ドル：２４２０兆円)は一瞬でなくなると米国議会で議論されていました。これでほんとうに政府の赤字を減らせるのでしょうか？　しばらく考えてください。日銀が国債を買えば、政府の借金はなくなる、返済は一瞬でできると真面目に主張しているエコノミストも存在します。反論のため、５分くらい考える価値はあるでしょう。

こうしたことが金ではできない、信用通貨のマジックです。そのマジック（いわば詐欺）は、あまりにやりすぎだとされたので議員の提案は引っ込みました。しかし政府によるこの詐欺は法に触れずにできたのです。最終の結論が政府の徴税権になる、まやかしのMMT（現代貨幣理論）はこうした背景からも出てきたものです。

**〔中央銀行による通貨の発行〕** 中央銀行の通貨発行は、会社が株券を発行する行為とおなじです。株券と社債が会社の負債であるように、中央銀行の通貨の発行は紛《まぎ》れもない負債です。

しかし通貨は、中央銀行が国民に返済（回収）しなければならない負債ではない。「中央銀行＋銀行」が回収して減らさない限り、商取引で流通しつづけるため、国民経済から商品の価値を物価の上昇分ずつ盗むことになります。通貨の発行が発行者にもたらす利益、つまりシーニョレッジ（領主権）とは国民経済から盗まれたものです。

日本のようなハイパーインフレがなかった米国も、1970年からの50年間では平均インフレ率が3・2％／年でした。50年後の1ドルの実質的な価値は20セントに下がっています。50年前に20セントだったコカ・コーラは1ドル。コカ・コーラ社が80セント儲《もう》けたのではない。50年間で1ドルから毎年3・2％ずつ、ドルを増加発行した政府が国民にそれと知られることもなく盗んできたからです。完全犯罪の窃盗と変わらない行為です。

いったん増発された通貨は金融収縮や高金利で回収されない限り、経済主体（個人と法人と政府）の間をめぐりつづけます。海外にマネーを逃がすと、日本の銀行のマネー量（マネーサプライ：M3）は減っても、世界のマネー量ではおなじです。銀行システム内の銀行の貸付で増えた預金は支払いにより持ち主はめぐっても、貸付金の回収や銀行危機以外では減りません。**〈貸し借りで相互に連結された銀行の全体が銀行システム〉**「銀行システム」とは、貸し借りと送受金でお互いに結ばれた銀行の全体の系（システムという）をいいます。銀行は相互の貸し借りで深く連結しています。

　銀行システムとは成層圏の上空から全銀手順の通信でつながる銀行の全体を見たマクロからの視点での銀行のことです。GDPもマクロ経済での生産、所得、需要です。ケインズがこのマクロ経済の発見者ですから、20世紀前半からの新しい概念（考え）です。

## 【常識ではない経済学での意味を具体的に解く】

**〈通貨増発の自己規律〉**中央銀行と銀行の貸付行為による預金通貨の増発（貸し付け）には、国民の福祉（Welfare：経済的な幸せ）を尊重したときは限界があります。「GDPの増加率＋通貨の流通速度の低下率（日本では約4％）」より増発しすぎるとインフレを引き起こし、通貨1単位（1万円や1ドル）の価値（購買力）を下げていくからです。

　インフレは、物価と資産価格の上昇という外見をとった通貨1単位の価値の下落です。政府の負債が大きいときは、インフレは通貨を増発する政府・中央銀行が国民の通貨の価値をひそかに盗むこととおなじです（物価が上がるインフレは国民にとって見えない増税です）。

日本政府と日銀が目標としている1年2％の物価上昇は、向こう50年では、64％のインフレになります。このマイルドなインフレでも政府の負債の価値（国債の実質価値）は3分の1に減ります。1000兆円が360兆円の価値に下がり、640兆円分がひそかに返済されたようになります。

　これが政府・日銀が「物価安定化目標」と言い換えている2％のインフレの真の目的です。物価安定化としては「普通の常識ではインフレ率ゼロ」が望ましいはずです。負債がGDPの2倍を超えた政府の、財政破産をなによりもおそれる考えからは、インフレ率ゼロ％は国民経済を悪化させたデフレだという。

　じつはデフレやディスインフレという要因だけで経済は悪化しません。18世紀から19世紀の英国と米国に、通貨の増発がなく、インフレにもならずにGDPが成長をつづけた長い期間があります。デフレを原因に投資が減り、技術開発もなく、生産力が低下するときだけ、GDP（経済取引の総量）は減少します。デフレ下で経済が成長したとき困るのは、負債が預金より大きな政府や企業です。物価が下がるデフレでは負債の実質的な増え方が大きくなるからです。

　金細工師が、お金がほしい貴族に偽《にせ》の預かり証をマネーとして貸し付けて金利をとり、金で返済を受けることは、

・都市国家の貴族全員がもつ金（もとのマネー量）から、
・仮想の金を略奪して、マネーを増やすことです（これが通貨の増刷）。

貴族から金を盗み、代わりに偽の手形をおいて帰る強盗とおなじです。
これが実際、「中央銀行のマネー増発」にほかならないことです。知ればあきれる話でしょう。中央銀行は法が許す通貨の増発により、国民がつくる商品価値と資産価値を盗みます。その結果が通貨が過剰に増発されたあとに起こる、物価と資産が上がるインフレです。

**〔円を約500兆円発行してもインフレが起こらない理由〕** 異次元緩和の日本で0・5〜1%程度の低いインフレである理由は、銀行の貸し出しが4%以下しか増えていないからです。

退職後の生活費の補填（年金だけでは夫婦2人で年平均70万円が足りない）のため預金選好が高い日本では、銀行からの貸し出しの5%の増加からおよそ1%のインフレになります。預金額がおよそ1年に5%以上増えると予想できないと、世帯は預金を引き出して使わないという意味です。

異次元緩和のあともマネーサプライ（M3）の年間での増加率は、日銀が目標にしている6%から8%ではなく3%台にとどまっています。この増え方は異次元緩和の前（2012年）とおなじです。原因は、円で消費財を買うマネーサプライの回転速度が4%くらいずつ低下してきたからです。

2019年10月からの消費税の2%増税では、課税対象の商品売価が2%上がる予定のため、マネー量が増えなくても1・5%の消費者物価を上げます（政府は2%増税をせず、衆参同日選挙を挙行する気配になってきました：19年4月15日）。増税は間違いなく経済を不況にします。

10％に増税されたときの税収（約10兆円）は、政府が消費税を下げない限り永久につづくので50年で500兆円の政府の収入になります。1000兆円の国債が半分に減る金額です。あらゆる税は、国民の所得からの法で正当化された政府の収奪です。

個人が税を払わない分の資産を増やす方法は、租税を回避するタックスヘイブン以外には、価値を保つ不動産の減価償却費（税務会計上の損金）を利用することです。不動産王のトランプは税をほとんど払っておらず、不動産を買った借金は3度踏み倒しました。それが今のトランプの資産になったのです。

税を減らす建物の減価償却費を長期間利用してきた経営戦略は、丸源や森ビルもおなじです。銀座に飲食ビルを多数所有する丸源の創業者、川本源司郎氏とたった一度ですが30分話したとき、実際に聞いたことです。不動産が上がるインフレ時の借金は返さなくても、実質的にインフレ率分（数％）減っていきます。10億円の借金で買ったビルと土地が1年に2％上がると、50年後に27億円となります。金利を2％払っても、1年に2000万円の金利以上のテナント料がはいってきます。テナント料収入は投資額の4％くらいでしょう。金利を払ったあと、管理料2％が残ります。借金は50年後も10億円のままです。17億円の含み利益が生まれ、売れば手許に17億円のキャッシュが残ります。

**〔2％のインフレ目標の国民にとっての意味〕** 安倍政権が今も政策目標にしている2％のインフレ政策は川本氏のやり方に似て、インフレの分、政府の実質負債を減らします。政府の借金

を減らす原資は国民の預金の価値からインフレ率分（年2％なら20兆円）ずつ、ひそかに盗んだマネー価値以外ではない。

預金金利がゼロのまま2％のインフレが50年つづくと、わが国の世帯の約1000兆円の預金は実質的な価値が364兆円に下がります。物価は、2％のインフレの50年で、2・7倍に上がります。これがインフレ目標のほんとうの、しかし論理的に聞けば、多くの人たちが失望する政策の理由です。

**【インフレは見えない課税】**

こうしたことから、インフレは経済学では見えない課税といわれます。ケインズも『一般理論』で書いています。政府の1280兆円の負債価値はインフレ率が2％なら、毎年2％ずつ減って20年後に「1280兆円×0・98の20乗≒1280×0・67＝858兆円の価値」となるからです。なぜ政府から1円の返済もないのに、422兆円も減らすことができるのか（50年なら負債は64％減です）。

理由は、世帯と企業の合計預金1348兆円（マネーサプライ：M3：19年3月：日銀）の実質価値（商品購買力）が「1348兆円×0・98の20乗≒1348×0・67＝903兆円」へと445兆円減るからです。政府の負債価値の減少と、国民の預金価値の減少はおなじです。

インフレは税金とおなじように、国民から負債の大きな政府への所得の移転です。

**〔国債と預金〕**政府負債の実質的な減少と、国民預金の実質的な価値の低下は、経済原理から見合います。政府・日銀・リフレ派が国民経済をお題目に、インフレ目標を正当化しているので記しておきます。

政治家が誠実なら「みなさんの1000兆円の預金の価値を2％（20兆円）ずつ減らすことになる。申し上げにくいことだが、物価のインフレで年金の実質的な金額を減らすことも、おなじだ。財政を破産させないために、どうか伏してお願いします」と選挙で訴えなければならない。国民の立場からは手許からお金が消える、政治献金のお願いとおなじだからです。しかし、政治家に公約の誠実を求めることは、「肉屋に玉ねぎを要求することだ」とうそぶいた老練な保守政治家もいました。

①60歳以上の銀行預金が多い2500万世帯（世帯構成比47％：平均預金は2100万円）、②そして数％のインフレになっても、受け取る公的年金が上がらない人（約4500万人）はインフレで直接に損をします。

**〔インフレの表と裏の作用〕**ただし社会保障の所得移転を受けない50歳以下は、自分の賃金が、インフレ率より上がれば得をします。手取りの名目所得がインフレ率以上に増えないと損ですが……。

インフレは、

①預金が借り入れより大きい国民と、

②預金より借り入れが大きな企業、住宅ローンの負債があるおよそ40代以下、そして誰よりも国民の預金（世帯＋企業：１３４３兆円：Ｍ３）を２０１５年に食いつくして、総負債が１２８０兆円（２０１８年９月）になった政府にとって裏表のように、逆の効果をもつものです。

政府が国債発行として普通は限界になる世帯の総預金（約１０００兆円）を使い切ったあとも、マイナスやゼロ金利の国債が発行できているのは、無《む》から国民に信用されている円をつくる日銀が、約５００兆円の国債を買って５００兆円の円を増発してきたからです。

政府・日銀が目標にしている２％のインフレでも「令和」のこれから30年では、物価は１・81倍ですから１・81分の１、１００年で国債を10分の１に減らす大きさになります。

## ＧＤＰの増加率を上回る通貨増発が招くインフレ

通貨の増発によるインフレは1年や数年の短い時間では、明確には見えません。

しかし20年、30年、50年の長期ではだれでもはっきりとわかります。

**〈長期で見れば〉**日銀が創設された１８８２年から２０１９年までの１３７年の間に、円は金に対して５０００倍のインフレを起こし、つまり価値は５０００分の１に下がっています。

第二次世界大戦後の円のように大きな増発はなかったドルも、ＦＲＢが設立された１９１３

年から2019年までの106年では、金に対して866倍のインフレを起こし、1ドルの価値を866分の1に下げています。

金価格ではなく、米国の商品の物価に対しては106年間で28分の1でした（物価は28倍）。商品は工場と機械量産による生産性の上昇から、ドルの総量より106年で約30倍多くつくられてきたからです。

**【長期では商品物価は無効である】**100年も経つと、工場生産の商品は大量になり性能も上がるので、過去の商品との比較では、インフレを測《はか》ることはできません（CPI：消費者物価の本質にある欠陥）。50年前の洗濯機と現在の人工知能が組み込まれた洗濯機の価格を比べても、意味はないでしょう。商品物価で測るインフレ率は、商品があまり変わらない10年くらいの範囲で有効です。100年の長期インフレ（通貨価値の下落）は、価値を保つ不動産、または金で計るべきものです。

金と交換できるとされる兌換紙幣が、金そのものではないことは、金細工師の預かり証からわかります。金貨を発行する金本位と紙幣の兌換通貨は峻別《しゅんべつ》すべきものです。ここを分けないため地上の金地金は18万トンと少なすぎるとして、金より多くの通貨発行できる金準備制にまで反対が起こるのです。

制度は人為《じんい》の約束です。自然は人為ではない。経済は、自然科学の法則ふうのものが部分的にしか働かない人為の金融と商取引です。

経済学はひとびとが共同でつくった制度、商品価値、通貨価値の認識をもとにした取引の行為の論理化ですから、原理的に科学ではありません。人間は経済の法則に縛られた不自由な生物ではなく、経済の過去の法則を破る自由意志をもつからです。人為では原理と法則が変わらないのが科学の対象です。制度はひとびとの合意があれば変えることができるからです。

## 【2024年からは「IoT＋5G＋AI」による産業革命】

江戸、明治、大正、昭和、平成の経済の条件や制度、そして価値の認識は根底から変わっています。しかし科学の法則は人間の歴史を通じて、変わっていません。太陽の周りを地球が回ることは、太古からきっちりおなじです（微差のゆらぎはあります）。引力の法則も、他の多くの科学的な原理も、おなじです。変わるように見えるのは過去の発見が間違いとされ、あらたな法則に修正されるからです。特に最近の医学や医薬は、ゲノムの発見と利用から日進月歩で変わっています。これからを生きるわれわれにとって問題なのは、人間がつくる経済の今後の変化です。

**〔2024年から25年〕** 21世紀は「令和6年」の2024年、25年くらいからは電気科学である インターネット上の「IoT＋5G＋AI」で経済の条件、制度、価値の認識が変わります。

一例が1か月約1000円で観られるNETFLIXでの高精細な8Kの映画、AbemaのようなインターネットＴＶ化、いつでもどこでものYoutube化するＴＶ、まだ少ない電子の雑誌と書籍、Googleでの情報全文検索、アマゾンやアリババの仮想店での全分野の商品の買い物です。増えている医師のＡＩ画像診断、近々登場するＡＩ自動車のタクシー、ドローン、自動配送、自動配車もおなじです。

およそ5年先ころから、産業と生活の全領域が５Ｇのインターネットで激変します。仮想通貨では実験的なビットコインではなく、フィンテックのブロックチェーンの技術が今日もマネーの形態を、それとは知られず静かに変えています。２０１７年末は２００万円の高値だったビットコインは米国ＣＩＡが行った実験であることはすでにわかっています。このため２０１８年初頭にシカゴ市場に先物を上場し、現物のいらない先物の売りを仕掛けて売り崩しました（現在価格59万円）。

物事と歴史には、常に表と裏の両面があります。「ＩｏＴ＋５Ｇ＋ＡＩ」の普及で滅びる既得権益の側ではなく、経営や仕事、生活をこれから増えるものの側におくことです。20年先、われわれの仕事と生活は、近未来のＳＦ映画の映像のように激変しているでしょう。だれがどういおうと、抵抗できない確定的な変化です。

先進国・後発国の区分なく、世界中で35億台への普及の速度がたった5年だったスマホとおなじように、「蒸気機関→石油＋内燃エンジン→電気→コンピュータとインターネット」のあとの産業革命が起こります。

米国政府が中国の5G開発を攻撃して（目的はつぶすこと）、先行しようとしているのは、それをコア技術とする産業革命がAIの産業と生活への利用も加わって、想定以上に大きいとわかっているからです。半導体と通信の大手米クアルコムの試算では関連機器が3・5兆ドル（385兆円）、あらたに生まれる経済規模（GDP）は12兆ドルという（1320兆円：2035年まで）。雇用創出は世界で2200万人。もちろんその裏では多くの人が働いている銀行店舗で雇用が減るなどすでに表れています。

**〈日本の問題の根底〉** これからの情報技術の高度化と利用による産業革命は、18世紀の英国をGDPで世界一にした蒸気機関より大きい。残念なことに、5GとAIの二大技術で日本は中国と米国に3周遅れといわれます。

理由は、財政赤字と国債の負の遺産から1年におよそ100兆円を使って国の方向をきめる政府財政の政策が、日銀の金融政策を含めて財政破産を避けるためのものになったからです。日本政府は経済・財政・金融政策を、企業はITやAIの技術導入を過去に引きずられていきます。AIがあらたに生む雇用ではなく、減る雇用の側に強く目を向けています。平成の30年間が低成長だった主因は、産業のインターネット利用で米国に遅れたことです。

## 【西欧での紙幣の発明と発行】

**〈最初の通貨理論〉** スコットランドの金細工師の息子だったジョン・ローはルイ15世の摂政だ

ったオルレアン公に信用され、最初の中央銀行だった王立銀行を設立し、金銀の貨幣ではない不換紙幣をミシシッピ会社の株式に交換できる証券として発行しました（1719年）。

ジョン・ローは、当時の誰も知らなかった通貨理論を考案しています。後世からは詐欺師と見なされているローは1705年に、『貨幣および商業に関する考察』という著書を発表しています。貨幣の不足がスコットランドの苦境を招いているとし、土地担保の紙幣の発行を提案したのです。しかしスコットランドでは受けいれられず、フランスに移ります。ジョン・ローによる紙幣の発行は近現代の通貨増発とおなじものです。

フランスではルイ王朝末期の財政赤字から信用を失い、買い手がないため、国債の発行ができませんでした。水をいれて量を増やした砂糖水のように金貨は改鋳されて価値の信用を失い、国債は乱発されて価格が暴落していたからです。ジョン・ローの新紙幣はタバコ、コーヒーの専売とルイジアナの金の採掘事業を行うとするミシシッピ計画のありもしなかった利益を、将来の担保にした証券でした。最初は国民の熱狂をよびます。いつの時代も株価が上がると、価値の見極めではなく、上がったという理由から買いが殺到してバブル価格をつくります。これは2019年もおなじです。10年後、20年後もおなじでしょう。それが現在のGAFAの株価です（総額は400兆円相当：トヨタの株の約20倍）。

ローは株券の売却で得たマネーでルイ王朝の売れなかった国債を買って、価格を上げたのです。日銀や米FRBの国債買いとおなじ方法です。ミシシッピ計画後のフランス経済は王立銀行が増刷した通貨によって、つかの間ですがブーム的な発展をしています。同時期の英国では南海泡沫《ほうまつ》事件も起こっています（1720年）。オランダの金融危機になったチューリップ・バブルが発生したのは、アジアとの交易で経済の最盛期だった四半世紀前の1630年代でした。

## 【金融危機とバブル崩壊がつぎの時代を準備する】

銀行の資産が縮小した結果である金融危機前には時代を超えて、株価と不動産のバブル的な高騰があります。フランスで買いの熱狂から50倍に上がったミシシッピ会社の株は翌年の1720年に崩壊し、詐欺師になったローは国外に逃亡しています。これも歴史の事実です。

しかしルイジアナにつくった会社には、中央銀行に物的な資産がないのとおなじように集団心理での期待しかなかった。ミシシッピ会社は解体されても株の清算はできず、その株が上げていたフランス国債は暴落して紙屑《かみくず》になり、のちのルイ王朝（ルイ16世）が転覆されたフランス革命（1789～92年）の伏線になっています。中国共産党はフランス革命と明治維新を研究し、ソ連の体制転覆の原因だった大きなインフレを起こさないよう経済運営をしています。

**〔日本の戦後〕** 日本でも新円を発行した政府・日銀によって、国債の実質価値は「戦前の約300分の1の価値」にされました。しかし、暴動や革命にはなっていません。変わらなかったのは天皇の事務官、つまり財務省が頂点の官僚です。執事が政治家でしょう。戦争に賛成していたように見えた国民の多くは、敗戦と約300万人の犠牲は悔やんでも、召集令状がなくなって平和に向かう敗戦を終戦として喜んだからです。

**〔戦後改革は革命だった〕**ＧＨＱが強いた、体制・制度・経済・文化をくつがえす戦後改革は、日本人にとって経済と文化が進んだアメリカからの革命だったからです。鎖国の解放後、洋才を取りいれた明治維新に似ていました。

ジョン・ローのあとのフランスでは、銀行という名称をつけると詐欺として信用されなくなったので、国民に詐欺を連想させるバンクという言葉を使いません。ＢＮＰパリバやクレディ・アグリコルというのがフランスの銀行名です。

## 中央銀行による通貨の増発とその結果

金とは違う信用通貨（法貨）を支配し、①鳥の目から見たマクロ経済の適切な運営と、②金融危機や取り付けのとき銀行を救うために、通貨発行量と短期金利を調整する目的でつくられたのが中央銀行です。重点は、通貨の増刷により銀行を救う機能でした。

19世紀の銀行は不況と取り付けから、頻繁に破産していました。銀行は、きめられた定額の準備通貨を中央銀行のゼロ金利の当座預金に預けることで、金利分の保険料を払い、通貨が不足するとき借りいれるという保証を得たのです。発行する通貨が国民から信用される範囲であっても無限信用をもちえる中央銀行は、通貨の増発において原子力発電所のような経済的発明でした。

中央銀行の通貨発行の仕組みは、ジョン・ローの王立銀行とおなじです。砂糖水（通貨価値・電力や血液とおなじ）を薄めすぎないように、通貨の発行量を抑えているという理由で、国民からの中央銀行の信用が得られています。

現在の中央銀行の共通する事業目的（事業のビジョン）の第一は通貨の価値を守ること、つまり、

①通貨量はGDPの期待増加率程度しか増やさないことを守り、
②2%〜3%以上のインフレを起こさないこと、です。

**〔ヘリコプターマネー〕** 無差別にマネーをばらまくヘリコプターマネーや、増刷された紙幣を無差別に1人1か月5万円くらい与えるベーシック・インカム（合計は75兆円／年）は、紙幣がはこぶ通貨価値を下げます。結果として物価を上げることになるでしょう（以上は財政赤字が大きな日本では、という限定つきです。フィンランドでは2017年から社会保障費の支給を補うものとして、実験的導入が始まっています。インフレになるヘリコプターマネーの増発ではダメであり、インフレを起こさない税の財源が課題になります）。

## 【物価の上昇は負債の大きな政府にとって増税とおなじ効果】

**〔物価上昇の意味〕** 物価を上げることは、負債が大きい政府にとっては隠れた増税です。物価

の上昇により国債の実質残が減るとともに、所得に課税する累進課税の税収も増えるからです。商品価格の上昇分の合計が増税額です（商品価格の合計×インフレ率＝増税額）。

通貨の増発が、仮にですが、通貨の価値を薄めないなら、無税国家をつくることができます。日本の約70兆円の税金はゼロにできます。政府が毎年100兆円の国債を増やして一般会計（100兆円：年金、医療費、公務員給料が大きい）の支出をまかなって、日銀が新規国債を全部買い取れば無税国家になります。

結果はどうなるでしょう。増発された円により生産力に対して100兆円の超過購買力がつくられ、100兆円分以上の物価が上がるでしょう（年20％のインフレ：物価は10年で6倍）。

実際には100兆円分、生産を上回る超過購買力（通貨）に流通の加速度がつき、1年に50％以上、物価を上げるでしょう。世帯と企業は、1300兆円余の預金を引き出して、価格が上がる前に商品を買うため円の流通速度（マネーサプライの回転率）が上がるからです。

物価の上昇は、増やされた、あるいは流通（商品購買）に加速度がついた通貨の価値の下落です。50％物価が上がると、1万円札で6670円分（1万÷1・5≒6670）しか買えなくなります。商品はおなじですが、1万円の購買力が6670円に下がるからです。

**〈最終結果を想定しないリフレ派〉** 国債を日銀が買うとその分、政府負債は減ると真面目に主張しているリフレ派のエコノミストも見かけます。

これは通貨を増発しつづける無税国家の結果がどうなるかという、現在のベネズエラなどのインフレを想定しないことから来ています。税収を超える財政支出を理由に国債を日銀が買い切ることは、国債の総量が国民の総預金（1300兆円余のマネーサプライ）を上回ったときから価値のない通貨が増えることになって、砂糖水を薄め切ることになるからです。

ただし現代の世界化した金融ではそうなる前に、円の価値下落を予想するひとびとの外貨買い（円売り）を生んで、まず円が下落し、輸入資源・商品物価から上がっていきます。わが国では、大きなインフレ期待（＝円の価値下落）を起こさない国債増発の限界点が1300兆円から1400兆円あたりと予想できます（現在は1000兆円の国債残です）。米国では大論争が起こっている「現代貨幣理論（MMT）」の誤りも第二章で指摘します。

## 【金細工師とジョン・ローに似て……】

西欧中世の金細工師は、金の根拠がない預かり証の発行に慎重でした。この時代が2世紀つづきます。ところが金細工師の家に生まれたジョン・ローは、事業の中身がない株券の発行において大胆でした。18世紀初頭のフランスにインフレを起こし、当初はバブル的に成長させました。しかし2年で通貨増発の虚妄が国民にばれて、世界史上はじめての中央銀行を通貨理論で乗っ取った詐欺師になったのです。安倍首相は知らなくても（知っているかもしれませんが）、通貨論を学んだ人たちが知っているジョン・ローを日銀の職員も知っているはずです。

**〈株価は無から上がる〉** そして企業の株価（擬制資本）が上がることも、じつは株主（約700

万人）に限定したヘリコプターマネーとおなじです。株主の金融資産は株価が上がった分、「無《む》から」増えるからです。

・預金はお金を使うことを抑え、預けるお金を増やさないと増えません。

・しかし株価は買い主が日銀であれ、海外からであれ、買いが増えれば、「無《む》から」、評価額が上がります。（注）精査すれば、無からではありません。株価の下落リスクという確率的な将来コストを株を買って保有するひとたちは負っているからです。

株価が大きく上がると、おなじように「無《む》から」不動産価格も上がります。そうすると投資が増え、商品購買も増えます。株価の上昇が株主の金融資産の増加（＝使えるお金の増加）の効果をもつからです。

株価は本来、企業利益と国の金利に従属的なものです。しかし株価上昇は株主と企業の使えるお金の増加になるので、通貨の増発とおなじように、経済を上に引っ張る効果をもっています（資産上昇の需要へのプラス効果）。株価が上がることがつづくと、物価上昇を加えた名目ＧＤＰの上昇率は高まります。

日銀が株ＥＴＦを毎年６兆円から６・５兆円の枠で買い増し、累積残が26兆円（19年3月：営業毎旬報告）に達し、それでも買う額を減らす予定が見えないのは、異次元緩和といっしょに実行することにより財政を破産させないように、名目ＧＤＰを増やすという公的な効果をねらっているからです。そうでなければ、中央銀行が株主になることが中国の国有企業でもないのに許されるわけがありません。

現代中国には国有企業と国営企業があります。両方とも共産党が株主ですが、国有企業では経営者が民間です。

## リーマン危機のあとの世界バブル株価

バブル的に上昇し過ぎた株価は、S&P500など10年間の平均指数における「シラーの10年PER」で25倍以上になったあと12倍から15倍水準に下がり、金融危機を生む通貨縮小になっていくでしょう。8年間で4兆ドル（440兆円）の自社株買いで上がった米国の株価は、数年内にほぼ確実に下がるでしょう。

ジョン・ローのミシシッピ計画と似ています。無から生まれた株券が無に戻り、通貨の発行量と預金が減ってデフレ不況になって、その後の通貨増発から再びインフレになる。その結果、年金や預金では食糧と商品が買えなくなったひとの叛乱に至ったのです。

リーマン危機のあと、主要国の中央銀行がつくった過剰な流動性と低い金利の作用で株の買いが増え、

①米国の株価の時価総額は3000兆円、
②東証一部は600兆円、

③世界では、8000兆円に上がっています（2019年3月）。

（注）リーマン危機で大きな損をした個人投資家は株の購入を減らしています。

**〔2000兆円のペーパーマネーの増発〕**日・米・欧・中の中央銀行は、10年間で合計2000兆円の通貨を増発しています。増発された2000兆円の通貨がめぐって金融機関と企業の現金を増やし、①8000本のヘッジファンド、②金融機関と機関投資家、③投資信託、④そして何よりも株数を減らす自社株買い（米国S&P500社で4兆ドル＝440兆円）が世界の株価上昇（平均3倍）の原因です。

「売買の希望価格と株数を示す株価の板（Board）」では見える、売りのオファーより、買いのオファーが増えないと、株価は上がりません。買いの増加は、投資する4つの主体の「借りいれ、または運用の預かり」による現金の増加から起こったものです。買った主体の確率的な下落リスク負担の上にのった株価は、約3倍に上がっています。

　S&P500社の4兆ドル（2011〜18年の8年間）という異常な自社株買いは、社債で低金利のお金を借りて自社株を買ったのですから、おそれいります。これが米国FRBが増発した4兆ドル（440兆円）の波及の実態です。

**〔株価の上昇原因〕**GDPが増え、企業の税引き後の純益が増えることが株価を上げるようにいわれますが、実態はそうではない。株価は理由が何であれ「買うオファー＞売るオファー」にならないと、企業の将来の期待純益が増えても上がりません。買うには現金が必要です。その現金を、銀行の上流で米・欧・中・日の中央銀行が世界の金融史上最大の合計18兆ドル（2000兆円）も増発したのです（2008〜18年）。買いが増えれば上がるという株価（全部の金融商品に共通します）の基本的な性格から、

・売買に使われるマネー量が増えたときはバブル株価になり、
・価格の臨界点まで到達して崩壊し、
・金融資産の急減から金融危機を引き起こすことになります。

**【株が上がった原因】**

ヘッジファンドは、投資家から預かった元本資金が合計350兆円です。投資運用では平均で少なくとも10倍のレバレッジがかかっていると推計されます。金融商品への短期の総投資額は3500兆円に増えているでしょう。レバレッジとは①先物や買う権利・売る権利を売買するオプション、②外為証拠金取引FXなどで証拠金をいれ、個人なら最大30倍くらいの売買を信用（負債）で行うことです。

**〔平均が5％と低い自己資本〕**さらにいえば、米国や欧州の投資銀行の自己資本は総資産（投資総額）の5％くらいと少ない。銀行も20倍のレバレッジで投資しています。

付け加えると、前述のように2011年から18年までの米国S&P500社の自社株買いは400兆円という巨額でした。この自社株買いは、S&P500の株価の時価を1200兆円

上げています。負債の過剰流動性によるバブルが米国のみならず、日本、欧州、アジア、世界の新興国で同時に起こっています。世界の株価時価総額はおよそ8000兆円です（MSCI）。世界のGDPの100％にふくらんでいます。

IMFが世界の銀行資産の50％はある（預託されている）という世界約100か所の「タックスヘイブン（租税回避の法域）」のマネーも、グローバル企業の増加により大きくなり、世界の金融商品とデリバティブを買っています。公的な統計で捕捉されにくいマネーです。

タックスヘイブンのマネーには日本の金融機関（銀行、生保、投資信託）のマネーもまじっていて、日本の株や債券の外国人買いで匿名であらわれています。多くがドルになっていますがその総額はわからない。

海外投資家の売買額は東証の70％を占めているので、日本の株価は上がるも下がるも、外国人投資家が売るか買うかできまるといっていい。NYダウのコピー相場が日経平均（225社の平均株価）の価格の動きである理由は、外国人の売買が70％であることからきています。

①日本の個人投資家、機関投資家は年間では一貫した売り越しです。

②事業法人は自社株買い（1年5兆〜7兆円の規模）、

③そして個人・金融機関からお金を預かる投資信託の買い、

④大きいのは日銀の継続した株ETFの買い（年6兆円の枠）です。

全部をあわせても東証の売買の30％にすぎず、価格の水準をきめることはできません。

08年以降、日・米・欧・中の四大中央銀行が増発したマネーの約2000兆円は、世界中でこうした投資になって、世界の株価を10年で約3倍のバブル水準に上げています。

世界の不動産価格もリーマン危機前の高い水準に戻っています。

ただし日本では、年0・4％（42万人平均）という人口減があるため、空き家が820万戸（総務省2013年）と多く、不動産全体は上がっていません。しかしこの中でも三大都市の商業地の基準地価はインバウンド消費が3000万人に増えたという理由から、2018年には6％から9％上がっています。この上昇は一時的なものです。古民家を再利用した旅館や民泊が増えているのは、買い手のない空き家が多いからです。三大都市の都心部高層マンションのおよそ3分の1は中華圏からの買いでしたが、18年11月から、これがほぼゼロに減っています。

## 兌換紙幣は約束手形である

**〈兌換紙幣の性格〉** 一般に、金貨を発行する金本位と誤用される金兌換制は、要求があれば金と交換すると約束した手形を中央銀行が発行するものです。根拠のない兌換紙幣の発行のしすぎから、インフレが起こらない限り、金細工師が経験したように、金との交換要求は少ない。このため兌換紙幣が事実上の不換紙幣であっても、価値が信用されて流通してきたのです。

以上の区分を含んで図1-1に、通貨の形態と発行元を歴史的に示します。

## 図1-1　歴史的には多様な通貨の種類と形態

歴史的な通貨の種類

① 通貨とは、形態にかかわらず、商品と交換できる信用があるもの。

② 通貨信用とは、インフレを起こして通貨価値を減価させないこと。

③ 実効レート安が通貨価値の下落。

| 形　態 | 発行元 |
| --- | --- |
| 貝殻、たばこ、コメ、布、石と多様だった | 市場で自然発生 |
| 金属貨幣（金、銀、銅） | おもに封建政府 |
| 政府紙幣（藩札・約束手形） | 政府 |
| 金兌換紙幣 | 銀行と中央銀行 |
| 不換紙幣（信用通貨、法貨、フィアットマネー） | 中央銀行 |
| 銀行預金 | 中央銀行と銀行 |
| 電子マネー | 金融機関 |
| 仮想通貨（(暗号通貨） | 市場 |

（注）中央銀行は、負債としてのマネタリーベースを創造し、
銀行は、負債としてのマネーサプライを創造しています。

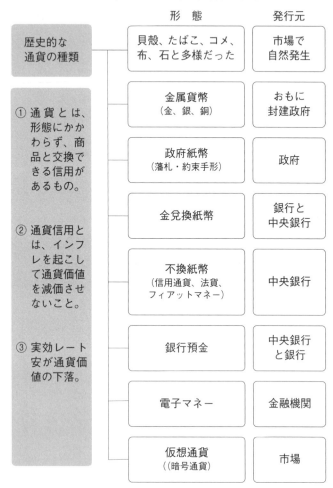

銀行預金は、紙幣ではなくても紙幣とおなじ機能をもつマネーです。紙幣はかさばって危険もあるので、高額な買いものは「預金の振り替え」で支払います。クレジットカードの決済も預金からです。電子マネーもクレジットカード、預金、現金で買います。

電子マネーと仮想通貨も価値を運び蓄積できる、預金通貨の系列にあるものです。電子の暗号が通貨になるのは、その価値を受け取る人が「暗号の、偽造ができない唯一性」を信用し、商品と交換するからです。複製ができると偽金《にせがね》とおなじになり、価値が信用される通貨にならないからです。仮想通貨では暗号の桁《けた》数が大きく、ランダムな総当たりでしか解くことができない素因数分解の原理をつかっています。運ぶ価値が信用されるなら、素材が変質しないものなら何であってもいい。ブロックチェーンの連結でしか認証できない仮想通貨も、こうした通貨の原理から生まれています。

図1-2には言葉の表象力と対比して購買力をあらわし、価値を運ぶ通貨の二形態を示しています。仮想通貨が出現して使われている原理も、この図の中にあります。

## 真のまやかしの不換紙幣へ

**〈フィアットマネー〉** 金と交換ができない現代のマネーは不換紙幣、あるいは中央銀行の信用通貨、または政府が法で商品代金としての受け取りを強制しているという意味から、「フィア

**図1-2　購買力をあらわして、運び、蓄積する通貨の構造**

| 媒体（Vehicle） | 形態 | 運ぶもの |
|---|---|---|
| 言葉 | 文字や音 | 概念と考え（言語圏） |
| 金<br>本源価値 | 金貨や地金 | 金自体の価値による購買力（世界） |
| 紙幣<br>Currency<br>流動性 | 紙幣や預金、電子信号 | 商品や資産の相対的購買力（法の域内） |

通貨の条件は、購買力が人々に信用されること

ットマネー（Fiat Money：法定通貨）」といいます（前掲図1-1）。フィアットマネーは、法域である国内で通用する信用通貨という意味です。

国際とは、国と国の間に位置する各国の法がおよばない地帯です。植民地や20世紀初頭までの英国の連邦制のように、政治的な合意、または軍隊で支配していないと、権力を拡張するための軍事発動をすれば戦争になるので、海外への法の適用はできません。英国ポンドによる通貨の支配から脱するための戦争が「米国13州の独立戦争」でした。

## 【法域という限界をもつフィアットマネーと国境をもたない金】

**〔通貨が有効なのは法域内〕**金は太古から国という境界をもつ法域を超えて、価値を保つものとして信用されてきた国際通貨（＝世界通貨）

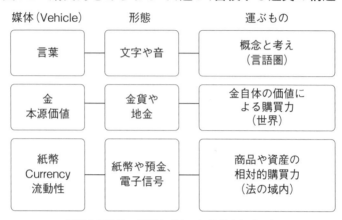

です。ペーパーマネーの信用通貨は、金兌換ができる紙幣でない限り、国内だけの信用です。このため紙幣は海外にいくと、そのときの為替レートで交換しなければならない。世界の通貨の変動相場制は、1971年に金兌換通貨だったドルがなくなったあとに始まっています。

1971年の一方的な金ドル交換停止のあとは、通貨の価値を保証していた共通のアンカー(価値を保証する担保)がなくなったので、通貨価値は他の通貨との関係で相対的に変わらざるをえなくなったからです。これが、1973年からの「変動相場制」です。

**〔固定相場〕**ドルが金兌換通貨だった1971年までの世界の通貨は、金兌換のドルを中心にした「固定相場」でした。価値が高かった1ドルは、円に対して今の3倍以上の360円だったのです。固定相場のときの金の公定価格は31・1グラム(1オンス)が35ドルでした。

当時は金1グラムが約1・1ドルでした。今の1グラム約42ドルの42分の1です(円の小売価格は1グラムが5000円付近)。

金が戦後49年間でドルに対して42倍、円に対して13倍に上がったのではない。逆に金の量の増え方に対して42倍以上、増刷をつづけた米ドルの1単位の価値が42分の1に下がったのです。

**〔変動相場〕**各国の通貨の価値を他の通貨との交換レートで測る現在の変動相場では、比較軸となる他の通貨の価値(円、ユーロ、元)も同時に変化しています。伸びるゴムの定規で長さを測っても、ほんとうの通貨価値はわかりません。

1971年まで米国FRBでの公定価格は1オンス(31・1グラム)が35ドルでした。

現在、金1オンスは1300ドル付近です。当時の金が高かったのではない。金の使用価値は世界中で今もおなじです。通貨の価値が1971年からの48年間で下がりつづけたのです。原因は、米ドルが「名目GDPの増加率＋通貨の流通速度の低下」を大きく上回る「紙幣＋預金」の増発をつづけてきたからです。これ以外の原因ではない。

**【統一通貨ユーロ結成の意味】**

1999年から欧州で「統一通貨ユーロ」がつくられたのは、西欧諸国が輸出で受け取ったドルの価値が下がりつづけていたからです。1990年代まではフランスとドイツの貿易でも、マルクやフランを米ドルに交換して使っていました。今は統一通貨のユーロなので、ドルとの交換の必要はありません。

関連したことですが、英国のEU離脱が紛糾している理由は、英連邦に属するアイルランドがEUを離脱しないからです。英国が10％の関税のないEU（26か国）から離脱すると、おなじ英連邦の北アイルランドとアイルランドの間に、税関の検問所を設けなければならない。これをメイ首相は嫌がっています。陸つづきの西欧での国境は微妙です。

**〔英国とEU〕**英国がEUから離脱すれば、世界の主要70か国と1国ずつ関税協定を結びなおさねばならない。GDPの40％という貿易額がある英国にとって、たいへんなことです。

EUを離脱すれば、英国のGDPは控えめに見ても9％下落し、高いロンドン地価は30％下がるとイングランド銀行が予想しています。欧州の大きな景気後退から穏やかな世界恐慌に波及する可能性すらあります。ロンドンのシティは、GDP17兆ドルの欧州金融の中心であり、西欧のウォール街だからです。

恐慌は、いつの時期も小さく見えるきっかけが波及して（ネガティブ・フィードバックという）、金融と実体経済（GDP）の全体に拡大したものです。資産バブルはプラスのフィードバックですが、金融危機と恐慌は、ひとびとの過剰だった期待のネガティブ・フィードバックから起こります。期待が過剰だったほど、その後の失望も大きくなります。資産バブル崩壊のあとは古来いわれてきたことですが、「半値×8掛け×2割引＝0・5×0・8×0・8＝32％」の底値まで株価や地価が下がることが多い（日本の資産バブル崩壊：1990〜1995）。しかし、しばらくすると、その底値から反騰したのも歴史です（1995年から生産年齢の減少期にはいった日本は例外）。

ユーロに話を戻します。貿易黒字国として貿易通貨のドルを超過で受け取っていたドイツは、1985年のプラザ合意（G5：当時は先進5か国だけの蔵相会議）により、マルクを2分の1に下げることに協調しました。

**〈ドイツの主導でつくられたユーロ〉** 1985年のプラザ合意のあと、ドイツは所持していたドルが下がって大きな損をしていました。そのあと約10年をかけ、価値を下げつづける米ドルの呪縛《じゅばく》（ドルの罠《わな》）から離脱するために、おなじドル下落に苦しんでいたフランスに呼びかけ、欧州19か国の参加も得て、統一通貨ユーロを結成したのです（1999年〜）。なお英国とスイスは、統一通貨のユーロに加盟していません。

世界上位1％の、富裕者のマネーが集まるプライベートバンクがあるスイスは、関税ゼロのEUにも加盟せず孤高を守っています。世界の富裕者やオイルマネーから、スイスフランへの買いの超過があります。世界が金融危機になって通貨の価値を同時に下げても、金に似たスイスフランの価値は下がらないでしょう。スイスフランは、世界で特異な通貨です。

ユーロは経常収支（貿易＋所得収支）で黒字をつづけるドイツがあっても、南欧諸国の赤字があるので、全体で見れば危ない橋を渡っています。ドル金利の上昇があると、ドルの米国への引きあげ（ユーロ売り）が起こってユーロも下げるからです。

## 円はドル基軸体制を忠実に支えてきた

ユーロづくりは、欧州が世界大戦を繰り返さないことを表向きの目的としています。ほんとうの目的はドイツによるドル圏からの離脱でした。本質にあやしさがある紙幣の創造（ユーロ紙幣）については、いつも当局は嘘の目的を言ってきました。ドイツと並び敗戦国として米国の核の傘下にある日本にとって、世界はドルでした。このためプラザ合意のドル切り下げにも、「米国を助ける」（竹下登大蔵大臣）と進んで損をするドル売りで協調しています。

輸出でドルを受け取るだけでなく、1970年代からの貿易収支の黒字では、外貨準備とするドル国債を買いつづけて、ドル基軸の体制を政治的に支えてきたのです。

外貨準備は、世界の政府または中央銀行が輸入決済のために必要な基軸通貨のドル（約60％）、またはユーロ（約20％）を銀行から買い上げて保有したものです。中国は世界一の3・1兆ドル（341兆円）、日本は2位の1・2兆ドル（132兆円）の外貨準備をもっています。

## 【日本の1040兆円の対外資産は米ドル下落（円高）の問題をかかえている】

〈対外資産1040兆円〉日本には、財務省がもつ120兆円の外貨準備と公的年金を運用しているGPIFがもつ約63兆円の米国株とドル債券があります。これ以外に民間の銀行と企業が911兆円の対外資産をもっています。対外資産の官民合計は1040兆円です（注：ドルと円の換算値が変動するので、合計値の1094兆円とは誤差があります）。一方、海外からの負債は708兆円ですから、対外純資産は世界一の332兆円です。日本からおもに米国へ322兆円のマネーが純流出しています（18年9月：合計値は日銀資金循環表）。

ドル建てが約70％である対外資産が1040兆円の日本には近い将来、利払いが困難になった米国にデフォルトの危機が迫ったとき、1985年のプラザ合意のように2分の1へドル切り下げが行われると、一瞬で500兆円スケールの為替差損が生じます。「対外資産1040兆円」は多くがドル建てです。ドルが下がったときは為替差損で減ってしまうのです。しかし、

「対外負債708兆円」（外国人の株式保有など）は円建てなのでドル安では減りません。
銀行、公的年金のGPIF、政府が大きな損を出します。米国の財政破産と日本の財政破産は、両国の金融機関が債券と株の持ち合いで連結しているため同時期になるでしょう。

## 【世界の対外資産は外貨準備である】

世界各国がもつ外貨準備は、GDPより大きかった貿易の増加率により、現在、約13兆ドル（1430兆円）です。62％がドル、21％がユーロ、あとは英ポンド、円、元です（2018年）。日本企業・銀行・政府は1ドル250円だったドルが85年のプラザ合意から120円台に下がり、当時も大きな為替差損を蒙っています。

それでも「ドルに代わる通貨はない」としてドルを買い支えつづけてきました。世界最大の経常収支黒字国のドイツがユーロ結成のあと、ドル国債をごくわずかしか買わないことと好対照です（770億ドル8・5兆円（19年1月）：日本の財務省は1兆ドル110兆円：中国は3・1兆ドル340兆円）。日本の官民の金融機関も米国債を買い、ドル預金もしています。

ドル基軸通貨体制はドルの実効レートが下がりつづける中で、

①1994年以降はドルペッグ制をとる中国のドル買いと、

②日本のドル買いによって支えられています。

わが国の官民の対外資産1040兆円は、約40年の経常収支の黒字としてはいってきたマネーです。これが外貨証券と対外資産の買いになり、米国を中心にして流出した結果のものです。

（注）「実効レート」は、主要国の通貨レートの加重平均に対する、各国通貨の交換率です。海外がもつ米国債は6・3兆ドル（693兆円：19年1月）とされていますが、捕捉されないタックスヘイブン分、約3割は過少に思えます。マネーの国際的な移動と交換を示す国際収支統計には、当局が捕捉していない誤差脱漏がすくなくとも10％から20％はあります。中国は30％を超える誤差でしょう。おもな原因は、タックスヘイブンとの金融取引と、通貨交換が把握されていないことにあります。租税協定を結んでいない国との通貨の移動もわからないままです。

https://ticdata.treasury.gov/Publish/mfh.txt

# 第二章　中央銀行の負債であるペーパーマネー

本章では中央銀行が通貨を発行する行為は、「国民経済に対する負債としてのマネーを増やすこと」であることを証明します。通貨発行の語源は「Credit Creation（負債の創造）」です。個人や企業でも、経済活動において信用されることとはCredit（負債）をつくる能力があることです。

中央銀行は政府の負債証券（国債）や企業の負債証券（債券や株券）を買って、それを担保に通貨を創造しています。日銀は国債と株ＥＴＦを買って、その分の円を金融機関や政府の当座預金に振り込んでいます（合計５２８兆円：19年３月）。

この５２８兆円が、スイス国立銀行には劣りますが、まだベネズエラよりはるかに信用の高い日銀のクレジット・クリエイション、つまりマネーの創造です。日銀と経済学者も誤解し、わかりにくいことなので、丁寧に通貨の信用数理の論理をたどり、①日本の異次元緩和と円安、②政府のインフレ目標達成の失敗と財政危機の検討まで進めます。

# 中央銀行のマネーの創造

**〔無からの信用創造〕** 中央銀行が通貨を過剰に発行しないと国民から信用されていれば、金貨をペーパーマネーに変えることができます。これが通貨の発行、つまり中央銀行の信用創造になります。

日銀が2013年からの異次元緩和で約400兆円を増やしたので、中央銀行の通貨増発は普通に見えますが、これは平常ではない事態です。通貨の流通速度（マネーサプライ÷名目GDP）の低下からインフレになっていないので、異常に見えないだけです。

信用乗数（マネーサプライ÷日銀の通貨発行量）が1980年代とおなじなら、マネーの増発から大きなインフレになって中央銀行は信用を失っていたでしょう。

①金と交換できる兌換紙幣、

②交換できない不換紙幣（信用通貨）は、いずれも中央銀行が発行する小切手のようなペーパーマネーです（本質は負債証券）。米国のドル紙幣には、信用通貨の負債を示す意味の、IOU（I Owe You：国民に信用を借りたもの）と書かれていた時期もあったのです。

近代の中央銀行は、

①金利と通貨量の適正な調節により「マクロ経済」を調整し、

②預金が無効になることがある銀行危機を救済するという2つの目的を与えられて、信用創造において、独立的な自由を獲得しました。政府機関である日銀の独立性は、政府紙幣のようにインフレを起こして通貨の価値を下げないという信頼を確立するためのものです。政府が発行する政府紙幣は、いつの時代にも、最終的に大きなインフレを起こしてきました。政府紙幣は財政の赤字分の通貨を発行されたという歴史があります。

ここでは通貨を紙幣として書いています。しかしマネーもコンピュータのデジタル信号になった現代では紙幣の印刷は減り、銀行と政府の当座預金口座への預金通貨の振り込みがはるかに多くなっています（紙幣107兆円：当座預金413兆円：19年4月）。なお銀行や企業が発行する電子マネーと仮想通貨も紙幣ではないデジタル信号のマネーですが、現金や預金と交換されて買われるものなので通貨の信用創造には属しません。

## 【中央銀行の金利が0%の当座預金】

**〔当座預金の機能〕** 銀行は中央銀行に「預金の引き出しに備える準備金」として、現金を預ける「当座預金」をもっています。この当座預金の金利は普通、ゼロ%です（特例として2008年のリーマン危機から0・1%の金利をつけています。目的は、日銀が金利0・1%以下の国債を金融機関から円滑に買うためです）。

銀行の金庫には、現金が少ない。375兆円の当座預金は、世帯と企業が銀行から預金を大きく引き出すときに備える準備金ですが、準備預金の法定額は10兆円程度でしかなく、365兆円が超過しています。

当座預金の口座は、①中央銀行と金融機関の間、②および金融機関同士の資金決済に使われます。A銀行からB銀行への決済のとき、当座預金を使います。日銀は金融機関から国債を買うとき、当座預金にコンピュータで数字を書き込みます。これが現代の通貨の増発です。

銀行システムからの貸付金として信用創造され、銀行が預かっている預金マネー（世帯＋企業＋自治体＝約1300兆円）は電子化されています。増発でも紙幣は増えません。買い物、仕入れ代金、給料振り込みなどの現金使用率が減ったからです。住宅や車を買うときやクレジットカード決済では、「預金通貨＝電子信号が運ぶ通貨価値」で払います。

## 【中央銀行の通貨発行の構造】

図2-1に最新の日銀のバランスシート（B／S）を示します。このB／Sからは主要国の中央銀行に共通する通貨発行の仕組みがわかります。

自国通貨の信用が低いため、①ドルを準備通貨（通貨の価値を保証する資産）として元を発行しているドルペッグ制の中国人民銀行、②サウジ等の産油国、③そして新興国以外は、日銀に似たバランスシートの構造です。

日銀は円国債やAAA格の債券を買い、代金としての通貨を発行（＝信用創造）しています。

図2-1　日銀のバランスシート（2019年3月：営業毎旬報告）

| 資産勘定 | 資産額 | （注記） | 負債勘定 | 負債額 | （注記） |
|---|---|---|---|---|---|
| 現金 | 2380億円 | 紙幣 | 紙幣発行 | 107兆円 | 1万円札 |
| 金 | 4410億円 | 785トン：FRBに預託されている | 当座預金 | 375兆円 | 金融機関が日銀にもつ口座の預金 |
| 国債 | 478兆円 | 通貨の裏付け資産 | 政府預金 | 46兆円 | 政府の日銀預金 |
| 株ETF | 24兆円 | 上場株の指数 | その他負債 | 28兆円 | |
| 貸付金 | 46兆円 | 銀行への貸付金 | | | |
| その他 | 15兆円 | | 資本勘定 | 8兆円 | 引当金と資本 |
| 資産合計 | 564兆円 | GDPの100％ | 負債合計 | 564兆円 | GDPの100％ |

2013年4月からの異次元緩和でもっとも増えたのは、金融機関が日銀にもつ当座預金の375兆円。

金融機関は、当座預金を金融機関の間の決済に使う。紙幣の107兆円と当座預金375兆円を合わせてマネタリーベースという。

日銀が増やせるのは、マネタリーベースであり、企業と世帯の預金であるマネーサプライではない。

異次元緩和後も、マネーサプライの増え方は、それ以前と同じ3％台/年でしかない。

これが異次元緩和が民間投資、住宅建設、商品・サービス消費を増やさなかった理由である。


紙幣と当座預金の増加が中央銀行の通貨発行額であるマネタリーベースが増えることです（528兆円：19年3月）。マネタリーベースを使うのは、日銀に預金口座をもつ銀行・保険会社・証券会社・政府・一部の外銀です。本書では、代表して銀行あるいは金融機関としています。

## ハードカレンシーの信用とドルペッグの通貨

196か国の通貨のうち、価値の相対的な安定を世界が認めている通貨が、ハードカレンシーとされます。いつでもいくらでも、外貨と交換できる信用がある通貨です。①米ドル、②ユーロ、③円、④英国ポンド、⑤カナダドル、⑥豪州ドル、⑦スイスフランの7種がハードカレンシーとされて世界の銀行が交換に応じています。

人民元は自由な外貨交換ができません。中国政府が人民元の価値を守るため海外への流出を規制しているからです。資本規制されているものは、「弱い通貨」です。

この7つのうち、財政赤字がほとんどなく、経常収支が黒字であり、通貨の価値を下げる見込みがもっとも低いのがスイスフランです。ドイツも政府財政と貿易は恒常的に黒字ですが、南欧が赤字なのでその分弱くなり、ユーロ全体では将来の通貨価値は強くない。

GDPでは2010年から日本を超えていながら、通貨ではドルペッグの人民元は外貨との交換を政府が規制しています。さらに不良債権がいくらあるかわからない4大国有銀行の信用も高くはない。元より円の信用がはるかに高いでしょう。

**〈通貨の信用のもとは国民〉** 通貨の信用は受け取るひとが決めるものです。発行元や政府がいくら「価値を信用してください」と懇願しても、あるいは法で決めても信用を獲得できるものではない（極端な事例：ハイパーインフレのときのドイツ、トルコ、ジンバブエ、今のベネズエラ）。「使うひとが通貨に与える信用」は中央銀行の信用の根拠を考えるとき、大切です。

具体的には金利を上昇させるおそれから、

・日銀が保有国債を減らす「出口政策」がとれず、
・1000兆円の国債を買いつくす方向に向かうとき、
・円が海外と国民に対し、どこまで価値の信用を保てるかという、日銀・リフレ派エコノミスト、そして最近の「現代貨幣理論（MMT）」が無視してきた問題が生じます。

## 【人民元の問題は資産額で世界上位を独占する4大国有銀行の不良債権】

本書の後半で明らかにしますが、GDPの2・9倍の総負債がある中国には、不良債権の国際基準での統計はありません。中国の四大国有銀行にいくら不良債権があるのか、だれもわからない。共産党の内部事情を知る中国人富裕者には、国有銀行、国有企業、地方政府に不良債権が巨大にある人民元の通貨価値を信用していないフシが見えます。

**〈中国の特殊事情〉**政府に対し不信をもつひとたちは、エリート階級である共産党の内部に多い。現代中国は国家内の国家といえる、封建時代の豪族のような上海閥と北京閥の対立と妥協からできている国家です（かつての自民党内の派閥に類似）。日本のような一枚岩の国家ではない。武力と警察権をもつ人民解放軍をどの閥が掌握するかによって、国家の体制がきまってきたのです。

ただし中国人は「反政府の言動」が摘発されると死刑にもなるので、政府への不信や不都合な情報は表ではいいません（国家情報法：2017年に成立）。これが政府の資本規制、つまり「ドル買い／元売り」の規制からのがれた密輸行為である「ドル買い／元売り（元を下げる要素）」が多い理由です。これは元の通貨信用を壊している反政府の行為です。日本では暴力団でも反政府ではない。天皇の国家であることが分裂を防いでいるのでしょう。中国のような国はほかにも多いのです。

人民元は２０１６年末からＩＭＦ（国際通貨基金）のＳＤＲにおいて、円を上回る構成通貨になっていても、世界から将来の価値が安定したハードカレンシーとは認められていません。

## 【ＳＤＲという国際通貨】

ＳＤＲ（特別引き出し権という国際通貨）は、通貨バスケットとして、唯一の無国籍の通貨です。現在は１ＳＤＲが１５５円相当です（19年3月）。中央銀行と各国政府だけが使う通貨です。見たひとはマレでしょう。日本の財務省は外貨準備として、２・１兆円のＳＤＲをもっています。

ＩＭＦからＳＤＲを借りると、ドル、ユーロ、円と１５５円のレートで無制限に交換ができます。おもに対外負債が多い新興国に貸し付けられています。ＩＭＦの設立の趣旨は、世界に通貨を発行する世界銀行的なものでしたが、ドルが世界通貨の役割を果たしたので新興国への融資をして廃止をまぬがれています。

通貨をいれるバスケット（籠《かご》）の割合は、「①ドル41・73%、②ユーロ30・93%、③人民元10・92%、④円8・33%、⑤英ポンド8・09%」です。人民元の構成比は円を上回っています。

２０１６年末にＩＭＦが、というより米国が人民元をＳＤＲに加えた理由は、第六章以下で述べます。単に中国経済が大きくなったからではない。

ＩＭＦは各国中央銀行または政府に対して、ＳＤＲを発行します。その際、各国に通貨信用を回復するため、政府の財政支出の削減と増税を求めるので嫌われています（韓国やギリシャでの反ＩＭＦ）。ＩＭＦの意思決定権は事実上、米国政府にあります。通貨の世界では法や制度によらず、「事実上」という発行権の行使が多いのです。

**〈中央銀行の信用創造〉** 中央銀行は金融機関に対して金融機関が使う通貨を発行するのであり、国民や企業に対してではありません。日銀が異次元緩和として400兆円の円を増加発行しても、企業や世帯の預金（マネーサプライ）が異次元緩和によって増えたわけではない。銀行がもつ、日銀内の当座預金が増えただけです。円がじゃぶじゃぶと言われるのは、銀行の当座預金だけのことです。

この当座預金は日銀、金融機関、政府だけが使える預金通貨です。基礎的なマネーという意味から「マネタリーベース」ともいいます（またはベースマネー）。銀行がもつマネタリーベースと、企業と世帯の預金であるマネーサプライを混同している人は多い。

## 国民にとって中央銀行はなくてもいい

**〈当座預金口座〉** 増発した円（形態は電子信号）を日銀は銀行がもつ当座預金に振り込みます。中央銀行は、銀行に対する銀行の機能しか果たしません。国民にとっては民間銀行が預金を預かって、貸付する機能をもつので中央銀行はなくても済みます。およそ18世紀まで、世界に中央銀行は存在しませんでした。１６６８年のスウェーデンのリクスバンクもありますが、規模が大きかったのは１６９４年（17世紀末）にフランスとの戦費調達のためにつくられた王立の大英銀行が最初でしょう。

**【戦争と中央銀行】** 中央銀行がつくられたあと、政府は国民の預金をはるかに超える量の国債も発行できるようになったため、先進国間の戦争は「国民と経済力の総力戦」になっています。

中央銀行が戦争を仕掛けたのではない。マネーを発行する中央銀行があったから、政府と軍部は国家総動員の戦争ができたのです。近代の戦争は、政府が国民の預金を使いつくしても足りない戦費がかかる最大の公共事業です。国の預金額を超えた国債が発行できないと、大戦争は遂行できません。

通貨を無限発行ができる中央銀行がないなかで、政府が戦費のためＧＤＰを超える国債を発行すると、信用創造に預金額という限界がある銀行は買い受けきれず、売れない国債の価格は下がり、金利が上がります。国民の預金額が国債の発行の限界になります。そうなると政府は金利を一段、二段、三段と上げていく新規国債が発行できず、十分な戦費を調達できません。

国債の発行とは、政府が国民の預金をもつ銀行に国債を売ることです。国民の預金額にとらわれず通貨を発行できる中央銀行がないときの王や封建諸侯は、国債ふうの債券の発行難に直面していたのです。ところが銀行に無限融資ができる中央銀行を無資本でつくると、政府の国債発行は、そのあとの高いインフレ率を無視すれば無限になります。このため、ＧＤＰを超える国債も発行できます。

第二次世界大戦のとき、英国と日本は国民の預金額をはるかに超えた、GDPの2倍の戦時国債を発行して中央銀行に買わせていました。世界の中央銀行が設立されたことは国家の総力戦だった第一次世界大戦、第二次世界大戦を25年という短期で起こした経済的な誘因になっています。

米国FRBの設立（1913年）の翌年は、欧州の全域を戦場にした第一次世界大戦でした。中央銀行と大戦は原因と結果ではなく、平行の関係です。この平行関係が戦争を大きく長くし国を壊滅させるものにしたのです。政府が中央銀行をつくったその本質を言えば以上のように「あやしい」ことになります。ペーパーマネーの通貨の本質的な仮想通貨にも通じるあやしさはここから由来します。

**〔金の通貨は偽造できず増やせない〕** 他方で「金貨」は国民にとっては、政府が大戦争は起こせずインフレも起こさない通貨でした。政府に「金」がないと、通貨の増発は偽金づくりになります。砂糖水を水で増やすように安い金属を混ぜる改鋳しかできなかったからです（金貨の価値の下落＝インフレ）。

政府が金本位制や金兌換通貨制を論理のないヒステリー気味の声で否定するのは、ペーパーマネーのように自由に増やせないからです。金兌換制を守らせれば、政府は戦費にする余分なお金が調達できず、世界の大きな戦争は起こしたくても起こせなくなります。武器を買い、あるいはつくり、兵士にも給料と年金（軍人恩給）を払わねばならないからです。

米国がイランや北朝鮮に対して金融封鎖と禁輸をするのは、武力・兵士力を減殺させる戦略です。北朝鮮は政府の信用がいらない、いわば金のような無国籍通貨の仮想通貨のICO新規発行とハッキングを行って数百億円のマネー（ドルや元）を調達していました（中国からは商品と兵器をつくる工場の電力のもとになる原油を買っています）。

このため米国はシカゴにビットコインの先物市場をつくり、先物で売り崩して（2018年）、1ビットコイン200万円（17年12月）を57万円（19年4月）に下げるきっかけにしています。CIAは、その組織名どおりに戦略的です。

## 【国家総力の戦争と中央銀行】

戦国時代末期の戦争は、「桶狭間」や「関ヶ原」のように短期で戦場が限定されたものでした。国土の破壊と農民の犠牲は少なかったのです。明治維新で徳川幕府が滅びたのは、兵器（戦艦、大砲、銃器）と軍事費が枯渇していたからです。昭和11年の2・26事件は、軍の予算を大蔵大臣の高橋是清《これきよ》が削ったために起こったクーデターでした。

**〔核の抑止力〕** 第二次世界大戦のあと、先進国間で大戦がないのは核兵器による相互壊滅を避ける戦争抑止力があるからです。この意味で核兵器をもたない国は、リアルポリティクの中では、独立して自己決定ができる国家とは言えません。核兵器をもつ国に頼んで守ってもらう必要があるからです（西欧のNATO、日本の安保条約）。

核がもつ戦争抑止から大戦は変容し、大国では諸国間の貿易と通貨の戦争になっています。企業戦略（ストラテジー）や商品調達（ロジスティクス）のように戦争学からきた用語を、企業経営（マネジメント）に使うことが普通になっています。先進国では国家間の大戦争がなくなったからです。

人間の集団は本性として覇権あるいは勢力（支配権力）と、富の略奪のために戦争をするのでしょう。マネーは労働も買うことができ、国民を支配する権力も与えるからです。マネーのない政府は、お金のない会社とおなじで成り立ちません。税収がなければ近代国家もなくなり、部族国家になるでしょう。

財政破産が政府や国家をつぶす理由は、税収のマネーがあたえていた政府の行政権力がなくなるからです。官僚に給料を払えない政府は旧ソ連のようにつぶれます。政府権力の発揮である戦争は、武力による富（マネー）の収奪です。占領軍（GHQ）が日銀の地下にあった700トン余の金塊を上陸直後に押収したことは一部には知られている事実でしょう。日本は米国との戦争で、マネー力（＝兵器調達力）に敗けたのです。資本が勝利をきめる企業間戦争と同じです。

資本主義の経済とはマネーを資本（株式）にする制度です。資本の利益を求めることが企業の活動です。この資本の優劣が企業間競争の勝敗をきめます。

## マネタリーベースとマネーサプライを区分せよ

**〔信用創造は負債の創造〕** 中央銀行が銀行に向かって信用創造したマネーは、前述のようにマネタリーベース（またはベースマネー）です。中央銀行はマネタリーベースを信用創造することができます。信用創造のもとの言葉は前にも示したようにCredit Creation（負債の創造）です。

中央銀行の当座預金口座にあるマネタリーベースは金融機関の預金であり、中央銀行にとっては負債です。この負債を創造するのが通貨の発行です。おなじ負債であるため、政府の負債である国債と交換できるのです。

中央銀行が行う通貨発行は負債の創造です。負債の創造だから、通貨発行は国民がその通貨の価値（商品購買力）を信用する限り、無限に可能になるものです。物価が上がること、資産価格が上がることは、通貨の1単位の価値（1万円の商品購買力）が国民から信用されず減ることです。

日銀は「戦後の不換紙幣である円の発行は日銀の負債といえない」としていますが、これは虚言です。なぜこのような嘘を公式に述べるのか。職員が信用創造をもとの言葉のCredit Creation（負債の創造）として考えていないからです。

不換紙幣は、金準備ではなく政府の財政信用を担保に、国民から承諾を得ずに借りた日銀の負債です。政府と日銀は2％のインフレを目標とするとして、２０１３年4月から現金と合わせて約４００兆円のマネタリーベースを増発しています（マネタリーベースの総残高は５３０兆円：19年3月：集計された金額は10日ごとに変動）。

しかし6年間にわたる史上最大の増発によっても、世帯と企業のマネーが４００兆円増えたわけではない。日銀は当座預金の口座をもつ金融機関に対し、「現金＋当座預金」として約４００兆円のマネーを増発したのです（この４００兆円は異次元緩和の13年4月から6年で増やした分です。総発行の残高は紙幣１０７兆円、当座預金３７５兆円、政府当座預金46兆円で、合計５３０兆円です：19年３月初旬）

## 【通貨発行の裏付けとなる資産が国債】

**〈国債の信用〉**７か国のハードカレンシーの通貨発行の際、信用の裏付けとなる資産は、政府の信用証券である国債です。

国債の価値とは政府の財政信用のことです。

財政の信用は、

- ・政府は国債の利払いができると判断され、
- ・いずれ財政が黒字になるという、ひとびとの予想から、
- ・国債を償還できると期待されていることです。

日銀は政府の長期的な財政信用、つまり現在は財政が赤字でも、将来には税収が増えて黒字になるだろうという市場の期待（投資家集団の心理）を担保にして円を増刷しています。じつは、これは危ういのです。

２０１８年の一般会計の赤字は33・７兆円です。累積赤字はＧＤＰ比２・４倍にあたる１２７９兆円です（財務省：「日本の財政関係資料」：２０１８年３月）。

https://www.mof.go.jp/budget/fiscal_condition/related_data/201803_00.pdf

## 【銀行が信用創造する「世帯と企業の預金」がマネーサプライ】

国民と企業（法人）に対しマネー（紙幣ではなく預金通貨）を創造しているのは、中央銀行ではなく、銀行です。

イングランド銀行は専門家のごく一部にしか知られていない『Money Creation In the Modern Economy：現代経済における通貨の創造』（２０１４）という小論を公開し、通説の通貨発行理論の誤りを指摘しています。経済学説が誤っていたくらいですから、政治家と国民が「通貨の増刷とはどんなことか」を知らないのはあたり前でしょう。

この論文が公開された理由はわからない。英国のマネーサプライ（企業と世帯の預金）を増やしているのは銀行であって、イングランド銀行ではないという責任逃れをするためでしょうか。

通説では①マネーの創造を行うのは中央銀行であり、②銀行は預金を貸し付ける仲介機能をもつにすぎないとしていました。ところが銀行を連結した銀行システムとして、マクロ的に見れば事態は逆です。銀行システムが世帯と企業に対して、預金マネーを貸付金として創造しています。

https://www.bankofengland.co.uk/quarterly-bulletin/2014/q1/money-creation-in-the-modern-economy

**〈マネタリーベースとマネーサプライの区分〉** 日銀を例に①銀行に対して信用創造するマネタリーベースと、②国債を売った代金の当座預金を日銀に預ける、連結された銀行システムが企業と世帯に対して貸付という信用創造をする全体の仕組みを図2-2にまとめて示します。

銀行システムは貸付を行うことによって、マネーサプライ（＝預金つまり銀行の負債）を創造して、増やします。

銀行システムの帳簿では「貸付金の増加（資産）＝預金の増加（負債）」です。このマネーサプライ（郵貯を含むM3）は18年12月で1347兆円です（日銀の統計）。この中で世帯の預金が約1000兆円、法人の預金が300兆円くらいです。

われわれが使っているマネーサプライ（預金）は、世帯と法人が所有者である銀行預金と紙幣のことです（正確には地方自治体の預金も含みます。政府の預金は含みません）。

銀行システムからのマネーサプライである総預金は、銀行システムからの貸付金の増加によって増え、①貸付金の回収、②世帯と企業の海外への投資、③紙幣での引き出しによって減り

**図2-2　信用創造であるマネタリーベース(469兆円)と マネーサプライ(1347兆円)の増加**

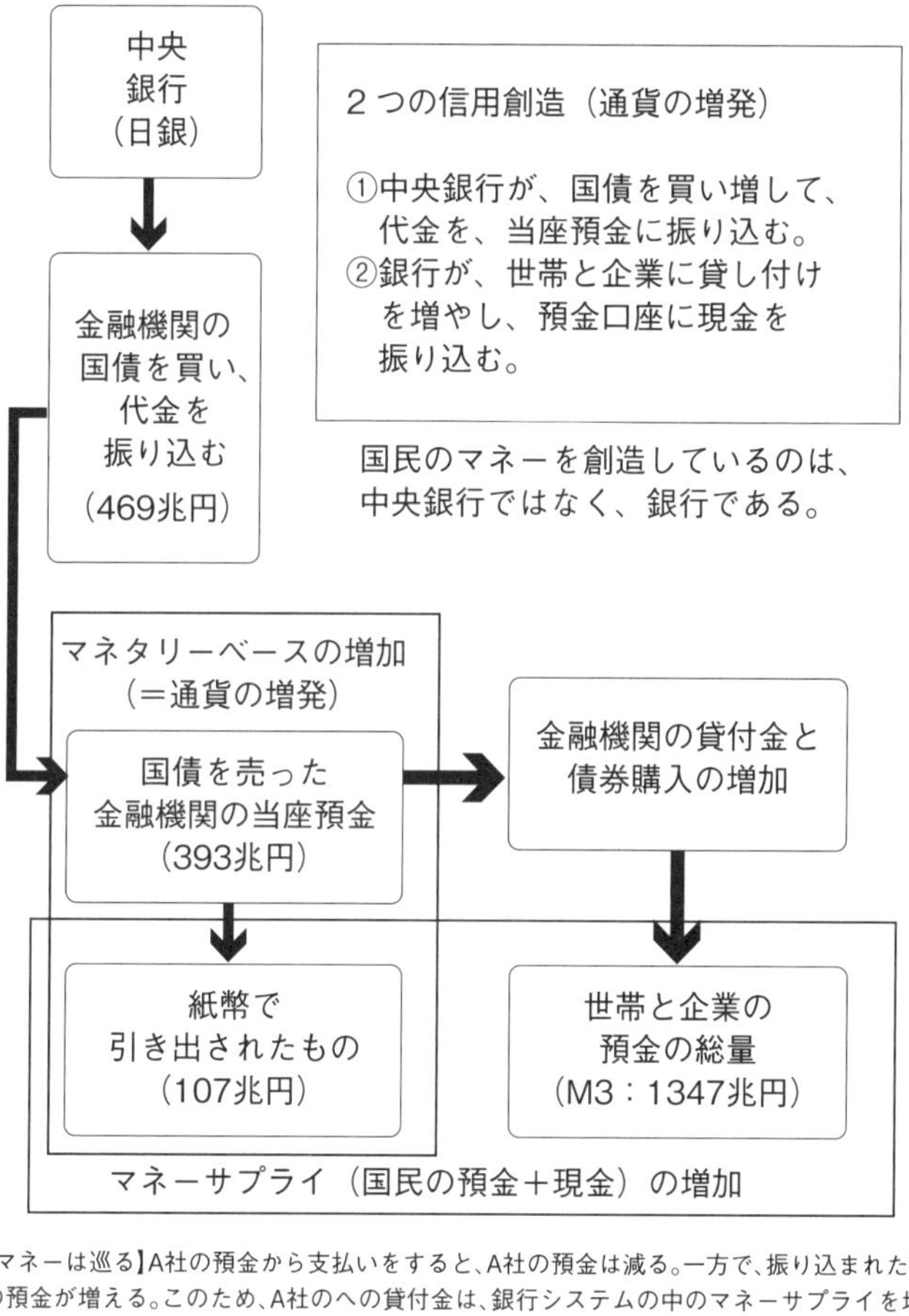


【マネーは巡る】A社の預金から支払いをすると、A社の預金は減る。一方で、振り込まれたB社の預金が増える。このため、A社のへの貸付金は、銀行システムの中のマネーサプライを増やす。マネーサプライが減るのは、銀行が過去の貸付金を回収し、債券を売ったとき。
(注)日銀はマネーサプライを、2008年からマネーストックと言い換えている。カッコ内のマネタリーベースは19年3月末、マネーサプライは18年12月末のM3の残高。
(筆者作成)

ます。

　国内の銀行システムでは貸付金の1億円分が増えて、それが預金から支払われても、海外送金にならない限り減りません。銀行システムから総貸付金が減少したとき、マネーサプライは減ります。日銀が国債を買うことにより、マネーサプライではないマネタリーベースを増刷することは政府の財政を助けます。ところが、国民はゆたかにはなりません。むしろ海外との関係では円が売られて下がり、国民の円預金と所得の実質価値を下げます。事態は逆です。通貨の増発によってゆたかになるなら、国民の全部が仕事をやめてもいいでしょう。通貨の増発は、国際比較での日本人の所得を下げて貧困にしていきます。

　国民がゆたかになる道は、
　①インフレ率を引いた実質所得が増えることと、
　②所有する資産（不動産・株式・金など）がインフレ率より上がること
という2つだけです。

**〔預金金利がゼロ％の意味〕**　世帯の1000兆円の預金金利は、名目GDP（国民と企業の名目所得の合計）の増加率より、いつも低い。銀行危機だった1998年からほぼゼロ％です。金利分（普通の金利なら3％）は、負債の大きな政府が1998年からの日銀のゼロ金利の政策により、預金者から1年に30兆円（消費税6％分）を収奪しつづけています。21世紀の20年で累計600兆円の巨額（世帯所得の2年分）。こうした状況で、世帯の所得と消費が増えるわけもないでしょう。

日銀のゼロ金利政策（国債金利0〜1％）の副作用は、20年間で600兆円相当になる国民の預金のゼロ金利です。メディアはなぜこれを指摘しないのか。経済学的には、ゼロ金利政策がもたらした税金としてもいいものです。普通の金利なら国民が受けとれる金利を含むと、消費税は、実質的に「8％＋6％（預金金利0％）＝14％」とみなすことができます。

国民の預金金利がない分、政府は国債の金利を払わずにすんでいるからです。財政を破産させない目的の消費税2％増税は、実質では、すでに14％の消費税をEUの平均よりも高い16％（アメリカの2・2倍）にすることです。EUのVAT（付加価値税）の限度は15％です。表面税率は20％の国もありますが、食品・医薬・書籍の軽減税率（5〜10％）があって、総体では実質的に15％を越えません。以上は、わが国の政府が決して言わない事実です。2％の増税でも国民の追加負担は重く、不況を招くことはわかるでしょう。

## 政府、黒田総裁、リフレ派エコノミストの誤り

リフレ派と安倍首相には、ある時期まで、
①日銀が増やす金融機関の預金であるマネタリーベースと、
②銀行しか増やせない国民の預金であるマネーサプライの明確な区分が見えていなかっ

たように思えます。

「マネーの創造は日銀が行うことができる」としていたからです。日銀が円を増発すれば、国民の預金の増加になり、預金の増加から商品需要が増え、インフレ目標が達成できると国会でも答弁していました（当時の野党もそれで納得していました）。

意図した誤解かどうか不明です。ただし2013年当初の間違いのツケは、異次元緩和の期間が長くなるほど大きくなっていきます。数年あと、世界の金融史上最大級の誤りともされるでしょう。

図2-3に、1980年から2018年まで38年の国民の預金（世帯＋企業＋自治体）であるマネーサプライの長期増加率のグラフを載せます。

1990年までは8％〜10％の増加でした。80年代後期の5年、株と地価が5倍に上がった資産バブルのおもな原因になっています。「原因→結果」で、科学的に言えば、「マネーサプライが前年比10％増えれば→資産バブルになる」のではない。「将来のGDPが増える。所得も増える」という期待がない国では、マネーサプライが増えても、資産バブルになりません。マネーサプライの増加は企業や世帯の借入金の増加なので、借りる人がいないと増えません。

（注）日銀は08年からマネーサプライを、日銀は増やせないという意味からマネーストックと言い換えています。本書では銀行が貸付金として増やすのでマネーサプライという用語を使います。

**〈異次元緩和ではマネーサプライは増えていない〉**異次元緩和が始まった2013年からのマ

## 図2-3　国民の預金であるマネーサプライの増加率
（1980〜2018年：90年からバブル崩壊：M2とM3）

データ：日銀　https://www.stat-search.boj.or.jp/ssi/cgi-bin/famecgi2?cgi=$graphwnd

→ M2は、現金＋預金＋譲渡性預金

→ M3は、M2に郵貯・農協預金等を加えたもの

■わが国の物価がインフレ傾向になるマネーサプライの増加率が年4%以上である。理由は、他国より預金の回転率が低く、預金を多く貯める国民性からである。マネーサプライが使われる速度は1年に約4%低下してきた。

■異次元緩和は、2%のインフレを目標にして2013年4月から開始された。しかしマネーサプライの増加率は、それ以前に対して1ポイント程度しか上がっていないため、インフレ目標は、6年後の現在も未達のままである。

ネーサプライの増え方は、それ以前とあまり変わらず、インフレを起こさない4%以下です（3%台）。ここもリフレ派と安倍首相が間違えたことのひとつです。データは日銀のマネーストック統計にあります（19年3月）。
http://www.boj.or.jp/statistics/money/ms/ms1903.pdf

**〔アベノミクス円安の起点は2012年10月末の30兆円のドル買い〕**アベノミクス初期の日銀による異次元緩和から、株価が上がった理由は、自民党が政権を奪還した2012年末から13年1月に、政府系の郵貯・簡保などに円でドル債を買ってもらって円安誘導をしたからです（1ドル80円→100円）。
https://finance-gfp.com/#st-toc-h-6

今も厚いベールに包まれていますが、自民党主導で12年11月末に約30兆円の「ドル買い／円売り」が実行されています。短期で10兆円以上の介入なら円は変動します（円の東京市場での交換は1日に4000億ドル：44兆円です：16年）。この30兆円の円の売り介入により、20円（25%）の円安に向かい、同時に日経平均（225社平均）は「9000円台（12年11月初旬）→1万4500円台（13年5月）」と6か月で60%も上がっています。
https://nikkei225jp.com/chart/（サイトの最下部の長期チャート）

**〔株価の上昇〕**株価では年間の売りのオファーに対して、外国人投資家の年間5兆円の買い超（買い－売り）があると、東証の時価総額で100兆円（20倍）は上がるレバレッジ効果があります。株価が上がることは、「通貨と同等の金融資産増発の効果」をもっています。

日本株を買って60%上げたのは、政府主導のドル債買い（円売り）に対し、ドル債を売って円マネーを増やしたヘッジファンドによる「日経225の先物買い」でした。先物買いは現物に近い価格の先物を買い、清算の期限日までに反対売買をして売り、証拠金に対してレバレッジがかかる値上がりの利益を得る取引です。上がると見るとき、あるいは大量に買って上げるときは先物を買い（株価は3か月くらい上がる）、ピーク付近にきたと見るとき、あるいは価格を売り崩すときは大量の先物売りをします（そのあと4か月から6か月目からの下げ）。

**【ヘッジファンドの先物買い】**この先物買いが市場の買いを主導して、12年12月から6か月は上がりました。およそ6か月あと、日経平均が1万5000円になったところで、「利益確定の清算の売り」が増えたため（13年5月）、その後の株価は1年半も停滞しています。つぎの2014年10月からの上昇サイクル（3か月）まで18か月がおかれています。この間、FRBが通貨増発の停止に向かっていたことが米国株と日経平均停滞の主因です。

外国人投資家の売買額は東証（1日平均2・5兆円）の70％を占めています。この売買主体の構造的な要因が日本株の価格を動かしています。原因は日本人の売買が減ったことです。19年の今日もおなじです。来年も変わる要素はありません。

政府は12年11月末に郵貯、かんぽ生命、そして公的年金を運用しているGPIFにドル債30兆円を買わせました。このことを隠して、この株価上昇を「アベノミクスの成果」としたのです。米国が他国を「為替操作国」と非難して禁じる通貨介入は、相場操作のインサイダーです。八百長の一種（金融犯罪）ですから、政府（財務省）は「介入した」とはいえません。これが嘘だったことは、日銀が13年4月から異次元緩和を開始して1か月後の13年5月から1年半（18か月）は日本株は横ばい・停滞していたことからもわかります。

通貨と株式相場は、虚実のうわさ・ニセのニュース・イベントの拡大解釈が飛び交う場です。1日に数百億円以上の大口売買をする前は、反対売買の相手を不安にさせる理由を英FT紙、米WSJ紙、ブルームバーグ、日経新聞などのメディアにリークして書かせます。安値で買うこと、そして高値で売ることが太古から利益のコツです。

買いは売るひとと、売りは買うひととの情報戦です。このためメディアの情報で売りや買いをして、損をするひとが圧倒的に多いのでしょう（推計、個人投資家のおよそ80％）。ヘッジファンドのリークを書くことが多いメディアが「買い場だ」というときは、高く売り抜けるためです。「売り場だ」というのは安く買うためです。事実を言うと、海外ファンドは「日経新聞が株価上昇の記事を多く書いたときは売り、下がる記事が増えたときは買い」としていたくらいです。彼らの情報で信用すべきものは、数値があるものだけです。数値に嘘があることは、さすがに少ないからです。ただし売買の数字を言うことは、ほとんどありません。インサイダー取引とされることもあるからです。

## 米国ＦＲＢのドル増発は金融危機を救った

おなじ通貨増発であっても、08年からのＦＲＢの4兆ドルの増発（累積では4・5兆ドル）は、米国の株価の上昇に効果がありました。リーマン危機からＡＡＡ格のＭＢＳなどのデリバティブ証券が60％くらい下がって大きく縮小していた、銀行信用を回復させたからです。銀行の資産回復は、実体経済の恐慌を防ぐ効果になります。一方、２０１３年は金融危機ではなかった日本の異次元緩和は、効果を生んでいません。

加えて、増発されたドルは09年から、米国の株価を上げて景気を上昇させるという経済へのプラス効果を生んでいます。バーナンキＦＲＢの量的緩和（ＱＥ）は、ねらいどおりに成功したのです。副作用は3回のＱＥでドル過剰になったため、米国の株価が上がりすぎ、5年目くらいから、そのあと4年間つづいているバブルの水準になったことです（２０１８年、米国株総時価３０００兆円）。

前ＦＲＢ議長のイエレン女史は、ＩＭＦのラガート専務理事との対談で、「株価の上がりすぎは問題だ。下がるときにそなえて、ＦＲＢの資産規模を縮小しておく必要がある」と述べていました。ＦＲＢが金利を上げる出口政策を暗に示していたのです。利上げは２０１５年12月から18年12月まで０・25％ずつ9回行われ、18年12月以降は、２・25％から２・５％になっています。

日本でも、異次元緩和のあと株価は上がりました。原因はドルが買いによるドル高がともなった米国と違い、政府が介入した円売りの増加による円安でした。株価が上がる理由も違っていたのです。

なお最近、米国で大きな論争が起こっている「現代貨幣理論（MMT：Modern Monetary Theory）」も出てきました。通貨の増発の可能性を考えてはいるものの、以下で述べるように結論はまやかしです。経済が変化すると、その変化を合理的に解釈する経済理論がいつの時代にも新しく出るか、あるいは過去の理論が復活します。

1989年までの日本の資産バブルのときは、企業の時価での資産（当時はバブル不動産価格）を株価として評価するトービンのQでした。これが株価の純資産倍率（Qレシオ：PBR）です。PER（株価÷次期予想純益に、不動産価格の上昇を加えるPBR（株価÷純資産）の理論が加わったのです。日経平均のPBRは1・14倍（19年4月5日）と米国のS&P500のPBRの3倍より相当に低いので、上がる余地があるという証券会社のセールストークに使われています。

https://nikkei225jp.com/data/per.php

経済理論は「現状を追認する」のです。

## 【MMTの要旨と結論の誤り】

「中央銀行を含む政府部門は、純預金と名目所得の国民を困窮させる大きなインフレにならない限り、将来の徴税権を担保にして、いくらでも通貨を発行できる。日本のように対外負債が小さい国は、国債のマネタイゼーション（中央銀行の国債買い＝通貨の増発）を行うことができるから、財政のデフォルトはまったくないとするものです」（要旨）

**〈政府の増税権は国会に帰属する〉** MMTでは通貨の価値（＝国債の返済）は政府の徴税権によって担保されているとしています。政府に無条件の徴税権があるとする点が間違いです。確かに増税の法案を国会に提案する権利は政府にあります。しかし政府には増税の決定権はない。民主国での増税は、国会の承認がないと実行できません。つまり、国会の議決に反して徴税権を発揮はできません。王制や封建政府でない限り、徴税の権利は政府に帰属しません。

消費税の増税も、国民の支持を受けた国会の多数派での議決がないと、実行できません。米国の大統領令も、国会での議決が必要です。財政の破産を防ぐため、自民党が消費税をあと10%、仮に毎年2%ずつ上げると言えば、選挙に負けて政府の増税案は消えます。

政府は敗戦後のように大きなインフレ（物価は約300倍）を引き起こし、過去の国債を300分の1に減らすことに向かわせることはできるでしょう（インフレは見えない課税）。しかしこれも大きな通貨安から起こるインフレにした政府が選挙に負けるので、通貨の増発も止まります。そのときの首相と日銀の総裁は、紙幣を増刷してフランスのインフレを引き起こしたジョン・ローのようになるかもしれません（結果、ルイ王朝崩壊）。

日銀の職員は、400兆円（マネタリーベース）を増発した異次元緩和がインフレ目的の達成に失敗した6年後の今、どう考えているでしょうか。円安を生んだマネタリーベースの増加は、日銀が国債の買いを停止に向かわせない限り、減ることはないからです。買いを停止すれば、満期が来た分の国債が減ります（長短国債の平均満期は8年）。しかしそのときは、期待金利が上がって国債価格が下がり、政府財政は破産に向かうでしょう。

ＦＲＢの２０１３年12月からのテーパリング（順次縮小）、14年10月からの停止がその先行事例です。ところが法律家パウエルのＦＲＢは、18年秋の世界に波及した株価の20％下落を恐怖しました。19年１月に出口政策を停止し、株価も戻っています。しかし、再びのドルの増発はまだ行っていません。ただし株価がもう一度、18年秋のように20％下げれば、トランプの要請を受けて利下げとドル増刷をするでしょう。

**〔株価指数の罫線パターン〕**米国の株価の20％安は実証され、先物の売りにより大きな利益が出たので、再発しやすい。証拠金に対するレバレッジを10倍としても、18年10月初旬の売りと12月24日までの20％下げの清算により、約２００％の利益を出しているからです。３か月先の株価は、どういう方法をとってもわからないので損の恐怖をかかえながら先物を売っています。こうした利益が実証されると柳の下のドジョウをねらう売りにより、再発しやすくなります。これが下落のあと上がって、再度、下落の株価罫線をつくっていくのです。半年くらい間をおいて2回から3回の上昇と、それ以上の下げが発生しやすい。これがバブル崩壊のパターンでしょう。一度で下げることはほとんどない。底値と見た買いが途中で起こって、上げるからです。2回から3回の波があります。

持ち株が大きく下げたときもあわてず、つぎの3か月から6か月あとの反騰を待ち、そのとき売ればいい。そしてつぎの下げのときは買いです。以上は、株価指数の全般でいえることです（S&P500や日経平均、TOPIXなど）。個別株は売買が少なく、それぞれ罫線のパターンが違うので、べつの学習が必要です。

## 円安だけを生んだ異次元緩和

リフレ派エコノミストの通貨増発論に乗った安倍首相は、

①日銀が国債を買って円を増刷すれば、

②企業と世帯の預金であるマネーサプライが増えて、

③その結果、投資と商品需要が増え、

④商品供給を超過してインフレになると考えていました。

国会でも、この趣旨の答弁がされています。

**〈わが国のマネーの増発は国民を貧しくした〉** 中央銀行が他国よりもGDP比で多く通貨を増刷すると、通貨1単位の価値が減って通貨安になる。このことからも、マネーの増刷が、1000兆円の預金をもつ国民をゆたかにするのでないことはわかるでしょう。人々の将来の予想であるGDPの期待成長率が日本のように低いとき、中央銀行の通貨増発は、GDP増加の効果をほとんど生みません。実質GDPの増加力を示す潜在成長率は、「1人当たりGDP生産性の上昇率×労働者数」です。生産性の上昇は0・5%程度であり、高くても1%あたりです。生産年齢人口が年率で66万人（0・7%）減っていくため、労働者数の増加は見込めません。このため実質GDPの期待成長率では、貿易の黒字または設備投資が増えることにより高い年度があっても、なべて1%以下としなければならない。潜在成長力が低い国で通貨の増発を行っても、マネーの回転速度（名目GDP÷M3）が低下するだけであり、商取引を増やして経済を実質成長させる効果はありません。

異次元緩和が主因である2012年からの円安（1ドル80円台→120円：2015年）は、国民の資産である預金を基軸通貨のドルベースでは50%も減らし、円での所得、そして預金を国際比較で50%減らしています。

米国FRBが2014年にQE（量的緩和）をやめたとき、日本は円を増発していたため、円安を予想した「ドル買い／円売り」が大きく増え、頂点では50%の「ドル高／円安（80円→120円）」になったのです（08年比）。

### 【財政支出の増加は名目GDPを上げるが、そのあとの金利上昇が問題】

最近言われるようになった財政支出の増加（仮にプラス10兆円）なら、確かに1年間では名目

ＧＤＰを増やします（プラス10兆円＝約２％）。

しかし、そのとき今の約35兆円の財政赤字が45兆円に増え、新規国債の必要額が45兆円に増加します。このため国民の純預金額を約10年前に超えている国債の期待金利が、名目ＧＤＰの増加率（約３％）に合わせて上がる傾向になるでしょう。わが国の世帯と企業の純預金は、５２７兆円だからです。〔純預金５２７兆円＝世帯と企業の預金１２３３兆円－世帯と企業の借入金７０６兆円：日銀資金循環表より：18年8月末〕

この世帯・企業の純預金５２７兆円を金融機関が全部使って国債を買っても、１０００兆円の買いには大きく不足するので日銀が円を増発して（砂糖水を薄めて）、およそ５００兆円分を買ってきたのです（海外の投資家は１０００兆円のうち１５０兆円の円国債を買っています）。

物価上昇を含む名目ＧＤＰの３％増に均衡するように市場の期待金利がじりじり上がっていくと、約１０００兆円の既発国債が下落する障害が発生してしまいます。「市場の期待長期金利≒名目ＧＤＰ上昇率」が短期金利は操作できる中央銀行の、普通はコントロールの外にある金利の経済学的均衡点だからです（ただし不均衡の時期も多い）。

2年目、3年目には、国債下落が生む逆の効果が短期で増やした財政支出によるＧＤＰ増加効果（10兆円）を減殺するでしょう。もともと日本では1年におよそ35兆円の財政赤字が、つづきます。さらに赤字を増やす財政支出の拡大は、ねらいと逆に累積の財政赤字（政府債務＝１２８４兆円：日銀資金循環表：18年8月）が危機ラインの臨界点が近づくことにもなります。

政府内には異次元緩和が効かなかったからとして、つぎは財政支出の拡大だとの意見も出ています（内閣府官房参与氏が代表）。しかしそれは、かえって近い将来の財政危機を深めることにしかならないので、ここで封じておきます。

## 50％の円安は国民を50％貧乏にした

**【円安での利益は国民の利益ではない】**

異次元緩和後の円安を歓迎する向きもあります（2015年が円安のピークで1ドル122円）。しかし円安から生まれたのは、輸出と海外で生産する企業にとっての利益、つまり為替利益です。下がった円に対する、上がった米ドルでの評価の利益であり、企業の商品輸出数と海外生産数が増えるという、企業成長の利益ではない。

円預金1000兆円をもち、年300兆円の所得（平均所得は560万円／世帯）を得ている世帯にとって2012年から15年の円安は国際比較では、わが国史上最大の資産と所得の喪失でした。通貨安は国民を貧困にします。スイスのような通貨高が国民をゆたかにします。

**【国民は国際比較で貧しくなった】** 1ドルが80円台だった2011年に比べて、1000兆円の円預金はドル換算の実質では6・8兆ドル（750兆円）に減り、平均所得も3分の2の3・3万ドル（373万円）に減っています。所得金融資産の国際的な順位では、これがあらわれます。しかし国内では円表示なので、国際比較での実質金額の減少はわかりにくい。

名目での金額では、ひとびとは判断を誤ります。たとえば物価が3％下がって賃金がおなじなら実質所得は3％増えています。逆に所得が3％上がっても物価が5％上がるなら、実質所得の2％の減少です。われわれは賃金や利益を実質で考えなければならない。

## 【政府・日銀の円安とインフレの目標の意味】

いつも政府の立場に立つケインズは、物価上昇を含む名目所得を3％上げ、国債を発行して財政支出を増やして物価を5％上げればいいと述べます（『雇用・利子および貨幣の一般理論（1936）』：大蔵省にも勤務：元イングランド銀行理事：1941年）。

実質所得という考えが国民一般にほとんどないからです。


給料の受取額である名目賃金が下がることには、皆が抵抗する。しかし手取りの名目賃金が3％上がり、物価が5％上がって実質賃金が2％下がっても、大半の人は給料が下がったとは気がつかず、物価が上がったことを非難する。このため手取り額である名目賃金には、企業利益が減る不況期でも下がりにくいという「下方硬直性」がある。賃金が下がりにくいため、企業は雇用をカットし、失業が増える。この失業率を減らすために財政支出を大きくしてインフレにし、実質賃金（商品の購買力）を下げることがあってもいいとしたのです。有効需要になる公共事業は、政府が作業員に賃金を払って穴を掘って埋めるだけでもいいとすら書いています（あとで政府の負債が残るだけの無益な公共事業です）。

物価上昇目標を２％とした、わが国の異次元緩和によるリフレ論はこの筋のものです。政府・日銀の物価目標は１年限りのものではなかった。将来ずっとつづく物価の２％ラインの上昇でした。世帯所得が減り、高齢者の年金が固定される中で、毎年２％物価が上がればどうなるでしょう。国民の窮乏です。このため２０１５年から政府は、企業（経団連）に平均賃金３％程度を上げるよう要求したのです（全世帯平均所得は２０００年が６１７万円（共稼ぎ65％）、15年は５４６万円です：厚労省）。

２０１９年10月には消費税が２％上がる「予定」ですが、２％の消費税が付加されると消費者物価（ＣＰＩ）は企業（各種の業界）の売上が増えない中で１・５％上乗せされるでしょう。「異次元緩和とインフレ目標は国民のため」というのは誤りであり、負債がＧＤＰの２・４倍の、政府のためのものです。

なぜ誤ったのか。異次元緩和のほんとうの目的が、

・「国民の純預金額（預金－負債）をはるかに超えた１２８４兆円の赤字財政ファイナンス」であり、
・財政の危機はゼロ金利により将来に引き延ばし、
・その間に２％は物価が上がる経済の体質に変え、
・「長期間つづく２％インフレという見えない課税」により、

・国債を名目GDPに対して増やさず、
・「国債額÷名目GDP＝債務比率」を維持するか下げること、だったからです。

## 【国民を貧困にする通貨の実質価値の低下】

円の対外的・相対的な実質価値は、世界の通貨に対する「実効レート」で見なければなりません。名目価値は国内の円の購買力だけのものです。海外旅行をすると、多くがドルで払われる旅費、ホテル費、店頭物価が約50%上がったことからわかるでしょう。

上級のホテルは軒並み7万円以上となっています。円高の2010年から12年は4万円台でした。15年さかのぼって1995年の円高（1ドル79円）のときは、およそ2万円台だったのです。1995年の円高のとき、橋本龍太郎内閣の政府は「日本がつぶれる、米国債を売って金を買う」と騒いでいました。日本が米国債を売れば、かえって円高になったでしょう（1ドル50円か？）。

ただし古来、通貨高でゆたかになった国はあっても、貧困になった国はありません。

スイスのようにスイスフラン高で海外から見た所得と物価は高くても、国民はゆたかになっています。通貨高のスイスと逆に大きな通貨安になると、対外的な支払いが困難になって輸入数量は急減し、輸入物価が上がり、国民は困窮します（これが1997年のアジア通貨危機のような通貨下落の危機）。70年代の石油危機とおなじことがもっと大きく広範囲に起こるからです。

百貨店売上と観光収入を助けている中華圏からのインバウンド消費の増加は、

・2011年に元の世界の通貨に対する実効レートが20%上がり、

・円の実効レートは逆に22%下がった結果、中国人の預金と所得である元が54%も上がったことによります（1・2÷0・78＝1・54倍：第六章の図6-6を参照）。

すこし長期で1995年とくらべると、円は150から75へと半分に下がり、元は65から120へと1・8倍に上がっています（実効レート）。元に対して円は約28%に下がっています。

このため1995年の中国と日本経済の関係では、

・中国のGDPと所得は円安・元高のため、日本からは3・6倍の大きさになり、

・中国から見れば元高・円安のため、日本のGDPと所得は3・6分の1の重みに減って弱小国になったのです。上海にいくと、これが実感でわかります。

**【インバウンド消費が急増した理由は円に対する50%の元高】**

**〔人民元から見た円と日本の物価〕**人民元で所得を得ている中国人にとって2012年以降、日本への旅費・ホテル代・商品・食事代が半分に下がっています。比較物価の下落のため、インバウンド消費は約5兆円（18年）、内需の個人消費額で1・5%を占めています。居住人口への換算では1・5%（189万人）、およそ札幌市分が加わって増えたこととおなじ効果です。

インバウンド消費は、国民の所得と資産の国際的な価値の下落（世帯の損）と引き換えに得られたものです。

政府はインバウンド消費をアベノミクスの成果と誇っていますが、通貨の価値（商品の購買力）から見るマクロ経済の観点では哀しいことに思えます。本来なら、円高により日本人の海外旅行が増えることを成果として誇らねばならないでしょう。

日銀による国債の大量買いは財政危機をさけることがほんとうの目的だったため、政府・日銀は円安を歓迎しました。その結果、国際比較では国民の実質所得を下げることになった約50％の円安を招いてしまいました。

下がった円で所得を得ているわれわれにとって、米・欧・アジアを含む海外旅行のホテル代は約2倍になった感じです。日本人は国際的な比較では50％も貧乏になっています。観光資源が多いスイスはビジネスクラスで1週間なら、団体ツアーでも70万円くらいと高い（個人なら150万円）。しかし、円が今の2倍なら35万円です。1995年の円高（1ドル79円）の時期がこれでした。

## 【円と対極はスイスフラン】

逆にスイスフランは、最近の19年間で、下がった円に対して1・7倍高くなっています。個人所得は平均で429万円の日本人より、1035万円と高くなり、国民はゆたかになっています（2017年）。2000年は、1フランが63円でした。今は110円と1・7倍です。

**〔日本の1・7倍ある個人所得〕** スイスフラン高から、スイス人の平均所得が1・7倍の1035万円になるのは当然のことでしょう。日本で年収1000万円以上は15％（6人に1人：多くが50歳以上）です。日本の85％の国民はスイスでは貧困層になるでしょう。

日本人は、畜産・金融業・精密工業・化学薬品・観光業のスイス人の半分以下の生産性の仕事しかしていないでしょうか。労働時間はスイスが1590時間、日本人は8％多い1713時間です。わが国の政府・メディア・エコノミストは「円安のプラス面だけを喧伝《けんでん》し、国際比較での実質個人預金と所得のマイナス」は伝えません。このためもあって本章で書いています。

1ドルが79円に上がった第一次円高の1995年、日本は世界トップクラスのゆたかな国でした。そのとき旅行費が今の半分だったので、家族4人でバリ島にいきました。親はビジネスクラス（子供は当然エコノミー）、ホテル代、タクシー代、レストランでの食費、物価の安かったこと。世界一ゆたかな日本人の一員として、現地の人がうらやむ旅行もできる時期もあったのです。現在の日本人は海外であまり商品を買いません。円安のため海外の物価が高く見えるからです。

スイス人や富裕層の中国人が、この時期の日本人とおなじです。日本人と逆比例してゆたかになった中国、台湾、香港、韓国、シンガポールの富裕者もスイス人とおなじ目で、「物価と不動産の安い日本」と見ています。2億や3億円以下の不動産物件なら、現金で買っています

（ただし不動産の購入は2018年秋以降、中国経済の急減速［GDP成長は推計1・67％］から激減しています）。

## 貿易黒字と貯蓄超過にあるマクロ経済均衡の原理

円高は輸出企業と海外生産にとってマイナスでも、世帯と輸入企業にとってはプラス効果です。異次元緩和から6年。マネタリーベース増発により円の実質価値を下げてきた通貨の名目金額への迷妄から覚めるべき時期です。

日本への観光も多い韓国の個人所得（月収40万円）も日本に追いつきました。シンガポール（月収45万円）と香港のマネジャークラスの賃金は、日本人（40万円）を上回っています。日本は2012年以来の約50％の円安により、物価と賃金の低い国になっています。国際比較での世帯の貧困化は政府が決して言わない実相です。厚労省は、賃金上昇率での統計規則に反するちまちました偽装すらしています。現場官僚の心情を想えば、非難するより哀しくなります。

**〔仮想の思考実験〕**日本にとっては仮想にすぎないことですが、日銀が2000年に通貨の発行を国債担保から金準備制に換えていれば、日本人の平均的な実質所得と実質預金は、同年からの金価格高騰により国際比較で5倍になって世界のダントツ1位になっていたはずです。これは今からでも遅くはないのです。

国際比較での実質価値の増加である円高は、高齢化と人口減の日本経済を救います。金準備制は金価格の上昇とともに日銀の資産が増えて、その資産を担保に通貨の増刷ができるので、通貨不足からのデフレにおちいることはないのです。

**【わが国における円高非難説の誤り】**

「金本位制では通貨不足でデフレになる」という世界のエコノミストの金への非難は、金貨による金本位制のときのものでしかありません。金貨では鋳造に金現物が必要になるからです。一方、兌換通貨を発行する金準備制では、金準備率を下げることによっても通貨の増発ができます。金準備制は、国債の代わりに金を通貨発行の準備資産にするものです。

世帯の可処分所得からの貯蓄率は、90年代まで所得の10%以上でした。２００５年以降、１年に60万円平均で預金を取り崩す65歳以上の退職者の割合が、急激に増えています。国の貯蓄の増加では、世帯ではなく、企業が利益を使わない内部留保のキャッシュフロー分が大きくなっています（２０１７年：家計17・6兆円、企業27・3兆円は増加）。

**〔米国より下がった世帯貯蓄率〕**日本の世帯貯蓄率の低下（２０１６年:可処分所得の2・04%）は、人口構造からきているので、90年代までの恒常的な輸出超過には戻りません。貯蓄率が下がると、貿易は赤字傾向になって均衡します。

輸出物価を下げる円安でも、恒常的な輸出超過にはならない。輸入物価を下げる円高でも、輸入超過にはならない。以下のマクロ経済の原理から2005年以降、貿易構造が転換してしまったからです。今後、円安になっても輸出超過にはならないことを記憶しておいてください。円安策政府の政策は、ここでも誤ったのです。

## 【マクロ経済均衡の恒等式が働く】

ケインズが発見したマクロ経済の原理では、「S（貯蓄）－I（投資）＝EX（輸出）－IM（輸入）＝貿易黒字」です。貯蓄の増加が国内投資の増加とおなじになると、円安・円高にかかわらず、輸出の超過（貿易黒字）はなくなります（単年度でなく数年間合計）。

投資の増加が貯蓄の増加を超えると、米国と英国のような構造的な貿易赤字になります。

2012年末以降、政府・日銀の円安政策は90年代初期までの日本経済しか見ていません。約20年での高齢化と米国世帯以下になった貯蓄率の低下により、経済の条件が変わっています。

貯蓄率が低下したあとの円の増刷、ゼロ金利、および円安政策は、

①物価目標を達成できなかった（2％の増税での物価上昇を除けば達成の見込みもない）、

②円安は輸出を超過させなかったという二重の誤りを犯しています。

円の増発は株価を上げ、失業率は下げたものの、長期的な観点では日本のマクロ経済力を衰微させたのです。

一方で拙著『国家破産』（2011年）で約1000兆円の預金を食いつくす2015年と予

想していた財政危機は、6年間のゼロ金利から、①世帯預金から180兆円（30兆円×6年）を収奪して、②銀行の本業も赤字にするという副作用を生んで、日銀が国債を買わなくなるときまで先送りされました。その分、政府の国債の利払い費は低い（2018年度9兆円）。税金として30兆円を国民が余分に納めてきたのとおなじです（実質消費税は、8%＋6%＝14%）。

今後のために、「財政破産は先送りされたのであり、なくなったのではない」ことを心に刻んでおいてください。この問題については、わかりにくい複雑な事情を次章で丁寧に解析していきます。

# 第三章　財政破産を先送りし、円安と貧困を招いた異次元緩和

本章ではわが国の財政危機について、数理的に検討します。異次元緩和は、より大きくした財政破産（デフォルト）の先送りになっているからです。逆説的ですが、財政破産は過去の制度を転換させる機会になります。およそ50歳以下の社会保障費と国債の負担が超過する世代にとっては、制度の再編成から希望になるものです。

日本の危機は、少子高齢化の人口構造がもたらすものではありません。社会保障制度が現在と将来に有効性を失ったのに、再編成に手を付けなかった政治がもたらした危機です。

少子高齢化では働く人の生産性を上げることによって、所得増加の希望をつくることができます。しかし、社会保障制度がおなじなら、現役世代の所得が上がっても希望をもたらしません。所得が増えても、累進の税負担と、社会保障費の割合が増えるだけだからです。

◎日本の財政破産は同時に、「円の暴落＋株価下落＋不動産下落＋米国の財政デフォルトとドル下落」になります。

公的年金が削減されて、医療費の自己負担も増える60歳以上の世帯にとっては、長期金利が上昇する兆候が見えたとき、世帯平均で２１００万円の預金を引き出し、スイスフランか金に換えておけば、ゆたかな退職後の生活ができることも示します。

金融機関・企業・世帯・政府は、国債額に匹敵する約１０００兆円の対外総資産をもっています。財政の危機と破産は国内の資金不足ですから、日本は大量に外債を売ることが必要になります。日本の外債売りのショックから他国の追随も生んで、米国の金利は上がり、1年に1兆ドル以上増える36兆ドル（３９６０兆円）の対外負債の支払いができなくなるからです。

◎経済がもつ古典派的な自律性は、危機のあとに、時間をおいて成長を準備します。

それが２０２５年からは、第一章で示した5G、超高速インターネット、労働人口の減少を補うＡＩの導入です。これらが財政危機・金融危機・デフォルトとすり替わるように、およそ5年あとから産業の技術革命とおなじ成長をもたらします。危機がなければチャンスもない。危機があるから、その後が機会になるといってもいい。経済の歴史を見れば、数十年の長期循環として、滅びるものと生まれるものが交互にきています。

## 政府が17年間試算してきたプライマリーバランスの意味

政府は２００２年から毎年、プライマリーバランス（ＰＢ：基礎的財政収支）の実績をベースにして、10年先の経済財政までを試算しています。首相が議長をつとめる「経済財政諮問会議」で審議され、財政見通しについて政府のもっとも重要な書類と位置づけられるものです。政府が行う10年間の経済・財政の見通しはこれしかありません。新聞等は「政府は＊＊＊とした。ＰＢバランスは今回も先送り」と報道しても、その数値と根拠についてクリティック（批判的検討）はしていません。エコノミストたちもおなじです。

（資料）https://www5.cao.go.jp/keizai2/keizai-syakai/shisan.html

**【中長期試算と実績に大きな乖離《かいり》がある】**

最初に結論をいえば、17回の政府の試算がその年度の実績と大きく外れていて、好意的にも確度をもった試算とはいえません。この『ＰＢの中長期試算』は重要です。政府は内閣府の『中長期試算』を根拠に過去17年間ずっと「ＰＢは改善に向かうから、財政危機と破産はありえない」として官僚の権益になる財政予算を拡大してきたからです。形容詞や副詞の感想でなく、数字を簡略にして金額を分析します。

## 図3-1　『中長期の経済財政に関する試算』からの抜粋
## （内閣府：2019年1月）

| 成長ケース 抜粋 | 2014年7月時点の、2018年度予想 | 2018年度の実績 | 新しい、2020〜28年の予想（9年間平均） |
|---|---|---|---|
| 名目 GDP | 予想 567兆円 | 実績 552 兆円 | （予想 643兆円）（2028年） |
| 名目 GDP成長率 | 予想 3.5% | 実績0.9%：（5年前予想から −2.6%） | （9年間平均 3.2%） |
| 物価 上昇率（CPI） | 予想 2.0% | 実績 1.0%：（同様に−1.0%） | （9年間平均 1.9%） |
| 名目 長期金利 | 予想 3.1% | 実績 0.1%：（同様に−2.9%） | （9年間平均 1.5%） |
| 基礎的 財政収支（PB） | 予想 −11.8兆円 | 実績 −15.2兆円：（同様に−3.4兆円） | （9年間平均 −2.6兆円） |
| 公債残（政府借入金は、含まない） | 予想 1065兆円 | 実績 1061兆円：（同様に−4兆円） | （28年予想 1179兆円） |
| 債務比率：公債÷名目GDP | 予想 188% | 実績 192%：（+4ポイント（%）） | （28年予想 152%） |

（注1）2018年度は、正確には、19年1月時点の19年3月末予想であるが、実績に近い。
（注2）19年10月に、消費税を2%上げて10%とする仮定（2%につき10兆円の税収増）
2%増税がないと、2020〜28年の予想でのPBは、9年平均で−12.6兆円であり予想ベースでも、改善がない。（これが政府・財務省が2%増税にこだわる理由）

図３‐１は『中長期試算』から、肝心な７つの金額を抜粋したものです。①５年前の２０１４年７月の２０１８年度についての中長期試算、②それと対照した２０１８年度の実績、③２０２０年から28年までの９年間の試算の平均を示すものです。

簡略な表にするのに、すこし苦労しました。基礎的財政収支の中長期試算でもっとも大切なものは、①名目ＧＤＰと、②市場の期待長期金利の予想です（表では名目長期金利、ほんとうは期待長期金利とすべき）。名目ＧＤＰは政府の税収をきめ、今後の長期金利の上昇は既発国債価格の下落を示すものだからです。

およそゼロ金利の１０００兆円の国

債残（長短国債満期までの平均残存期間は8年）は金利1ポイント（%）の上昇につき、7・5%価格が下落し、国債をもっている金融機関のB／Sの含み損になります（総保有損失は75兆円）。市場の期待長期金利が2%に上がると、平均で14%下落して危機接近ライン（含み損140兆円）。3%に上がると国債は19・4%下がり、総保有の含み損が194兆円になるので危機ラインです。

政府は「名目GDPの成長とともに中長期試算をつくった年度より、その先の期待長期金利は上がりつづける」としています。この金利上昇の予想は、政府が「1000兆円の既存国債の価格は今後、下がりつづける。上がることはない」としていることとおなじです。

**〈期待金利上昇で下がる国債価格〉** 具体的には①日銀（約500兆円の国債を保有）、②国内銀行と生損保（同390兆円）、③海外銀行（同134兆円）、④年金基金（76兆円）が保有する国債で損をしつづけると、政府が表現していることになります。

新規の借換債（120兆円）と新発国債（35兆円）、合計155兆円（月間13兆円の発行）が売れにくくなると、①期待金利はさらに上がり、②債券市場での消化が難しくなってデフォルトします。政府は、日銀が張った鎖にすがって断崖《だんがい》の山道を歩いている感じです。

国債はまず金融機関が買い、買った金融機関から日銀が買っています。日銀が政府から直接買うことは、日銀の引き受けを禁じた「財政法」に違反するからです。こうした条件の中、国債で損はしないという見通しを作成し売ることが仕事である理財局の30代や40代が多い現場担当者（賃金は決して高くない）の心理に同情したくなります。

２０１４年の時点で内閣府は、４年後の２０１８年度の物価上昇を含む名目ＧＤＰの成長を３・５％としていました。ところが実績は０・９％成長でしかなく、総税収をきめるもっとも重要な名目ＧＤＰには２・６ポイントの乖離《かいり》が生じています。

上場企業には毎期、東証に提出義務がある「中期経営計画」があります。これに過大な売上の目標を掲げ、毎回、達成できないずさんな企業経営と変わらないものです。10％ではなく1％程度しか伸びていないＧＤＰで２・６ポイント（％）の差は、作成した現場官僚・局長の重過失責任を追及しなければならないくらい大きいでしょう。

こうしたのんきな将来予想をベースに、増える一般会計の支出予算が組まれ、累積する財政赤字を増やして、『中長期試算』では小さくするといっている名目ＧＤＰに対する政府の負債比率を上げてきたからです。第一の原因は名目ＧＤＰの高すぎる試算です。

予定より２・６ポイントも実績が低いと、税収額は名目ＧＤＰの見込み違いの何倍も少なくなります。結果は政府赤字が拡大し、資金の不足を埋める国債の新規発行が増えつづけています。

### 【高すぎる将来ＧＤＰの中長期試算から全体が崩れている】

名目ＧＤＰの高すぎる想定によって、過去17回の『中長期試算』の数字は基礎から崩れています。これを繰り返してきたため、政府は毎年毎期『中長期試算』をつくり直すことになるのでしょう。

名目GDPの試算が2・6ポイント（%の差：金額で14兆円／年）もはずれる理由は、

①実質GDPを増やす要素（全要素生産性（+1・8%）×労働人口増加（高齢者と女性の就労率上昇））と、物価上昇率は最大限に大きくし（政府目標の2%を達成とする）、世界経済も好調がつづくとして（実質GDP+4・5%：実際はこれも約1ポイント高い）、

②中長期試算の名目GDPを下げるリスク、中国・EU・米国の経済のリスク要素をいれていないからです。

10年の長期予想では一般に、リスク率をいれない長期試算は行ってはならない。中長期試算での10年先の経済は数値としては、世界のだれひとりわからない。このため予想リスクをいれないと、つくった数字は無効になるからです（政府への提案）。

「ベースラインケース」は「成長ケース」よりGDPの予想成長率は、1ポイントくらい低くしています（実際はこの低いGDPも結果より高すぎます）。そのときは、緊縮財政にして国債金利も低く想定して、PB（基礎的財政収支）は改善し「危機ラインにはならない」として辻褄《つじつま》が合わせられています。ところがベースラインより低いGDP成長率であっても、財政支出は想定とは違って減らず、補正予算もいれて増やされつづけたのです。この中長期試算が財政赤字を大きくする官僚の空気をつくった犯人とも言えるくらいでしょう。

厚労省のちまちました賃金統計の結果偽装より、17年間、将来の経済・財政の予想数値を作成してきた内閣府と財務省官僚の結果責任は重い。このためコミットした「予想」とせずに、あくまで試みだと、あとで逃げも打てる「試算」にしたのでしょう。そうであれば、財政赤字に責任をもち、累積赤字の負債譲渡証券の国債を売る側として卑怯《ひきょう》な態度です。不動産仲介業が住宅を売るときの「今が底値」に似ているからです。これは許されます。判断は顧客が行うからです。財政予算に対して国民が関与する手段は、選挙しかありません。実際は官僚組織という専門家に委任されているからです。

## 最新の『中長期試算』の架空性（2020～28年）

『中長期試算』では2028年までの9年間の名目GDPは平均で3・2%上昇と高くし、逆に長期金利は9年平均で1・5%に抑えています。

これから先9年、平均3・2%で名目GDPが伸びると考えているひとがどこにいるでしょうか（18年は0・9%：なお2025年ころからの5G＋AIは要素にはいっていません）。

仮に9年間の平均名目GDPを3・2%と考える人が多ければ人口減の地域が増えるのに、全国平均で住宅もおよそ3・2%ずつ上がる予想になってしまいます。9年後には5000万円で買ったものが6640万円です。人口密度が減らない都心地域では、この3倍の10％は上昇することになりますから、5000万円で高層マンションを買えば2・36倍の10年で1億1800万円になるでしょう。

内閣府の予想がほんとうなら、ローンに対しては低い金利から、全国で資産つくりの住宅の買いが殺到してローン金利は上がります。260万社の企業も、平均で9年後には売上が1・32倍になりますから（伸びる会社グループは、1年に10％売り上げ増加：9年で2・35倍）、工場、店舗、物流、IT、人材雇用にも波及し、借入での投資が急増するでしょう。つまり借入金の申込者が銀行窓口に列をなして並びます。資金需要の増加から金利は上がるでしょう。名目GDP3・2％上昇の9年と期待平均金利1・5％は、根拠がどこにもない架空の数字です。よくこんなものをつくったと、冷静にあきれます。

経済財政諮問委員会の民間委員（学者＋大手企業経営者）と、首相が議長の重要閣僚は、こうした誰でも常識でわかる矛盾を指摘して、質問や否定をしなかったのでしょうか？

野党でも自民党でもいい。議員にとってもっとも大切な財政を審議して予算委員会で質疑し、修正すべきです。80年代（高齢化・少子化はまだ10年先だった）までの成長期に準じる好景気の感覚が連続9年の名目GDP＋3・2％です。試算は単年度ではなく、これから先9年です。名目GDPと平均賃金は3割増しの1・32倍です。

さらに『中長期試算』では2023年に長期金利が0・9％に上がり、24年1・4％、25年2・1％、26年2・8％。27年3・1％、28年3・4％とされています（これも低い金利ですが）。

この金利は2023年（4年後）に日銀が国債の買い増し（現在約40兆円）をやめて、FRBのような出口政策をとるという含意《がんい》です（米国の現在の長期金利は2・5%あたり）。日銀が出口政策をとった年度と、その後の債券市場の期待長期金利は、これより＋1ポイントから＋2ポイントは上げるでしょう。

政府が書いた『中長期試算』にしたがって金利が上がるとされている2023年（4年後）に日銀の出口政策がとられると、そのとき財政危機に向かうでしょう。

以上のことは当方の勝手な独断ではない。『中長期試算』の数字の根拠となる要素との関係から、一層剥《む》いて金額を読むと、『中長期試算』自身が裏で表現していることをここに書いています。

約38兆円の政府の赤字から国債費（23兆円）を除いた基礎的財政収支（PB）は、2018年度で15・2兆円の赤字です。実際は近年増えている大災害のときに1兆円から数兆円の補正予算が組まれるので、PBの赤字はもっと増えます。

**〔数字の辻褄合わせがある〕** 政府はPBが黒字になると、「国債残÷名目GDP」で計算される債務のGDP比率（2018年は192%）は、「ワニの口状には先が広がらない」から将来の財政破産は抑えられると主張します。そうなれば、そうかもしれませんが、根拠となる予想数値に「辻褄合わせ」があります。しかし現場官僚の辻褄合わせを指弾しても空しい。上級幹部と政府の関与だからです。数字をすこし読めばわかることが「経済財政諮問会議」で指摘されないことを不思議に感じています。

実際はPBがバランスせず（社会保障制度の大改革がない限りバランスしません）、

①海外からを含む円国債投資家の集合による「日本の財政リスクの認識」から、投資家集合がつける国債の金利が上がると、

②名目GDPの増加率より、国債金利が上がることからの破産のリスクがあります。

2011年のギリシャの事例では、名目GDP増加率（2〜3％）の10倍以上の金利（長期金利30％）になっています。原因はギリシャ政府の負債の偽装が発覚して、海外が財政の破産リスク、つまりユーロ建てのギリシャ国債下落リスク（市場の期待金利の上昇）を認識したからです。

**〈相場は一斉に動く〉** 古今東西、人間である投資家集団（金融機関のファンドマネジャー）は集団の心理（空気）に動かされ、損失の恐怖から、同時に投げ売りや空売《からう》りをする傾向があります（これが複雑系の波及）。資金運用を預託されているファンドマネジャーにとって売って損するより大きな恐怖は、売りに出しても国債の買い手がなく（価格が気配で下がって）、予定した価格で現金化できないことです。預かった数千億円の資産において、国債の運用で損を出したら自分の資産を失うより怖いと思うでしょう。ファンドマネジャーの経験者なら、全員が胃の痛む経験から知っていることです。多くが先物などでレバレッジをかけた売買なので、利益も損も大きくなるからです。10倍のレバレッジなら、0・5％の金利上昇で国債価格が3％下がると、損失は30％になります。日銀以外の国債売買は、政府にマネーをあたえることではなく、

売買の利益を目的にして行われています。利益があると考えるから国債を買っています。損をすると思うようになれば、買わなくなるのです。

## わが国の財政危機はどんなプロセスで起こるか

①日銀が国債の買い増しをつづけるにもかかわらず、
②新規国債の市場への投入が期待金利を一層上げるようになったとき、財政は危機に向かいます。

政府は前記のように、金利の上昇を２０２４年からとしています。ＧＤＰ比２・４倍（１２８０兆円：国債は１０００兆円）という債務の大きさが、３％という普通なら低い金利でも財政を危機に向かわせるのです。

**【国債が売れるとき、市場の期待金利が下がる過程】**

国債がよく売れるのは、買ったときより金利が下がって、国債価格が上がると予想される時期、年度です。国債価格が上がって、売れば利益になるからです（債券の益出し）。２０１６年からマイナス～ゼロ金利の限界に達している長期金利が、さらにその下の金利に大きく下がることはない。『中長期試算』でも、これからは名目長期金利の上昇が示されています。ところが、国債の価格は今後10年下がりつづけるとは書かれず、金利の上昇だけが示されています（10年は『中長期試算』の期間）。

**【海外投資家は先物売り】**金利が上がる過程になって国債価格が下がると、今まで買われてきた国債に国内と海外投資家（国債保有150兆円）からの売りが増えます。この売りから、国債の金利はそのときになると『中長期試算』より数段上がることになるでしょう。日本の国債は、海外が134兆円（12％）しか所有していないから、日銀が買い支えれば売り崩しはできないという論もあります。しかし債券の市場には、国債をもたなくても、いくらでも売ることができる「先物売りやオプションの売り」があります。850兆円（85％）は国内の金融機関と日銀がもつから、期待金利が上昇の傾向になっても売り崩すことはできないというのは、まったくの誤りです。

150兆円の円国債を所有する海外投資家は、短期債を1年に450兆円、3回転の売りをしています。円国債の売買でも、利益だけしか求めない海外投資家は、「国債下落＝期待金利の上昇」を主導するでしょう。財政破産の臨界点である長期金利3％に近づく時期は、数年内に早まる可能性が高い。内閣府自身が「上がると予想する金利」の裏で、財政危機・破産を示しています。

国債の増発ができないと、政府が支払いを約束している、

①公的年金（53・8兆円）、

②医療費・介護費（43・5兆円）、
③公務員給料（35兆円）を30％減額してしか執行できない。

政府は破産しても企業のように消えてなくなることはない。破産後も政府・日銀は存在します。どんなに国民のために必要な支出であっても、ない袖は振れず、財政予算の70％しか支払いができなくなるのです（30兆円減少）。これをモラトリアム（支払いの猶予）またはデフォルト（支払いの停止）といってきました。こうしたモラトリアムやデフォルトが、たくさんの国で起こってきた政府財政の破産です（『国家は破綻する』：カーメン・M・ラインハート：ケネス・S・ロゴフ　2011年）。これをさけるなら、代わりに金利を低く抑える金融抑圧による長期のインフレと通貨の下落です。

長期金利が3％に上がると、平均残存期間が8年の1000兆円の国債は、以下の計算のように市場（実際は店頭）の流通価格が17％下落します。

## 期待金利が3％上がると1000兆円の国債が17％下落

この項はあくまで仮想風景です。財務省が「ありえない」という国債リスクを内閣府の『中長期試算』の偽装から、考える必要があります。「こうなる」というのではない。柔らかくいえば数年内の確率的リスクを想定するためです。備えあれば憂いなしの心境。

政府予想では30年以内に70％から80％とされるM9クラスの南海トラフの地震・津波対策とおなじ趣旨の備えです。将来は、財務省の意思や法、あるいは可能性のない『中長期試算』ではきまりません。未来は確率です。確率ではリスクを見ておく必要があります。複雑な国債市場を10項にまとめます。記述の濃度は濃くしています。

**【1：国債価格と金利】**

満期10年後・金利ゼロ％の国債は1ポイント（％）の金利上昇につき、9・1％価格が下がります（計算は単純：1÷1・1＝0・909）。2ポイント上昇で17％、3ポイント上昇で23％です。

国債は、異次元緩和などのように金利が下がっていく過程では、価格が上がります。このときは国債をもつ金融機関は売却による益出しができるのです。逆に日銀が買いをすこしずつ減らしていくと（テーパリング）、金利は上がり、国債の価格は下がっていきます。これでまず金融機関の自己資本が棄損《きそん》されます。

**【2：『中長期試算』について】**

『中長期試算（向こう10年間）』では期待長期金利は上がるとされているので、「円国債は今後、買うか保有すれば買った価格より下がります」と裏で宣言していることになります。仮に日銀の2％インフレ目標が達成でき、名目GDPの上昇率が3〜3・5％になると、長期金利は『中長期試算』より大きく早く上がります（市場の均衡金利は3〜3・5％）。

「投資家の期待長期金利≒期待名目GDP増加率≒市場の期待均衡金利3％」に近づくからです。市場で予想される名目GDP成長率が高まると、投資家がいだく期待金利が上がるからです。

**【3：国債の価格バブル】**

発行金利がマイナスやゼロ金利国債が日銀による高い価格での買いを期待して、金融機関に額面で売れている現在の状況は、国債の価格バブルを示す以外ではありません。

日銀が買ってきた国債478兆円が利回りをマイナス〜ゼロ％に下げ、国債価格をバブルにしています。日銀が銀行の買った価格より高く買って利益をあたえてきたこと（おなじ額が日銀の損）が、金利を下げて国債価格を上げてきたのです。日銀の買い出動がなければ、10年債の金利は4％から5％台には上がっていたでしょう。金利が上がる理由は、日銀以外の金融機関の国債買い増しの原資（＝国民の純預金）に枯渇があるからです。

**【4：金融機関の国債買いの限界は純預金の637兆円だった】**

金融機関が国債を買う原資になる預金は、貸付金が全部回収されたあとでも1343兆円が上限です（19年2月のマネーサプライ：M3）。しかし世帯の住宅ローンを中心にして302兆円、企業の404兆円、合計で706兆円がある既存の貸出金の回収は、銀行が仮に実行しても、対前年比でごくわずかしか行えません（無理に回収すれば企業と世帯の倒産が多発します：18年9月：日銀資金循環表）。

つまり、日銀を除く金融機関の国債と、他の債券保有の上限は637兆円です（M3が1343兆円－貸出金706兆円＝637兆円）。

2010年ころから金融機関には国債買い増しの原資がなくなったため、国債発行残の50％（約500兆円）を、日銀が赤字国債の金利（国債価格）として期待される市場の実勢より高い価格で買っています。こうしたムリな買いがつくってきたものが国債のバブル価格です。3次元や4次元の現実世界ではムリだから、日銀はせめての抵抗として「異次元」としたのでしょう。

①国債を市場の実勢価格より高く買い、
②ムリヤリに10年債はゼロ％、
③10年債以下はマイナス金利に誘導しています。

バブル価格とは市場の実勢、つまり民間金融機関がつくる、国民の純預金を財源にした買いの能力の価格より高いことです。

## 【5：満期と金利と価格】

わが国の長期と短期国債の、平均の返済満期は8年です。市場の期待金利が3％に上がったとき、満期までのデュレーションが平均8年の国債価格は、「（1＋0％×残存期間8年）÷（1＋金利3％×残存期間8年）＝1÷1・24＝80・6％」です。約1000兆円の既存国債の価格が19・4％下がります。このとき国債を500兆円もつ日銀と、350兆円の銀行・生保の時価での累積損は165兆円になり、自己資本は消えます。

海外投資家は134兆円（構成比12％）の円国債を高速で回転売買しながら、保有しています。銀行のB／Sが時価評価で債務超過になると、「国内の銀行間の取引でB／Sのリスク資産の自己資本比率4％」、「海外銀行との取引では、資産時価での評価での自己資本8％」が必要なので、「国内と海外の銀行間での貸借取引」ができなくなっていきます。

3年間、倒産すれすれで、かつての山一証券への日銀特融とおなじ特例支援を受けているドイツ銀行のB／Sになるからです。こうなると、1年に120兆円の借換債を含んで、約150兆円発行されている国債を日銀すら買えなくなっていくでしょう。

## 【6：国債の時価評価】

「期待金利の上昇による国債下落の評価損は計上しなくていい」と財務省・金融庁が指導しているから損はないというひともいます。これは財務省が金融機関にゼロ金利でバブル価格になった国債を買ってもらうための、制度会計においての政治的なルールです。もともと会計は制度的な利益の計算をするものです。

実際のマネーの動きである資金繰り（キャッシュフロー計算）では、制度会計で黒字でも、現金の収支（キャッシュフロー）の減少と制度会計とは違うので資金不足になっていきます。

金融機関に肝心なのは、金融庁が任意に敷いた制度会計ではなく「資金の総収支」です。制度会計が黒字でも、業務の資金収支と銀行間の借入の増加がマイナス（純返済）だと、預金者が窓口で引き出す、あるいは送金する預金が決済できなくなるからです。

単純化して示せば、

①銀行は債権債務が連結した銀行間の取引では借り入れができなくなり、
②お互いが担保に差しいれている国債の時価の下落により、
③追い証が必要になると、約2週間で連鎖破産します。

（注）リーマン危機のあと、米政府とＦＲＢはこの足りなくなった資金440兆円を投入したのです。

銀行の破産は連鎖になるのでシステミック・リスクという。証券化商品の下落により起こったＣＤＳ（回収を保証する保険）の高騰により、2週間で発生したリーマン危機がこれでした。リーマンブラザーズは破産の2週間前に、そのＣＥＯが「最高の利益」と発表していました。

相互に「担保の差しいれと貸し借り」がある金融機関の破産は、連鎖します。

国内と海外との銀行間の貸し借りは、Ｂ／Ｓの資産と負債の時価評価をもとに行われます。

この取引を時価評価はしないとしている政治的な制度会計により、変えることはできません。海外の相手銀行が応じないからです。その実例は、はるかに規模の小さなコメルツ銀行からも合併を断られる可能性が高くなってきたドイツ銀行です（19年4月25日：破談の発表）。

国債の時価評価に大きな評価損が出ると、国内、そして国際的な銀行間の借り入れ調達ができなくなり、逆に現在の借り入れの返済に追いこまれ、一行の資金不足からでも、連鎖の危機になっていきます。米国での負の連鎖の結果が、08年9月15日のリーマン危機でした。

FRBの元議長で恐慌学者の世界のトップであるバーナンキですら、「デリバティブ証券とレバレッジの相互債務から発生するシステミックなリスク」を事前には予想できなかったといっています。危機の1か月前の08年8月には「証券化商品での金融機関の損失は小さい」としていたのです。翌月の9月には大手金融機関に波及し、損失予想が100兆円になったとき「大変なことだ」とわかったという（当方は最終の総損失は400兆円と推計しています）。

そのリーマン危機のあとでも、当時の与謝野馨経済財政担当大臣は「日本には蚊が刺した程度の影響もない」と国会で答弁しました。金融の証券化においての相互債務（デリバティブの全部に共通）を知らなかったからです。農林中金は5兆円のAAA格のMBS（米国の不動産ローン担保証券）がピークでは40％下落し（FT紙）、巨大損をしています。

注目すべきは、日本の3倍は大きな米国金融にとっては軽く見える「100兆円（日本におきかえれば30兆円相当になる）」の証券化商品の下落が、システミックなリスクとして、相互連鎖して400兆円の証券化商品の時価の総損害に拡大したことです。

米国金融では、今のドイツ銀行のようにデリバティブの相互契約で進んでいたからです。ドイツ銀行の相手銀行とのデリバティブ契約額は7500兆円。今はまだ決済の契約日を伸ばして、お互いの銀行が飛ばしています。デリバティブには株のような取引所はなく、銀行の店頭なので外部には見えません。見えたら、保守的なドイツ国民の預金取り付けから即日に破産します。最終的には、ユーロの中央銀行のECBがペーパーマネーを増発し、デリバティブ契約額7500兆円の限月決済に必要なマネーをいれるかどうかをきめることになるでしょう。

世界では、金融機関間のデリバティブ契約総額は594兆ドル（6京5300兆円：世界GDPの8倍）です。16年から18年で112兆ドル（1京2300兆円：世界のGDPの1・5倍）も増えました。一時（2015年まで）は、この総契約額は減っていました。16年、17年、18年の相互保険契約の急増は「株・債券・国債・金利・外為の確率的な変動リスク（ボラティリティ）」が、日本の地震の確率のように高まっていることを示します。金融機関がデリバティブ契約でお互いに保険をかけ、保険料を相殺払いしているのです（18年3月：BIS）。古典落語の「花見酒」です。

（注）ボラティリティとは、およそ標準偏差の2倍の外の、2・5%の確率部分です。テールリスクともいう。ロジスティクスの安全在庫である「2×標準偏差×√（調達期間）」とおなじ考え。金融商品ではおよそ、「期間金利＋2×20日の標準偏差×√12か月＝ヒストリカル・ボラティリティ」。

実際は、期間金利と近似値の、投資家の期待期間金利をいれたインプライド・ボラティリティです。一般には、ブラックショールズ方程式で計算します。当方が知らない計算法もありますが、結果は大同小異です。https://stats.bis.org/statx/srs/table/d5.1

バーナンキの前のFRB議長で金融のマエストロ（名匠）ともいわれたアラン・グリーンスパンは、「バブルはわからなかった。デリバティブは予想ができなかった」（『波乱の時代』上・下）と述べています。今はヘッジファンドと、金のコンサルタントという。「米国はドルを刷ることができるから、デフォルトはない」とのんびり述べています。記者からドル危機への問いが出るのは、米国の対外デフォルトを懸念しているひともいるからです。読書家の黒田総裁はどうか？

21世紀から統計学の確率になった現代金融に対するトップの理解は、この程度です。日本の銀行トップもたぶんおなじレベルでしょう。ホンネの「失言」を繰り返していた桜田大臣を、決して笑えません。レバレッジ化した銀行の連結で、掛け目が低い担保になっている国債の金利上昇のリスク（時価の下落リスク）を、数字で理解して自分で計算できるひとは世界にもマレでしょう（推計数千人／70億人）。

政府の『中長期試算』は将来の金利の上昇は示しても、金利が上がれば1000兆円の国債価格が下落するという津波のような要素は、計算にいれていません（不思議な事実：「10年中長期試算」というに値しません）。南海トラフで政府が確率70％としているのに、地震・津波のリスク率をいれない、予想地域にある不動産の現在時価計算とおなじ質のものです。

## 【7：日銀の債務超過の結果は円安】

478兆円の国債の時価が2％下がると（＝金利がわずか0・2％上がると）、資本が蒸発して債務超過になる日銀が、下がる国債を上げようと、損にかまわず高い価格で買い増すと、保有国債の含み損（10兆円）がたまって8兆円の資本を消し、①今度は円の信用が下がり、②外為市場で円の下落に賭《か》けた外国人の円先物売りが利益を出すようになります。世界中から利益に群がる円売り（ドル買い）は一層増えて、円は一段の下落に向かうでしょう。政府機関である日銀は債務超過でも倒産しませんが、発行する円の価値が下がるのです。円の価値をきめているのは政府や日銀ではなく、外為の投資家集団です。外為市場で、利益を目的にした円の売買は、1日で120兆円という巨大さです。円国債と円の売りが大きくなると、日銀であっても対抗ができない量の取引があるのです。日本株の売買の50倍もあります（2016年：BIS）。

国債も他の債権とおなじように、売れにくくなると売れる価格にまで下がり、国債価格が下がることによって、債券市場の期待金利はさらに高騰します。このときは海外の金融機関とファンドは、ギリシャ国債危機の2011年とおなじように「円国債の先物売り」をねらうでしょう。前述のように、国債の先物の売りは、空売りとは違って円国債をもたなくても実行でき、売り崩しが成功したときには半年で数兆円の利益も出るからです。

**【8：期待金利と財政の危機】**

債券の売買市場で①国債への期待金利が上がり、下がる国債が売れにくくなると、②国債の発行難におちいる財政赤字（＝資金不足）の政府は一層の資金不足になって、③危機からデフォルトに向かいます。わが国では前述のように、債券市場で投資家が心にいだく期待金利が3％に上がる気配が見えてから数年内に政府財政は破産します。

いや、海外の金融機関が円安リスクが大きく、マイナス金利の150兆円の短期国債をおよそ同時に売るので、円国債の将来への期待長期金利が「0％↓1％↓2％」に向かうと見えたとき、2016年からの日銀のマイナス金利策の中額面より高く買われてきた満期10年以内の、中短期の円国債の投げ売りが起こるでしょう。投げ売りは株の成り行き売りとおなじ損をいとわない現金化であり、短期間で金利を上げる要素になります。

市場の期待金利が日銀の金利誘導（売られる国債の高値買い）が効かずに、上がりはじめたとき（＝国債価格が下がりはじめたとき）、政府が財政支出の約30兆円のデフォルトに向かう期間の猶予は6か月程度しかないかもしれません。

大切なことは、外為市場で円安期待が起こると、約150兆円の円国債をもつ海外投資家の為替差損が10兆円（7％）、20兆円（13％）、30兆円（20％）と拡大していくという事実です。海外投資家は、ゼロ%に近い利回りの何十倍にもなる「円安からくる為替差損」をなによりもおそれています。海外の円国債の保有者（150兆円）にとって怖いのは、金利よりわずか2〜3%の傾向の円安（ドル高）です。2%の円安の6か月定着で、満期6か月の国債では3兆円の損だからです。10%（約10円）の円安で1ドル120円なら、15兆円の損だからです。

日銀が円高（ドル安）も懸念するのは、海外投資家から円国債の為替利益を求めたバブル価格の買いがはいり、わずかな円安になっても買われた以上に売られるからです。

消費税の2%上げ（19年10月）のあとの、追加の増税はどうか？ 政府の税収が増えるのは、ずっとあとです。市場の期待金利のサインが3%に向かうころから、財政は危機になります。19年10月に予定されている2%消費税増税ではなく、それより大きな増税がきっかけになることもあります。デフレ策である増税は名目GDPを下げ、1年以内では税収を減らして、「政府債務÷名目GDP」の債務比率を上げるからです。

国内・世界の金融市場が見るのは、現在よりも「将来の債務比率」の拡大の方向です。現物・先物の円国債は、世界の市場で売買されています。海外市場では国内よりはるかに「先物とオプション」が多いからです。

## 【9：国債の会計ルールは虚妄】

前述のように財務省は、金利が上がって国債の時価が下がっても満期までもてば損失を計上しなくていいという会計ルールにしています。満期には、政府が額面金額を償還するからという根拠です。約1000兆円の短期・長期の国債の平均満期（Duration）は、8年と長い（＝1年120兆円の政府からの償還が必要）。財務省が返済までの期間を延ばす目的で、発行国債を長期化してきたからです。平均で8年間売らず、もちつづければ、発行額面の100％の償還ということです。

ところが金融機関の間の公債（国債＋地方債）の一般店頭売買額は月間で137兆円、1年では約1600兆円です（19年2月：日本証券業協会）。「売り＋買い」ですから、売りはその2分の1の800兆円／年付近です。つまり1000兆円の国債残は1年に800兆円売られていて、平均保有期間は「1000÷800＝1・25年」でしょう。

http://www.jsda.or.jp/shiryoshitsu/toukei/tentoubaibai/index.html

平均満期まで8年間、1回も売られない国債は実際、少ない。ところが金融機関の「有価証券報告書」では、国債のほとんどが満期までの長期保有とされ、売買目的とする短期保有の国債では必要になる時価評価がされていません。国債の損益は満期前の売却で実現していて、2017年までの金利が下がる過程では益出しが多かったのですが、マイナス～ゼロ金利から上がる過程では損が出ます。ところが合計1000兆円の金融機関の保有国債は、時価評価されていないのです。

今後、内閣府の『中長期試算』が示すように金利がじりじりと上がると、保有国債には時価の損が出ます。金利が上がって国債の流通価格が下がっても国債の損はないという財務省の主張は、銀行間の貸借関係とキャッシュフローでは完璧な誤りです。

金利がゼロ%以下に下がる余地がなく、わずかずつでも上がるしかない金利の国債価格の将来については、いい加減な会計の取り扱いが行われています。ほんとうのところは、マイナス金利とゼロ金利を、日銀がうまく行ってきたからこそ、政府負債がふくらんでリスクが大きくなってきたのです。

## 【10：日銀の株の買いには縮小、停止、売りの時期が来る】

現在、日銀は1年に6兆円の枠で、株ＥＴＦ（上場投信）を信託銀行を通じて買いつづけています。日銀の保有残高は25兆円に達しています（19年4月末）。中央銀行が株を買う対策を行っているのは世界で日銀だけです。ＧＰＩＦの日本株の保有と合わせると、60兆円が官の所有です。

午前中（前場）の日経平均が外人売り越しでおよそ1%下がると、午後1時ころから300億円から500億円の買いをいれています。株ＥＴＦは、日経平均やＴＯＰＩＸと違って、売りの清算をする限月はない。売らない限り、もちつづけることになります。日経平均で2万2000円の株価水準のうち、およそ30%（6600円）が日銀の株ＥＴＦの買いによる底支えでしょう。問題は、数年内に必ず「株ＥＴＦの買いをやめなければならない時期」がくることです。年6兆円の枠を縮小するという発表だけでも、株価は下がりはじめるでしょう。株は金融機関、企業、個人投資家（約700万人）の金融資産になっています。株価という要素は、政府の『中長期試算』にまったくはいっていません。

日銀の株ETFの買いは、もともと外人投資家の先物売りに対する「緊急避難的な」ものでした。市場が自力では上げないので、日銀が介入したのです。「必ず下がる時期がくる」ことを想定していなければならないでしょう。政府財政とは異なりますが、これも危機の要素です。金融資産になる株式は、「広義のマネーサプライ」に属するからです。マネーサプライの増加のため、禁じ手スレスレのことを含んで、あらゆる対策を政府は行った。このため、やめねばならないときが来ます。

## 財政破産は国の終わりではなく、あらたな始まり

政府の財政破産を「国の終わり」であるかのようにいうひとがいますが、それも虚言です。終わりだと考えるから、政府の中長期試算のように、でっちあげに近い予測がされているのでしょう。初戦以外は敗退ばかりだった太平洋戦争に、自らの意思で突き進んだ日本陸軍に似ています。

財政が破産しても、戦争や津波が破壊する国土・風土・文化・建物・道路・橋・住宅、家族・

友人・恋する人、そして知識資源・技術、インターネット・音楽・文学・化学・科学・経済学は残ります。政府の支払いが減額され、国債をたくさんもつ銀行や、保険会社がつぶれるだけです。株価と通貨も下がり、金利は上がります。

**【対策】**

個人の銀行預金や生命保険は、どうすればいいでしょうか? 財政破産の6か月〜1年前から起こる金利上昇の気配（＝国債価格下落の兆候）が見えたとき、日米同時財政破産のあとでも、世界の通貨の中で価値を保つスイスフランに交換し、外貨預金として逃がしておけばいい。外貨預金は、国内の三菱ＵＦＪなどでも行えます。長短の金利が上がる気配が見えるまで、ゆっくりしていていいでしょう。なお日本の金利上昇（国債価格の下落）の気配が見えてくると、逆に安全通貨のスイスフランは上がり、金価格はとりわけ大きく上がりはじめます。

**【米国も日本と同時破産する】**

財政が危機に向かうとわかると、資金不足におちいる政府は、現金を得るため、対外資産である外貨準備の米国債を売りに出すでしょう。①日本の政府債務の2倍はある米国の22兆ドル（2400兆円）の国債の金利が上がり（ドル国債の価格が下がって）、②ドル国債が下がる予想から海外に売れなくなるため、③1年に1兆ドル（110兆円／年）以上の資金不足がある米国財政も同時に破産します。世界の債券市場に、米国債を買いつづけてきた日本が売ったという「ジャパン・ショック」が起こるからです。

米国債のウィークポイントは、対外負債の大きな新興国のように、約40％を海外がもつことです。米国は海外の政府と金融機関がもつ国債約8兆ドルを含み、対外総負債36兆ドル（3960兆円：2017年）、対外資産を引いた純負債が10兆ドル（1100兆円）の国です。経常収支の赤字と海外からのドル債券買いのため、この対外純債務が減ることはなく、対外デフォルトに至るまで増えつづけます。

## 【ユーロはドルと同時に下落】

米ドルとユーロは、相互にもち合っているため同時に下落することが多い。円からユーロに換えてもドルとおなじリスク率です。その点スイスフランは、世界からマネーを逃がす買いがはいるので世界の財政危機に強い通貨です。円・ドル・ユーロが同時に下落するとき、ひとり上がるのが世界通貨の金と、富裕者のマネーを集めるスイスフランでしょう。金にも通貨からの逃避買いがはいります。ドルとユーロが低下するときは、代替資産として金が買われるからです。特に、ドルの実効レートが下がると、金は上がります。

対外資産が1000兆円の日本の財政が危機に瀕《ひん》すると、資金繰りのため対外資産1000兆円のドル債券（60％）、ユーロ債券（30％）を売る必要に駆られるため、「世界同時危機になる」

ことも示しています。近年の実例をいうと、2011年3・11の東日本大震災の直後、「日本の保険会社が災害保険金の支払いのためにドル債を売るだろう」（→ドル安になる）と海外投資家が予想して、円が買われて円高になりドルが下がったくらいです。日本がドル債を売ることは、これくらい強く米国投資家から警戒されています。

財政危機、破産を終わりではなく、つぎの時代の経済と制度の始まりと見る古典派経済学（創造的破壊のシュンペーター）の視点をもつことです。終わりの先は始まりです。長いトンネルほどトンネルの先は、朝がすぐです。人類はどこかで、それを準備します。

## 【危機は「令和4年か5年」、新しい時代の始まり】

危機は失うという意味だけでなく、「ギリシャ語のKirinein→英語のCrisis」から来たもので「決定すべきとき」という意味があります。つまり危機とは方向を変えて決定すべきときのことです。言語の意味は国民の共有意識（共同幻想）を示しています。

1997年に起こったアジア通貨危機のあと、東南アジアと韓国には成長の20年が到来しました。経済では金融危機のとき旧世代企業がつぶれ、あるいは衰微して世代交替が起こるからです。リーマン危機（米国発の金融危機）のあと、米国ではGAFA（グーグル、アマゾン、フェイスブック、アップル）の成長が起こっています。いつの時代も危機（Crisis）は次の成長の機会です。ただしGAFAの株価のバブル的な現在の高さは2000年のドットコム・バブル崩壊のように、つぎの米国の金融危機の引き金も準備しています。

2000年代から、「金融資産＝金融負債」の増加率がGDP伸び率よりはるかに大きくなっているため、世界的な金融危機は10年から12年サイクルで襲うようになっています。リーマン危機のあと、米・欧・中・日の中央銀行による①総額2000兆円の通貨の増発が、②金融資産の増加として金融負債をおなじ金額だけ増やし、③10年間も名目GDPの増加をはるかに超える過剰な世界のマネーが、④世界にバブル株価・バブル国債・バブル不動産をつくってきたからです。1年で10％負債が増えると、10年で2・6倍です（これが世界の現実）。

40歳以下の年齢階級には総じて住宅ローン負債があり、ローン以上の預金つまり純資産はない。このため財政の危機やインフレからの被害は受けません。財政破産のあとは社会保障制度の根本からの組み直しが必然になるので、現在の年金と医療費で損をしている50代以下のひとにとっては得でしょう。いや得ではなく、今のような損が終わります。政府の資金不足から、「国債発行により借りて支払ってきた30兆円は借り入れができなくなると、財源がなく払えない」となるので、制度の再編成は強制的になります。

世代間で見ると、自分が高齢になったとき、支払った保険金が回収できない社会保障制度がつづくことが若年層を苦しめています。後述しますが、給料から天引きされている年金保険、医療保険、介護保険での50代以下の受益は、可能な生涯預金額を超えるマイナスだからです。

# 財政破産、円安、株価暴落への個人の対策

**【65歳以上の世帯】**

65歳以上の世帯は、財政破産後に年金が30%減額される前に、現在の預金（高齢世帯の平均は2100万円）を使って、「金とスイスフラン」を買っておくだけの簡単な対策で十分でしょう。社会保障制度全体の資金の不足は、現在の支給額の30%（30兆円）です。

長短金利が上昇傾向を見せる財政破産の前、銀行預金が100%引き出せるとき、日米の財政破産の過程で数倍には上がる金（あるいは金ETF）に換えておくことです。価値を保つ金は、信用通貨のドルと円の価値下落のとき、ドルや円を売った買いが殺到して100%の確率で高騰することが想定できるからです。通貨の危機、財政の危機のときは、金の価格が上がります。

**【半年前の金利の上昇傾向として危機の兆候は出る】**

財政破産の過程では、円の長期金利が「1%→2%→3%」と指数曲線で上がる期間があるので事前にわかります。時間的な猶予は約半年でしょう。

金利が上がるときは直線的ではなく、株価上昇や下落のような指数曲線になります。国債の売りが波及し、ネガティブ・フィードバックの累乗効果より一層大きな売りを招くからです。

わが国の財務省は1・2兆ドル（1ドル110円で120兆円：外貨準備）の米国債をもっています。官民の金融機関は463兆円という、政府外貨準備の3・6倍の対外証券投資をおもに米国にもっています（17年5月：財務省）。

https://www.mof.go.jp/international_policy/reference/iip/2017_g.htm

財政破産（政府と国債をもつ金融機関が同時の資金不足）のときは、政府と官民のファンド、銀行・生保は対外資産の米国債と米国株を売ります。これは「ドルを世界で一番になって支えてきた日本が米国債と株を売った」というショックを世界の金融界と投資家に与えます。この心理の波及（感情の共鳴：確率でしか予想ができない複雑系）から中国政府を含む世界から米国債売り（海外保有は800兆円）が増え、22兆ドル（2400兆円）の国債発行残（累積負債）をもち、1兆ドル以上の財政赤字をつづけている米国政府も同時に支払いができなくなって破産に向かうでしょう。米国の財政は、国債の海外の買い手がなくなると、資金不足におちいるからです。

### 【想定4～5倍の金価格の急騰】

そのときは世界の金融投資家に、「下がるドルの反通貨」と認識されている金の買いが急増し（ドル売り／金買いへの殺到）、金価格は1980年の暴騰（1オンス200ドル→1000ドル）のように、1年でおよそ5倍には高騰する可能性があります。金融危機のあとに金が下がることはまずない。ドル危機のときは過去も将来も、金が上がります。ただし金融危機の直後は資金繰りのための、損益を無視した換金売りが増えて下がります。これは約3か月でしょう。

1980年の暴騰では、金価格が「1年で5倍」に上がっています。保有者からの現物の売りはほとんどなく、地金の新規供給（約4300トン：2018年）と新規需要（4300トン）が均衡している金市場では、1年に1000トン（時価ではわずか5兆円：1か月4200億円）の急な地金買いがあると、1年で数倍に高騰するからです。1973年の第一次石油危機（ドルの価値が3分の1に下がった危機）のとき原油が1年で3倍、4倍に上がったような高騰です。

紙幣のように抽象的な証券である株は買った人の売りがあるので、生産量に限界のある金や原油のような急騰の形態はとりません。株価は上がるときはゆっくりで、大きな下げのときは感情的な波及が起こった一斉売り（損へのパニック）から、下落の速度が速くなります。資源・エネルギーや金と、証券や株とは、供給のされかたが根本から違います。このため短期で急騰し、逆なら急落します。

財政破産のギリシャのように年金が30％下げられても、高齢者世帯の1世帯平均2100万円の預金は、金なら1億円になって、向こう20年や30年のゆたかなとはいえずとも十分な生活費になるでしょう。平均以上のゆたかさを目指すなら2億円でしょうか。

金は（主要国の同時）財政破産のあとの生活をゆたかにして救うでしょう。151兆円の、国民が所有者である年金基金を運用しているGPIFも、ほんとうは金を買っておけばいい（国民1人当たり150万円の年金資産の預託）。残念なことに、GPIFはそのポートフォリオでは、財政破産と同時に暴落する米国の国債と、日米の株を買うだけの短期の視野しかもっていません。このため50％や40％に向かい大きく下がる日米株価と日米国債しか持っていない年金基金は、中華鍋の水のように焼けて沸騰し、蒸発します。

しばらく時間をおいた逆の面では、政府の財政破産のときは同時に株価も暴落するので、金とおなじように株にも2008年のリーマン危機のあと（株は50％下落）より大きな「底値買い」のチャンスが来ます（上昇には数か月の期間をおくでしょう）。

2億円以上の資産をつくるコツは、暴落の底値（半値・8掛け・2割引きの32％が多い）を見極めて買うことです。日本の株の時価総額は、一時的に（約1年間）今の600兆円から200兆円付近に下がるかもしれません。皆が悲観するときこそが、買い出動のチャンスにほかならないのです。

無条件降伏のあとGHQの支配下だったころの日本を思い出してください。国債がGDPの2倍だった財政は破産し、空襲で破壊され焼け跡になった都市の地価は、ゼロ近くに下がりました。農村は残り、ひとは食糧を求め、物価が300倍に上がる中で、紙幣は紙切れでしたから、疎開地の物々交換が始まったのです。戦前の貴族だった家族が家と金融資産を失ったあとの没落と物々交換を太宰治が描いた小説『斜陽』は実話です。

株式市場は閉鎖され、株価も手渡しの売買でしか価格がなくなったのです。1億総悲観の中で土地と株を大きく買い占めたひとたちや、新興企業のグループ（西武・阪急・東急）が戦後の新興財閥になっていきました。焼け跡に理想工場をつくったソニーもその1社です。

推計2000兆円の金融資産をもつロスチャイルド家も、戦争のあとや恐慌のたびに世界の株と国債を買い占めることにより、資産を増やしつづけたのです。ギリシャの財政破産のとき（2011年と15年）にも、ギリシャの不動産と株を買うチャンスがきていました。財政危機とおなじときの金融危機は、その先を見る投資家にとっては数年後の資産をつくるチャンスです。

## 社会保障制度の組み直しが日本に希望を生む

政府の財政破産は簡単にできる対策を準備するひとたちにとって、猛反発を招くことを承知でいえば、「期待して待っていていい」事態です。

財務省、厚労省、日銀が困窮することによって、国民には、いいことが増えます。

①保険料と税金では足りない公的年金の支給（56・7兆円）、
②健康保険の医療費（39・2兆円）、
③介護費（10・7兆円：いずれも2018年：財務省）。

まとめれば社会保障費の赤字33・1兆円と、財政を緊縮しないことが1年に30兆円から40兆円という国債の新規発行を余儀なくさせ、財政を破産に向かわせる原因です。

増税なら消費税を25％（税収で＋34兆円）に上げないと、バランスはとれません。この税率は現在より17％大きな世帯所得からの負担増加を生むため、消費と投資の有効需要を減らし、実質ＧＤＰ（５３５兆円：18年11月時点）を数％ずつ縮小させて世帯と日本経済を困窮させます。

消費税込みの物価が今より17％上がると想像してください。世帯の所得が17％減ったこととおなじです。財政を均衡させるための消費税増税は、政治的に実行できません。所得が増えない中での増税は、需要の減少から増税恐慌にすらおちいるからです。

毎年２％ずつ消費税を上げる案も出ていましたが、これも８年から９年つづきます。結果はおなじです。財政収支は、現在の政治体制では均衡に向かわせることができないでしょう。

このため政府は10年先、15年先、20年先の国債費を引いたプライマリーバランス、企業会計に置き換えると借入金利の支払いを抜いた営業利益とおなじ基礎的財政収支の段階での財政均衡を目標にしているのです。各年度の中長期試算の偽計をしても、それしかないからです。

政治的・経済的に消費税25％への増税は実行できない。どの政党が政権をとっても倒れます。はっきりしろといいたくなるＥＵ離脱での英国政治の混沌《こんとん》とおなじことになるでしょう。

財政が破産に向かい、日銀が国債を買い上げても、世界の債券市場での円国債への期待金利がギリシャ（金利30％）ほどではない３％に上がるとき、わが国の財政は根本の組み直しを余儀なくされるでしょう。財政の破産は国（世帯＋企業）の破産ではなく、通貨を増発した政府部門（雇用数は３４０万人の公務員）の倒産です。

中央政府が財政破産にならず、じりじりとした増税と、50歳以下の社会保障費の超過負担がつづくことが次世代の日本国民の希望をなくしています。30代、20代に訊ねると、全員が「私たちには年金はない」と答えます。希望のないものに対し、叛乱せず、是正の声もあげず、毎月、所得から約20%を天引きされています（自分に置き換えてみないと、この理不尽さは理解できない）。2018年の財政赤字を含む社会保障費の総負担は、合計で国民所得の48・7%に上がっています。個人報酬のうちほぼ半分が、社会保障の負担金であるということです（財務省：2018年）。

https://www.mof.go.jp/budget/topics/futanritsu/sy3002b.pdf

これから10年、現状の制度のままなら、国民負担率はさらに上がります。

## 【50代以下は国債と社会保障が大きな負担になる】

現行の社会保障の問題は、世代間の受益と負担の格差です。60歳以上の世代は現行の制度から受益があります（年金+医療費+介護費）。支払った保険以上に受取額が多い。つまり60歳以上の世帯は、60歳以下の世帯から所得移転を受けていることになります。

50代は生涯所得（7000万円×30年：想定2・1億円）の約5%、1000万円の負担超過です。年金・医療・介護保険で支払う金額が給付より1000万円多い。

40代では8%の1600万円、30代なら11%の2300万円、20代では生涯所得の13%の2700万円。希望にあふれるべき20歳代未満の世代は、生涯所得の13%にあたる2700万円の負担超過です。夫婦2人なら、この2倍の5400万円にもなっています（内閣府2012

年の試算です）。

## 【将来への希望がもてず、子供の世代が2分の1と少ない原因】

60歳以下の国民の多くが未来の日本に希望をもてない原因は、現在と将来の社会保障の純負担の大きさからでしょう。住宅ローンを引いた純貯蓄がマイナスである30代の夫婦で、4600万円の生涯負担の超過はひどい。平均で1・5人の子供しか生まない理由もこれです。見返りのない負担が増えつづける社会保障制度が、少子化からの人口減の原因になっています。「保育園に落ちた、日本死ね」というSNSは叫びです。麻生太郎財務大臣は、「子供を産まないことが悪い」と講演でいっていますが、その意識は浮き世から離れています。このため財務省内の人気が高いのでしょう。

世代間の所得分配の大きな変更、つまり社会保障制度の改革は政治的に実行できません。約6000万人いる超過受益者の過半からの反対により、政権がすぐに倒れるからです。官僚自体が「社会保障制度改革は与党の票を減らすので、政策イシューにはなりえない」と言っているくらいです。

政府財政の赤字の原因は、1990年代は公共事業400兆円でした（10年間）。

2000年以降、赤字の原因は、60歳以上に年金と医療費の必要費として支給されている社会保障費です。具体的にいえば、年金56・7兆円、医療費39・2兆円、介護費10・7兆円です。

保険料では足りないので一般会計から、毎年およそ33兆円（支給額が約30％）補填されています（わが国の財政関係資料：財務省18年10月）。

**【敗戦国と戦勝国で逆になった戦後の明暗】**

経済の自律調整の原理が働いた結果である財政危機によって、制度の組み直しが強制されるのが財政破産です。経済は数十年の長期で見ると、自律的な調整の機能を備えています。ケインズはGDPを数年の短期しか見ていませんでした。その理由を「長期ではみな死んでしまうから」としていたのです（『一般理論』の言葉）。

過去、戦争と金融危機のサイクルで、財政は破産していました。第二次世界大戦の敗戦のあと、GHQによる財閥解体と農地解放で旧世代の既得権益グループが消えています。

**〔敗戦国には希望が生じた〕**新しい世代に希望のある国になったので20代、30代の世帯が子供を3人から4人産み、おなじ敗戦国のドイツと並び、奇跡の成長をしています。希望は投資の呼び水です。住宅を買うのも、店舗を増やし工場を大きくして高性能な機械設備を導入するのも、全部、将来への希望からです（経済学ではリスクを考慮した合理的期待をプロスペクトとしています）。

## 【財政危機の先送りと金融抑圧をつづける日本の先行きは英国病】

日本と反対に連合国として戦争には勝った英国は、「揺りかごから墓場まで」といわれた社会保障負担の重さがつづき、加えて戦費を含んだGDPの2・5倍の国債負担から、英国病とされる40年間の低成長とインフレになって、ポンドは6・8分の1に下落していますー(対円)。300倍のインフレにすることで戦時国債を解消した日本の戦後インフレ(インフレによるデフォルト)のようには、英国政府が帳消しにしなかったからです。

金融抑圧によるインフレは、エリートに属する階級であり、政治にも近い銀行を破産させないことが真の目的でした。英国エスタブリッシュメントはポピュリズムという言葉で、大衆を下に見る階級社会です。王家の資産の無税での運用のため、タックスヘイブンをつくったエリザベス女王を戴くのが英国です。財政破産を防ぐために、GDPの200%の国債の金利を上げない政策をとり、イングランド銀行は「金融抑圧」といわれる低金利策をつづけました。

数十年の低すぎる金利と、高いインフレのため、英ポンドは戦後の1000円から現在の146円に向かう下落をつづけました。金融抑圧の矛盾は通貨安としても出たのです。

原理的にいえば金利は、「期待長期金利≒物価上昇率＋債権の回収リスク率」です。この均衡金利以下に長期間抑えることが、金融抑圧です。これをやると自国通貨からの逃走が起こり(自国通貨の売り＝海外通貨の買い)、大きく下がっていきます。これが1000円だった英ポンドが約7分の1に下落した理由です。

およそ30年間つづいた金融抑圧は、戦前からの社会保障制度が厚かった英国に、現在と将来の日本同様、経済の実質成長はもたらさず、ポンドの評価を下げるだけでした。戦前には世界一だった英国人の1人当たり所得と、米国に次いでいたGDPは、約7分の1に小さくなったのです。戦前は、世界一のゆたかさだった英国民は年々、窮乏に向かってきたのです。「30年間は長い」と思われるかもしれません。しかし日本は1998年から約20年、ほぼゼロ金利をつづけています。30年まであと10年です。

財政危機と破産をさけることに、円安政策をはじめとするおよそ全政策を従属させている「政府＋日銀」の行き着く先は、戦後の英国でしょう。「令和」の20年や30年が戦後の英国くらいならいいと思うひとも多いかもしれませんが、いかがでしょう。英国は没落国です。国論を二分しても決定できないEU離脱に、英国の没落があらわれています。

英国はGDPが2・6兆ドル（286兆円：1人当たりGDP433万円）、世界経済8000兆円でのGDPシェアは3・6％です。日本はGDP535兆円（2018年：1人当たりGDP426万円）、世界でのシェアは6・7％です。29年前の1990年は世界シェア2・2倍の15％でした。人口は世界の2％でも、総所得では15％だったのです。

日英も含む世界経済は2024年、25年ころから5GとAIの導入の広がりから1人当たり生産性の成長期にはいるでしょう。英国並みになることの意味は日本が成長しても、GDP（＝国民所得）で世界シェアは英国並み（3.6％：現在の約半分）に下がることです。このまま行けば日本人の所得はタイやマレーシアの東南アジアにも追いつかれて、いずれ追い抜かれるでしょう。

**〈生産年齢の現象の意味〉** 1年に60万人の生産年齢人口（15歳から65歳）の減少は現役世代の、1人当たりの所得は増やします。しかしGDP全体の伸びは下げます（GDP＝1人当たりGDP生産性×労働人口）。

経済成長の原動力である設備投資は希望から生まれます。英国では①国債償還の戦後負担、②インフレ、③ポンド下落、④社会保障の負担の4要素が国民の希望を奪っていたのです。

これからの日本はマクロ経済の原理から、政府破産でしょう。その中で50代以下の6156万人にとって、日本の希望をつくるきっかけになるものが財政危機からの破産です。政府財政は30兆円から40兆円の赤字つづきで国債は増えつづけますから、借り入れが年々大きくなった企業の破産とおなじことになります。

## 日銀が国債を買いつづけても、およそ3年後に決着

**〈国民の2つの選択肢〉** 政府の負債がGDPの2・4倍になっても、1年に35兆円増えつづける日本は、およそ3年後に2つの選択肢のいずれかを選ぶことを迫られるでしょう。

**【選択肢1】** 日銀が金利を名目GDPの増加率（2％程度）より相当に低い0％台に抑える「金

融抑圧」をつづける。GDPの約2・5倍の戦後負債に対し金融抑圧をつづけた英国病とおなじ道。このとき政府・日銀は、のちの世代にGDP（≒国民所得）の低下、インフレ（見えない税金）、そして増税により残った負債の償還を負担させます。

実際のことを言えば、マイナスからゼロ金利により、預金1000兆円をもつ世帯が預金金利ゼロ%となり、すでに毎年30兆円の普通の金利（3%）がないことになっています（国債の支払金利は8兆円：18年）。実質では現在でも1年に30兆円（10年なら300兆円の無効化した預金金利）を見えない税として負担しつづけています。

英国病への道はこれを今後40年（総額1200兆円）、つづけることです。

付記すれば、英国政府が期待インフレ率より金利を低く抑える金融抑圧により、財政破産を避けることができたのは、英国国債が戦後に増加していなかったからです。負債が1年35兆円は増えつづける日本政府と、基本の条件が違います。

**【選択肢2】** 日銀が国債の増加買いをやめる出口政策を余儀なくされ、債券市場の期待金利が3%に向かって上がり、既発国債価格が下落することからの財政のデフォルト。

この2つの道のいずれかしかない。

政府の累積赤字が名目GDPに対して減らない限り、日銀が国債の買いをつづけても、いずれ通貨価値の下落、つまり円の価値信用の低下が起こります。世界の金融投資家から円と国債の先物が売られて、大きくなった財政が破産に向かう未来になるでしょう。
何回か述べたように円や国債を現在はもたなくても、利益を目的に先物を売って、国内と海外から売り崩しの結果利益をねらうこともできます。

**〔ビットコインも先物売りで下がった〕** スケールは小さいものですが、ビットコインも米国政府が画策したシカゴでの先物の上場のあと、200万円から50万円くらいに売り崩されています（19年5月4日は63・4万円）。通貨は、先物と差金取引（CFD：Contract For Difference）の対象です。ビットコインの下落の利益（数兆円）が先物の売り抜けに成功した米国人のものになりました。シカゴ市場へのビットコインの先物の上場は、数百億円の利益を得ていた北朝鮮を、仮想通貨から締め出すための金融封鎖戦略の一環でした。ビットコインが下落したからといって、ホンモノの認証にブロックチェーンを使う仮想通貨の有効性がなくなったのではないのです。逆に通貨として有効だったから、先物市場をつくって売り崩したのです。2004年の金ETFの上場に似ています。

## 日米同時破産：ドル建て資産は活用できない

対外総資産（1012兆円）を外貨建てでもつ日本は、対外純資産（328兆円：財務省）が一時的な円安で大きくなっても、財政危機のときはドル建ての債券をもつ政府と金融機関が資金繰りのための売りを迫られるため、ドル売りから大きなドル安が進行し、日米同時に政府破産の危機が生じるでしょう。

日本政府の財政破産は、対外純負債が9兆ドル（990兆円）の米国の対外的なデフォルトに連鎖するからです。日本（金融機関と企業）は対外負債を引いた「対外純資産が328兆円あるから政府財政は破産しない」という論は、日本（銀行、企業、政府、世帯）の米ドルへのコミットのため多少の時間差はあっても、日米同時の破産になることを無視したものです。日本と米国の金融（ファイナンス：未来のための資金調達の意味）は、相互の貸し借りでコミットした連結です。株を持ち合った会社が一方の破産から同時破産することとおなじです。

米国がトランプ減税と軍事費・社会保障費の増加により、1年に1兆ドル以上は増えている対外債務から、デフォルト（またはドル切り下げ）をしても、ドル建ての対外資産をもつ日本政府と金融機関の破産になります。

**【政府B／Sの資産の虚構性】**「日本政府はB／Sでは200兆円余の不動産をもち、出資金・貸付金も250兆円あって純負債は372兆円（09年：財務省）と少ない」ので破産はしないという論は、2つの点で誤っています。

①〔政府のB／S〕政府の不動産の資産は、赤字が多い独立行政法人の株以外、道路・橋・山林・河川・トンネル・港湾・空港・官庁の建物などです。簿価で買う人はいないので、およそだれも行けない月面の土地や設備とおなじです。簿価の30％で買われるかどうか。売れるの

は、官庁の都心の土地だけであり、これはリースバックしないと官僚の机がなくなります。リースバック物件だから買われない。オリックスが格安で買った、かんぽの宿とおなじ資産の時価価値しかないからです（52施設：1件の平均価格2億円：09年）。財務省の外貨準備は国庫短期証券という短期負債（買い手は日銀と銀行）の発行によって買ったもので、政府の純資産はゼロです。独立行政法人への出資金と貸付金も簿価での転売価値はない。

②〔社会保障債務〕加えて政府のB／Sでは、社会保障の将来債務（会社が負う企業年金の過去勤務債務とおなじ）を計上していません。国立社会保障・人口問題研究所の試算では、政府が支払いの義務を負う2030年に2000兆円に増えるとされています（2016年の試算）。「現在の国民と契約では確定していて年々増える債務」を無視したB／Sです。米国政府の社会保障の債務は、日本の4倍くらいです（8000兆円）。EUも米国並みでしょう。

## 【経済思想の責任】

増税をして社会保険料も上げて、支給額とつりあうよう改革するという政府の希望で、財政再建は先送りされています。これは、いつになるでしょうか。先進国は戦後の世界共通の考えだった「福祉社会づくりの経済思想」がもたらした政策において財源負担を先送りしたことから失敗してしまったのです（サミュエルソンなどの混合経済思想＋ケインズ思想）。

戦前は大家族の長子相続制度によって相続を受けた子息が負担していた費用を、官僚が関与することによる権益の拡大という目的が絡んで社会化（公共財化）されたのです。公的年金が設計された59年前（1961年）には支払いがなかったので黒字が大きく、郵貯とともに官僚の裁量予算になっていました。郵貯を使った「財投」がこれでした。財投は国会の審議を受けない第二の予算と言われていたのです。資産価値がないかんぽの宿の建設は、官僚権益のごく小さい一例です。厚労省の一般会計の予算31兆円と社会保障の特別会計（69兆円）が、その総額です（2019年）。

**【社会保障費負担の先送り】** 大きな、しかも根本からの再編の必要には迫られていますが、アベノミクスの日銀が国債を買うこと（約500兆円）により、①国民がいずれは負うしかほかはない負担が先送りされ、②政府は1年に35兆円の借金増加による財政支出をつづけることができ、③後の世代の負担は年々、大きくなってきました。

日本の人口構造の条件には合わない偽の経済理論にのったことから、早く修正しないと、あとの世代の国民負担は財政が破産しないという原因によって大きくなりつづけます。国民へ無意識かもしれない嘘をつかない誠実な政治家、子息に対し超過負担（マイナスの遺産）を残さないことを主義とする正義感をもつ官僚の登場が待たれます。2018年に米国で興ったMMT（現代貨幣理論）は現在の世代が受益するために、あとの世代へのマイナスの資産継承（インフレと増税の負担）を正当化するものです。

# 第四章　中央銀行設立から見る米ドル基軸への展開

本章では、日銀とＦＲＢの創設期から第一次世界大戦、第二次世界大戦、戦後のドル基軸通貨体制の成立と、そのあとの波乱の展開まで約１４０年の通貨・金・物価を振りかえります。第三章までのように現代、そして将来の予想と関連させていきます。歴史では、展開をもたらした理由・原因・作用した力を見つけることに意味があると考えます。特に通貨については、ひとびとによって認識されたことが結果として、どんな現象をもたらしたかを見るためです。

政府が通貨についてきめたことは、およそ10年後に本質を露わにしていきます。円とドルの長期的な価値の推移を関連させ、本源的な通貨である金との関係も見ていきます。兌換紙幣による地金の受け渡しには、すべての時期、すべての国において、その履行を中断、あるいは停止した歴史があります。金兌換通貨は、いずれ不渡りになる手形でした。

## 日銀創設から見た長期の円の価値

明治15年（1882年）、ロスチャイルド家から近代金融を学んだ大蔵卿松方正義が中心になり、旧三井銀行の外国為替方を母体に日銀が設立されています。旧三井財閥には、外国為替の取引を通じて欧州大陸のロスチャイルド家の銀行との間に貸借関係があったからです。金と武器の商人ロスチャイルド家（ロンバルディア発祥）は、イングランド銀行の国債を大量に売買して利益をあげ、資産規模を大きくしていました。英国の中央銀行は、英国債を買ってスポンサーになったロスチャイルドの前に屈していたのです（1820年代から）。銀行資本だったロスチャイルド家は、英国債を買って資金を英国政府に貸していたのです。

ナポレオン戦争（1803年〜）ときの英国はGPDの2・9倍の国債を発行し、買い手探しに苦労していました。国債の利払いは税収で行われるので、ロスチャイルド家は「英国の国税収入の過半を得る目的」でそれを買ったのです。日本も日清・日露戦争のとき、ポンド建ての国債を英国で売り、ロスチャイルド家から買い受けられています。日露戦争のときは総額1万3000ポンド、当時のGDPの2・5倍（国家予算の60年分）の国債（金利は7・5％）を発行しています。日本の戦費は、多くをロスチャイルド家が提供していました。

**【中央銀行の機能】**銀行の上の銀行という、わかりにくい機能を付与された中央銀行は、「国と国の為替」、または「貸借の決済」を世界の中央銀行との間で行う場です。海外との関係がないと中央銀行の機能は果たせません。

設立は日銀のあとですが、各国の中央銀行の外為取引を仲介し、不足分を短期で貸すのが、BIS（Bank for International Settlements：国際決済銀行）です。世界の中央銀行とロスチャイルド家のデル・バンコ（The Bank）が出資しています。

## 【BIS（国際決済銀行）は国際的な金商人だった】

米国FRBの設立後の15年、銀行の破産と世界恐慌のただ中の1930年（昭和5年）、BISはスイスの小都市バーゼルに設立されています。大恐慌は1929年から33年です（昭和4年から8年の4年間）。このBISは無国籍の銀行としてスイスの法に対する治外法権をもっています。

もともと第一次世界大戦の敗戦国ドイツからベルサイユ条約（1919年）できめた賠償の金地金《きんじがね》の1320億マルク分を取り立て、戦勝国の米・英・仏に受け渡すことを目的とした、借金取りのような機関でした。ドイツとは毎年20億マルクの金と、輸出で受け取る金の25%を払うという長期延べ払いの約束でした。しかし最終的には果たされず、米国の仲立ち（ドーズ案）でフランスとドイツの間に妥協案が成立しています（1925年ロカルノ条約）。当時、貿易で使う国際通貨は金の地金でした。

大戦後の高額マルクの増刷により1兆倍のハイパーインフレを起こしていたドイツでは、公共事業を増やして全ドイツにアウトバーンもつくったヒトラーが権力を掌握します。ところがヒトラーは金の受け渡しを履行しなかったため、延べ払いにする米国のヤング案がつくられています。そのドイツから金の取り立てをしていたのが、１９３０年につくられたＢＩＳです。

ロスチャイルド家を生んだユダヤは汎世界主義を標榜《ひょうぼう》し、基軸通貨の上の世界通貨をつくることを夢としています。ロスチャイルド家の資本の銀行がＢＩＳとＦＲＢの設立に参加したのは、そのためです。ＦＲＢに出資したのは、金商人のロスチャイルド家と石油商人のロックフェラー家です。ロスチャイルド家はその１５０年前の18世紀後半から金の商人でした。恐慌と戦争のときに金、各国の国債と武器を売買し、王国との国債の取引で財をなした銀行です。

幕末には坂本龍馬の株式会社亀山社中（１８６５年）に対して、坂本に委託された薩長の金と交換に戦艦、大砲、銃を売っています（英国商社ジャーディンマセソンの支配人：ロスチャイルドのエージェントのグラバー）。大判・小判を使っていた江戸時代の日本の金は、銀との交換比率が低かったため、大量に米欧に流出しました。米国・欧州に比べ、幕末の金価格が安かったからです。

**【エージェントを使う】**日米を含み、世界の中央銀行の設立と金準備制には、金と武器商人の銀行であるロスチャイルド家との、エージェント《代理人》を通じた関係は、欠かせません。ただしロスチャイルド家は伝統的に証拠の文書を残さず、推測になるので深入りはさけます。歴史は物的な証拠があるか、あるいは書かれたものの記録です。1972年に米国と中国の国交をひらいたキッシンジャーもエージェントの一員です（これは事実）。トランプも、大統領選のときのイスラエルマネーとの関係から一員ともいわれます（証拠はない）。鳩山由紀夫元首相がイルミナティのフリーメイソンに属していたことは、自分から発言したので知られています。

戦前の国際通貨は金の地金でした。紙幣には法域があったからです。金兌換の紙幣も要求があれば金を渡すことを示す「約束手形」であって、中世・近世のヨーロッパの金細工師の預り証とおなじものです。金そのものではない。現代の不換紙幣とは違いますが、ペーパーマネーであることは変わらない。金、金兌換紙幣、ペーパーマネーの3つの区分は、マネーを考えるときに重要です。

**〈BISは地金の回収業だった〉**ドイツから賠償として兌換紙幣を受け取っても、それだけでは意味がない。あとで金を回収する業務が必要です。ドイツから金を回収し、フランス・英国・米国に渡していたのが、第一次世界大戦後の1930年につくられたBISでした（国際決済銀行）。イギリスとアメリカの間で、ドイツの賠償金の地金の争奪戦があったことは、一般には知られていません。その仲立ちをしたのもBISです。

しかし世界恐慌末期の1933年、マルクの増発による1兆倍のハイパーインフレの中で、「アメリカのような恐慌にはしない」と国民大衆に訴えることから権力を掌握したヒトラーのナチスドイツは、金地金の支払いは無理だと拒否しました。

のちに米国ＣＩＡがヒトラーの金はスイス銀行に預けられ、戦後ドイツに返還されていないとしています。これはＣＩＡが捏造《ねつぞう》したフェイクだとフェルディナント・リップスは書いています。ＣＩＡが絡む事実は多くが不明です。歴史の肝心なことほど秘密が多い。重要なことは、国民に隠れた密約として実行されることが多いからです。核兵器を残した沖縄の返還のように、ほんとうの書類は佐藤首相の私邸にありました。日本の米軍には公式に核兵器はないとされていますが、核兵器があることは公然の秘密でしょう。核兵器がないなら、核での攻撃を受けたときの報復ができず、防衛はできないからです。

　ヒトラーによる金受け渡しの拒否を受けて、役割を失ったＢＩＳは中央銀行への貸付と、国と国の外為支払いの決済機関として延命し、世界の中央銀行から金と資本の出資を受けて、通貨に対する政治的権力を拡大して、現在に至っています。戦前の海外との輸出入による貸借は、金地金を示すものだったからです。ＢＩＳは世界の中央銀行に金を貸す機関です。

　ドイツの当時の中央銀行ライヒスバンク（今はブンデスバンク）から、賠償金の一部として３３６６トンの金がイングランド銀行に移管されたという記録があります（現在価格で17兆円）。米国は、この金はＦＲＢに来るべきものだと主張しています。約１００年前の金融は、ＦＲＢや日銀がそれぞれ約５００兆円の通貨を発行している「マネーインフレ（過剰流動性）」の経済に比べると、ほんとうかと思うくらい小さい。

**【世界通貨としての金は、中央銀行が自由に増発ができない】**金は当時も今も市場ではなく各国政府間、そして中央銀行間の決済で使われていて、国民の目には見えないものが圧倒的に大きいのです。中央銀行は国民に金が国際的な通貨であることをいわず、国家間の決済に使ってきたからです。これが金地金の実相です。

政府・中央銀行がたびたび金本位・金兌換紙幣を否定した理由でもあります。金は、中央銀行も自由につくることのできない国際通貨（世界通貨）だからです。各国が自由に印刷できる紙幣では、価値を保つべき国際通貨にはなりえません。このため自由につくることができない金地金が使われたのです。

**〈長期インフレに比例する通貨量〉** 今アマゾン1社の株価時価総額はドイツの賠償金の５・９倍である約１００兆円です。90年で約80倍の各国平均インフレのあとの21世紀は金額の次元が違う経済に突入しています。米国を基準にすると1年３・２％のインフレ率を超えて、通貨の単位が切り上がり、総発行量が増えつづけたからです。その中で金価格は、インフレ率以上の上昇をしています。

## 日銀創設の時代背景

**【日銀創設の背景事情】**

**〈幕末から維新、通貨の混在〉** 江戸幕府を倒した維新政府の通貨発行は混乱していました。江戸時代の両・分・朱を引きつぎ、幕府軍との戊辰《ぼしん》戦争（明治2年：1868〜69年）の軍事費と殖産興業の資本金のため、「太政官札《だじょうかんさつ》（政府紙幣）」も発行したからです（4800万両分を発行：当時の金価格に換算すると32トン相当）。

明治4年（1871年）から翌年には、政府は国債を金兌換もできる政府紙幣として、通貨単位を両から円に変えて、過去の通貨を回収しようとしています（1両＝1円の国内レート）。

しかしその後は、政府の金の不足から不換紙幣とされた新円の信用は低く、回収はうまくいっていません。相変わらず江戸時代の小判の「両」が使われていました。日本の店舗でドル、円、元が混在して使われる混乱を想像すると、当時の状況がわかるでしょう（紙幣、各種の電子マネー、仮想通貨で混乱があるようです）。

**〔政府紙幣の増発〕** 明治10年の西南戦争（西郷隆盛を立てた不平士族の内戦）でも、軍事費として政府紙幣が増刷されたので、マネーの量は増加しつづけ、食糧のコメが3倍にあがるインフレを起こしていました。この時代のおもな生産物は、コメ・絹織物・海産物・木材でした。

**〔通貨量を2分の1に減らした日銀〕** 旧通貨を銀兌換の新1円に交換して、新円の通貨発行量を抑制しながらインフレをおさめることが、政府による日銀の設立目的でした（明治15年：1882年〜）。交換レートは「太政官札2両＝新1円＝金1・5グラム相当＝1ドル」として、新1円との交換により旧紙幣を回収して廃棄し、市中の通貨量を2分の1に減らして幕末からのインフレを抑えています。

この通貨の回収方法は、古いマネー量を減らしてインフレを急速におさめますが、引きかえにマネー量の減少から不況になっています。新円は最初、日本に豊富だった銀を使う「銀兌換の通貨」とされました。13年後の1895年（明治28年）、日清戦争で得た当時の政府予算の3倍の金を使って、金兌換にしています（金地金740トン：当時の価格で488億円：明治日銀の資本がこれです）。清国から得た金が円の通貨価値の根拠だったのです。

この740トンの金は125年後の日銀も引きついだとされ、現在のB／Sに示される785トンの金になっています。日銀のB／Sでの金帳簿価格は4410億円です（日銀営業毎旬報告：時価では3・7兆円分）。しかしこの金は敗戦のとき占領軍（GHQ）に没収され、FRBの保護預かり（カストディ勘定）として、敗戦国となったドイツの金といっしょに、ケンタッキーのフォートノックス（FRBの金庫）に預託されています。1972年に沖縄は戻しても、GHQが米国に運んだ金を日本に戻すことは将来もないでしょう。ドイツの賠償の金地金とおなじです。

第二次世界大戦の最末期の米ドルも、世界の中央銀行が1オンス35ドルの交換レートで、FRBに金を要求できる兌換紙幣でした。しかし27年後、1971年に米国はその約束を破り、金を渡すことを拒否しています。金は最終決済の国際通貨ですが、歴史を見れば、兌換紙幣で地金の引き渡しの約束が履行されたことは意外に少ないのです。金兌換通貨は不渡りになったのです。

## 【日銀と世界の金：生産コストは1オンス（31・1グラム）1300ドル】

世界の有史以来、地上の金とされる18万トンは消えません（1グラム5000円の時価で、現在は800兆円）。実際は世界の金宝飾品を含むと、その2倍はあるでしょう。もち主は代わっても相続税を逃れるため秘匿されても、金は消えないからです。

**【金の生産コスト】**現在、1オンス当たり1300ドル（1グラム42ドル）のコストで採掘・精練ができる金は、5万トンの埋蔵しかないとされています。鉱山が劣化し、地下3000〜5000メートルから掘り出す1トンの金鉱石から3〜5グラムの微小な量の金しか採れません。価格が上がれば採掘コストも高くなるので、5万トン以上が採掘可能になるでしょう。しかし1300ドルより高いコストをかけても金の生産量は、さほど増えません。コストから見て、1オンス1300ドル（1グラムが小売価格で5000円）という現在の価格は下限の水準に近いと判断していいでしょう。産金コストが上がったのは年々、採れなくなったからです。カナダに行くと、閉じた金鉱山が廃墟になって各地に残っています。

金市場での売りの超過から、1オンス1300ドル以下に下がることはあるでしょう。そのときは、鉱山から1年に3346トン（2018年：WGC）の生産量が減ります。金鉱山の会社も赤字では生産ができないからです。1300ドル以下に下がると金の供給量が減るため、半年から1年で金価格はそれ以上の価格に戻るでしょう。

**【50倍の短期先物取引】** 金も金融商品として地金の売買以外の先物やオプションが50倍あり、株価指数の変動より２分の１くらいとせまいバンドでも、ボラティリティ（確率的変動）の幅をもちます。現在は40日で３・75％の変動幅です（ＮＹ金先物：19年３月27日）。長期傾向で、下がるときも上がるときも、上下にふれて、変動しながら動きます。金融商品、株、債券、金利に直線的な価格の動きはない。以上が、およそ１オンス１３００ドルを下限と見ていい理由です。１グラムでは約５０００円です（小売価格：消費税８％込）。金の生産費は１オンスで８００ドルから１３００ドルまでいろいろいわれています。直接の生産費だけでなく、管理費を含むと１３００ドルが妥当でしょう。

なお金は日本の法では株のような金融商品ではなく、財務省から金属とされているので貴金属商での売買のとき、（消費はしなくても）消費税がかかります。証券である先物やオプション、金ＥＴＦに消費税はかかりませんが、金地金と交換したとき８％の消費税がかかります。

市場の金価格が１５００ドル以上に上がると、スマホの電子回路からのリサイクル（１１７２トン：２０１８年）が数百トンは増える余地がありますが、金地金の供給が増える変動幅は、年間約４３００トンの現物需要に対して10％未満の量でしかありません。

## 【価格が変動する金融商品としての金】

金でも株式とおなじようにデリバティブの証券である先物、オプション取引が、現物の50倍以上あって、短期（1年内）の価格を先導しています。ただし株や債券とおなじように金先物では、買いが超過したあと（金価格は上がる）は清算の売りをしなければならない（金価格は下がる）。逆に先物の売りが超過したあとは、清算の買いが増えます（金価格は上がる）。限月までの清算売買の仕組みから、先物取引は1年以上で見ると売買の全部が相殺されるので、長期の金価格に対して中立的です。先物を買いつづけて、買い残を増やしつづけることは、最長でもおよそ6か月しか実行できません。

**【ペーパーゴールドの金ETF】**一方、金証券の金ETFには、限月と清算の取引がありません。金地金の売買とおなじように買いが超過すると金価格を上げ、売りが超過すると価格を下げます（2004年上場）。現物の価格とETF間に、秒単位での価格差を瞬間になくす裁定取引があるためです。先物は1年以内ですが、金ETFの売買サイクルは数年以上と長い。金ETFには買ったあとの利益確定売りがあっても、金地金はいったん買われると、売りは少ない。年間約4300トンのあらたな地金生産は買われる一方といっていいのです。

この点が増資で株数が増え、自社株買いで株数が減る株式市場と根本的に違う点です。買った株、保有する株の平均保有期間は1年で、1年に1回転で売られています（東証：3664社）。

## 【金や仮想通貨の売買の利益課税とは、わが財務省は抜け目がない】

**【金や外為FXへの課税をめぐって】**買ったときより上がった金地金を売ると、購入価格を引いた利益に対して総合課税の所得税がかかります（最高は国税45％＋地方税約10％＝55％）。また給与所得控除後、年間の合計所得1000万円以上のひとは、「国税＋地方税」が43％くらいの高い税金になります。世界的に見て高いのが日本の所得税です。

**〔投資口座にある金融商品は20・3％の分離課税になる〕**ただし証券会社の金投資口座、貯蓄口座などを使った、継続的と認められる売買の結果の所得（売買差益）に対しては、個人であっても利益額（売った価格－買った原価）に20・3％の源泉分離課税になります。株や証拠金に対して、一般に最大25倍のレバレッジもかけることができるFX（外為証拠金取引）などの金融取引も分離課税です。雑所得のような給料の所得と合算されて税率が高くなる総合課税ではありません。なお金地金、金ETF、株、外貨などへのあらゆる課税は含み利益にはかからず、売って利益が確定した年度に課税対象になります。金地金以外は、金ETFでも有価証券に属するとして、売買のときの消費税はかかりません。

**〔タックスヘイブンで上がった利益への課税〕**タックスヘイブンのプライベートバンクの預金口座での利益への課税は、そのマネーが日本に戻ってきたときにかかります。氏名を公開しない匿名口座でしか、利益の約20％の源泉分離課税を逃れる方法はありません。ただし秘密口座や匿名口座が発覚したときは、節税ではなく脱税になります。

**〔証券担保の借り入れが得策〕**金ETFを担保にした借り入れだと、含み利益があっても課税をさけることができます。金ETFは売らずに、ETF証券の担保で借りて必要な現金を得るのが得策でしょう。自宅を担保にしたリバースモーゲージの借り入れと、基本はおなじ仕組みです。

## 金兌換の1円は1ドルだった

前述のように明治時代の為替レートは、「1円＝1ドル＝1・5グラムの金」でした。現在、1・5グラムの金は、小売価格7500円の水準なので、明治中期の1円は、現在のおよそ7500円の価値です。金が高騰したという外形をとって、円は第二次世界大戦後の約300倍のインフレを含んで約7500分の1に価値が下がっています。物価の高騰、金と株を含む資産価格の高騰は、いずれも通貨価値の下落です（物価はおよそ3000分の1）。

第一次世界大戦後の1917年から1930年は主要国の金兌換の廃止にあわせて、日本も金兌換を廃止しています。一国が金兌換をつづけていると、公定価格で円と交換された金が海外に流出するからです。このとき市場の価格は公定価格より高くなっています。

明治、大正、昭和初期の日本のインフレ率は米国より高かったので、1932年（昭和7年）に1ドルは20円に上がり、20倍の円安でした。米国より物価上昇が20倍大きかった。そのため明治中期の円の価値は50年後の昭和初期に、ドルの20分の1に下がったことを示すものです。

一方ではこの円安によって輸出が増え、1941年（昭和16年）には1ドル4・2円（約5倍）

の円高になっています。9年で5倍という戦前の為替レートの変動幅は、大きなものでした。戦前の通貨変動は、現代より数倍大きかったのです。

**【第二次世界大戦後の円】**

**〔戦後の円〕** 第二次世界大戦のあと、日本は戦争費用として発行した、当時のGDPの2倍の国債をかかえていました。物資の欠乏と飢餓が蔓延《まんえん》したさなかの1946年2月に新円への切り替えが行われています（幣原内閣）。

戦後は戦時中の金融統制がはずれたことから銀行預金の取り付けが起こり、政府は戦中の物資調達の代金支払い、軍人恩給、そして国債の償還を日銀の増発マネーで行いました。このことから市中のマネー量が急増し、ハイパーインフレになっていったのです。前記のうち、もっとも大きな要因は、日銀が国債を買い上げて円を増発したことでした。このため政府は、デフォルトしていません。その代わりに、ハイパーインフレでした。

団塊の世代1000万人（5年間）が生まれたころの物価上昇は、およそ300倍でした。通貨の価値（購買力）は300分の1に下がり、GDPの2倍だった国債価値は300分の1になったのです。戦前の10万円は現在の価値で3000万円、この金額を預金していた人は当時の大金持ちでした。その預金は円国債とともに、価値が今の円の10万円に下がったのです。戦後ハイパーインフレは、2つの要素が重なって起こっています。

①工場が破壊され、原材料は輸入ができず、衣食住の商品が欠乏したこと、②物資不足で市中のマネーの流通量が急増したことです。マネーの流通量は、「M（マネーサプライの量）×V（流通速度）」です。戦後は物資の食糧の不足から「市中のお金が使われる量×速度」が300倍に急上昇しました。これが物価を300倍に上げ、円の価値を300分の1に急落させたのです。

短い期間では一定に見える通貨の価値は不換、兌換紙幣にかかわらず、長期で数分の1から数十分の1への変化をします。変化といっても紙幣の価値が上がることは100％ない。価値は下がる一方です。これはドル、円でもおなじです。

**〈価値を維持して増やした金価格〉** 通貨の価値が下がるとき、価値を保つだけでなく増やすのは金です。戦前の1930年（昭和5年）の金は、1グラムが1円36銭でした。100キログラムでも、10万倍の13万6000円でした。このとき13万6000円の預金を引き出して、金を100キログラム買っていれば、戦後はどうなったでしょう。

戦後の1951年（昭和26年）に、1グラムの金は585円に上がっています（430倍）。というより、ハイパーインフレの円が1単位の価値を大きく下げたのです。100キログラムは10万倍の5850万円ですから、見事に戦前の円の価値を維持して、しかも、およそ1・2倍に増やしています。

さらに時代が下がって2019年5月現在、1グラムの金は約5000円です（1951年の8・5倍）。100キログラムを持ち続けていれば、5億円です。5億円の純資産なら、最上位１%のお金持ちといえるランクです。円預金を金に換えておくだけで、40年働いて生活を切り詰めて、やっとつくることができる預金（最大でも５０００万円）を、金を保管しているだけで10倍くらい上回ったという結果です。

米ドルの関係では、２年目の１９４７年（昭和22年）にハイパーインフレ突入のため、焼け跡の中で１ドルは50円。翌48年（昭和23年）には２７０円、49年（昭和24年）には「１ドル＝３６０円」の固定相場とされています。明治15年（１９８２年日銀設立）に１円＝１ドルだった円は、ドルに対しても３６０分の１に下がったのです。

戦後のハイパーインフレは、49年に始まった通貨緊縮策「ドッジライン」によって収まって、逆にデフレ不況をもたらしています。日経平均は１９５０年には、85円という最低価格をつけていました（19年５月10日は２万１３００円：２５０倍）。

## 金・ドル交換停止した１９７１年からの米ドル

１９４９年からの1ドル３６０円の固定相場は、米国がドル・金兌換を停止した１９７１年まででした。そのあとはつかの間のスミソニアン体制（１９７１年から73年）を経て、第一次石油危機の１９７３年から世界の通貨は変動相場制になっています。この中でも基軸通貨として世界が認めたのは変わらずドルでした。「変動相場の中の基軸通貨」は論理矛盾です。国際通貨（世界通貨）は本来、金のように約束ごとでは価値が変わらないものでなければならない。矛盾にもかかわらず、世界はドルを採用したので、ドルを受け取ったひとや国は、恒常的な「ドル安」苦しみました。

**〔冷戦下の自由圏のドル〕** 大きな理由としては、西側と共産世界（ソ連・東欧・中国）の分断があったからです。世界は2つでした。このため西欧と日本の自由世界は、協調して米ドルを支えたのです。その証拠にソ連が崩壊したあとの１９９５年には、ドルは大きく下落しています。このとき1ドルは史上最低水準の79円に下がったのです（円は最高水準の円高）。

１９７３年にドルの切り下げが始まったスミソニアン体制のあとは、ドルの価値を保証していた金がなくなったため、米ドルの価値は大きく下落しました。

「変動する基軸通貨」という奇妙な制度を世界は受け入れたのです。ＩＭＦのＳＤＲのような国籍をもたない通貨を世界通貨にすることが、このとき採用されるべきでした。ただし恒常的な経常収支黒字国になってドルをもっとも多く受け取っていた日本とドイツはドルに服従しつづけたのです。時代は進み、２０１０年代から米ドルを多く受け取る国は中国に代わっています。中国は、ドルの価値の低下に抗議をつづけています。一方、米国は中国が元を安く維持する為替介入国であると非難していますが、元はドルペッグ制の通貨なので、原理的にドルといっしょに安くなるものであり、非難に値しません。米国は国際的に自己勝手な国家です。

輸出超過国だったドイツは東西ドイツ統一を果たした（１９９０年）あと、９年目に統一通貨ユーロをつくり、米国が価値を下げつづけるドル圏から離脱しました（１９９９年〜）。東西ドイツの統一とユーロの結成を見ると、ドイツも米国に劣らず、大きな長期目標をもって動く戦略的な国家です。日本政府に長期戦略はあるでしょうか。政治家の資質が問題です。戦後の総理では安保条約を結んだ吉田茂と、米国の不興を買っても、日米繊維戦争を戦って日中国交回復（１９７２年）を果たした田中角栄は戦略をもっていたように見えます。米国のドル、ドイツのユーロは自国の利益を追求する戦略的な通貨です。

**【軍事・経済の両面の冷戦体制がドル基軸を支えた】**

自由世界は共産主義の脅威からの防衛のため、経済・軍事大国の米国に従属し、価値を下げる米ドルを自国の経常収支の黒字で買いつづけました。西欧の軍事同盟はＮＡＴＯ（北大西洋条約機構）、日本は安全保障条約です。共産圏の脅威から守る核の傘です。米国は永久に黒字にならない赤字国になり、ドルの世界（当時は自由主義圏）へのばらまきをつづけます。

**〈米国の財政赤字〉** 米国の財政赤字の主因は軍事費の80兆円です。軍事費支出で価値を下げるローマ帝国の通貨を軍事力が弱い周辺国が使っていた古代とおなじです。ローマ帝国も軍事費のため、通貨の増発（金貨の改鋳）をつづけてインフレを起こしたことから崩壊しています（３世紀）。ソ連をつくったレーニンは「国家はインフレでつぶれる」といっています。ところが、ルーブル増刷で物価１０００倍のハイパーインフレを起こして、年金と公務員の報酬を無効にしたことがもっとも大きな原因になって崩壊したのはそのソ連でした。歴史は繰り返しませんが、新しい展開の中でも、ひとの考えは、過去のどこかの歴史にモデルを求めるようです。

**〔1兆ドルずつ増える米国の対外負債〕** 経常収支の累積赤字は対外負債になります。米国の対外負債は36・7兆ドル（４０３7兆円）という返せない巨額にふくらみ、しかも1年に1兆ドル（１１０兆円）ずつ増えます。対外資産が27・1兆ドル（２９８０兆円）あるので、対外純負債は９・６兆ドル（１０５６兆円）ですが（２０１７年：ＢＥＡ：Bureau of Economic Analysis）、日本の国債のように年々、返済不能度がひどくなっていく負債は、いつの日か１００％の確率でデフォルトします。

所得減税（10年で1・5兆ドル：１６５兆円）と、増やした軍事費（８５００億ドル：93兆円）により、２０１９年度の政府財政赤字は1兆ドル（１１０兆円）超に増えています。

この事態を受けてトランプ大統領は、①中国輸入への10％関税（税収は約２００億ドル）を手始めに、②「コストプラス50」として、日本と西欧ＮＡＴＯへ米軍の海外駐留費の50％分を利益化する準備をしています（ブルームバーグ２０１９年3月8日）。トランプは19年5月に対中輸入関税を25％に上げる決定をすると同時に、関税対象を中国からの全輸入品（約60兆円：対中赤字は40兆円）に拡大しようとしています。

**〔日本への駐留米軍費をめぐって〕** 日本は現在、「思いやり予算」として関連費を含むと、年間５８１０億円を米国に献上しています。これに米国側の負担分を加え、駐留費の総額１兆円の1・5倍（1・5兆円）を日本に要求するのが「コストプラス50」です。在日米軍は家族を含むと9・4万人です（沖縄と本土に50％ずつ滞在：1人当たり費用約1000万円／年：家族で3500万円）。軍隊の総コストは高い。日本とドイツの対米貿易の黒字を軍の駐留費を1・5倍にして奪還するという奇天烈《きてれつ》な戦略。安倍首相は中国のような対日報復関税を覚悟して、拒否できるでしょうか。これは江戸時代に農地を守る名目として、農民に課した年貢とおなじです。わが国の新聞は何かへの忖度《そんたく》があるのかまだ報じません。トランプ財政の赤字拡大が米国会で問題になっています。米国の対外負債も、これとおなじ筋の問題です。米国経済の劣化を示すものです。トランプが貿易赤字を縮小させようと躍起になっている理由は、対外負債の急増があるからです。

## 【米国の対外負債の巨大化とドル価値の長期的下落】

米国は株価の時価総額が約30％以上下落すると、36兆ドルの対外負債がデフォルトの危機と、なって波及します。それまでは株価の高騰が株主と企業の金融資産になることで、企業負債が抑えられてきたからです。このため株価の崩壊はドル暴落、または1985年のプラザ合意のようなドル切り下げ（2分の1）を余儀なくさせます。対外資産を1000兆円以上もつ「日本政府＋銀行＋企業＋世帯」にとって重大な問題です（米国のほんとうの対外債務、対外負債、対外純資産がのっています。https://www.bea.gov/data/intl-trade-investment/international-investmentposition)。

**〈石油危機はドル危機だった〉** 1973年と1979年の石油危機は、内容からみて石油の供給危機ではなく、石油の代金だったドルの危機でした。第二次世界大戦直後1バーレル1ドルだった原油は、2度の石油危機で79年には30倍も高い30ドルに上がったのです(80年には20ドルに下落)。

原油価格の動きは、長期で見ると金の価格に類似しています。両方とも価格が上昇することが米ドルの価値(商品購買力)の低下を示します。「物価の上昇は通貨価値の下落」という本質を思い起こしてください。増発によって価値を下げるペーパーマネーと違い、金と原油は一定の使用価値を維持します。通貨の1単位の価値が増刷によって下がっていく、これが金と資源の高騰です。資源や金の価格が上がるのではなく、通貨が運んでいる価値を下げます。荷物(価値)を抜かれたトラック(価値を運ぶ車:Vehicle)のように。お互いに通貨価値が動く変動相場では見えませんが、ドル、円、ユーロ、元のペーパーマネーと金との関係では、2018年のビットコインのように大きな下落をしています。

**【原油と米ドル】**

1973年の第一次石油価格高騰と1979年から80年の第二次の高騰は、いずれも米ドルの価値(商品の購買力)の下落が原因で起こったものです。原油価格高騰につれ、金属資源、化学肥料を使う穀物、穀物を食べて成長する家畜の肉の価格も上がります。牛肉1kgは穀物を10倍の10kg食べた結果です。豚肉1kgには4kgの穀物が必要です。鶏肉1kgでは2kgの穀物。金属資源、穀物、食料の原価が上がると、全部の商品物価も上がります。

**〔インフレは通貨の価値下落〕**エコノミスト、国連、メディアが「40年後には枯渇する石油の供給危機による価格上昇」としたのは、原油の代金決済に使われるドルの下落という本質を隠蔽するためです。なぜ隠すのか。ドルの価値下落は、ドル基軸通貨体制を弱くするからです。50年後の現在も原油は枯渇していません。あと50年、100年経っても枯渇しません。ピークオイル論から、二酸化炭素は出さなくても処理できない廃棄物を出す原発を増やす、地球温暖化イデオロギーが出てきたのです。なお電気自動車は原油を燃やして発電された電力を使うので、地球環境の二酸化炭素の削減に効果がありません。

**〔シェールオイルの水圧生産が始まった〕**米国では2000年初期から頁岩層《けつがんそう》からのシェールオイルの高水圧生産が始まり、20年後の今はロシアとサウジと並び、世界一の石油生産国です（日量1095万バーレル：18年）。米国は原油の純輸入国（過去の常識）ではなくなっています。シェールオイルの生産が増えたためと、中国経済の減速から原油価格は60%に下がっています。2008年は1バーレルが99ドルでした。現在は58ドルから64ドル付近です（WTI：19年5月）。ただし、今後も投機から上がることも下がることもあるでしょう。価格を先導する原油先物は、証券となった金融商品です。資源と原油では、ヘッジファンドの投機的売買が1年以内の短期の価格変化を先導しています。

**〔新興国の資源・エネルギー需要〕** 1年以上の長期の変化でいえば、原油消費量が米国（8・7億トン）に次ぐ2位（6・0億トン）の中国の経済成長率が3％以下へ減速した理由は、原油と資源消費量の減速でもあります。トランプの10％関税が始まった2018年の中国の実質成長は、1・67％とも言われます（中国人民大学国際貨幣研究所 向松祚教授の講演）。25％に上がった輸入関税から、2019年秋からの米中のGDPの成長率は、もっと下がるでしょう。

米国のシェールオイル増産がつづくと、中国の成長の急落から需要の増加が鈍化した原油市場では供給超過になります。金とは違い可採埋蔵量が多いため、これからの原油価格は戦争というイベントがない限り、100ドル以上への上昇の可能性は低いでしょう。シェールオイルの生産コストは1バーレル50ドル程度だからです（2016年）。生産コストが上がっても80ドルでしょう。

原油と金属資源では中国の景気が良くなると上がり、中国のGDPの増加率が低下すると下がる傾向が強い。資源は、需要と供給の関係で価格がきまるからです。ヘッジファンドが先物で石油を買っても、ヘッジファンド自身は石油を消費しない先物の仮需です。隔月には、反対売買になります。しばらくすれば、市場の実需の需要と供給できまる価格に戻ります。金はこの点でも特殊です。金の可採埋蔵量が年々減っている鉱山からの供給が増えないので長期では上がり、時折（数年に一度）金ETFの売りで下げる傾向をもっています。金ETFの売りにより上がったあとは、中央銀行の金地金買いにより上がるでしょう。ＢＲＩＣｓの中央銀行は、金相場の高騰させないように注意しながら、金を買い集めています。

## ドルが唯一の世界通貨だから生じる特権

ドル基軸体制は海外にドルを増刷して渡せばいくらでも輸入できる、海外の株や資産も買えるという特権を米国にあたえています。対外負債がＧＤＰの１・８倍の36兆ドル（３９６０兆円）の米国経済の基礎は、この特権で成立しています。この体制がなくなると、米国もＩＭＦのＳＤＲのような国際通貨をドルで買わねばならなくなります。

そのときはドル安になって米国の輸入物価がその分上がり、ＧＤＰは20～30％低下するでしょう。ドル基軸の停止は、ひとまず19年10月末まで延期された英国のＥＵ離脱よりはるかに激しく、米国が大不況に至る道です。

戦後の１９５１年に前身が成立したＥＵ（欧州連合）は人口５・１億人、経済規模は米国（２１００兆円）より大きな２４００兆円の西欧・東欧28か国が関税をゼロにして労働の移動を自由化した世界最大の経済圏です。英国にとってのＥＵは、日本にとってのアメリカや中国に似ています。今後10％の関税がかかることになれば、英国ＧＤＰが９％落ちるのも当然です（イングランド銀行の試算）。ＥＵ側のドイツもＧＤＰの数％の下落ショックを受けます。

**【原油とドル】** 金交換停止のあと、米ドルは世界の貿易通貨の約60%として使われています。1971年の金兌換停止後、円に対しては3分の1に、金に対しては37分の1に下がりつづけているドルは原油・資源（国際コモディティ）を担保にして基軸通貨でありえています。

①先進国が商品生産の基礎である電力のために必要な原油を産油国から買うには、ドルが必要である。電力は、照明よりモーターの動力に4倍使われます。照明用は14%、動力が60%です。電力がないと通信とコンピューターもなくなり、工場と街はブラックアウトします。電気がなかった江戸時代に戻るということです。原発は、50年以上の長期で人間がコントロールできないものとして忌避される方向です。EV（電気自動車）も原油を燃やす火力発電の電力をリチウム電池にいれて使います。5GとAI、インターネットも電気エネルギーです。

②ドルを輸出超過で稼ぎ、外貨準備として蓄めておく。

③輸入に対しては、そのドルで決済する。

これが、金・ドル交換停止（1971年）後の米ドル基軸通貨です。

**【米国の経常収支の赤字は減らない】**

各国政府・中央銀行がもつ12兆ドル（1320兆円）の外貨準備の62%は、米ドルです。民間銀行がもつドルと株・債券もあるため、海外に散布された米ドルの総額は16兆ドル（1760兆円）を下まわらないはずです。このわりにドルが1ドル110円付近と高い理由は、ドイツがユーロへ逃亡したあとの21世紀は、日本・中国・新興国が買い増しつづけているからです。ドルの強さの3分の2くらいは「日本＋中国」がドルを買うことから来ています。

**【巨大な外為市場】** 変動相場の通貨の相対価値は、外為市場の投資家と金融機関がきめます。外為の売買額はたった1日で6・6兆ドル（726兆円：2016年）。先物・オプション・金利スワップが多く、1日の外為売買量は世界の1日の貿易額の100倍。その中でドルの売買シェアは44％、ユーロ16％、円11％、元2％です。

日中の政府が為替介入するときは、10兆円／日レベルなら外為投資家の売買を導く方向性をもっています。いずれにせよ、外為投資家の意向が通貨の価値をきめています。

## 【ドル基軸をつづけるための戦争と中東への介入】

イラク戦争の2003年に話を戻します。原油の決済通貨の変更があると、基軸通貨がドルからユーロへ転換するでしょう。フセインの呼びかけにドル危機を感じた米国CIAは、イラクが大量破壊兵器の製造をしているというウソをつくって、フセイン体制をつぶす戦争を仕掛けています。従軍した兵士には、「俺たちは何のために命をかけているのか」という疑問もあがっていました。

**〔米国のイラク侵略の理由〕** イラク戦争は、2001年の9・11（同時多発テロ）後にドルが下がる中でドル基軸体制を守ることを目的にした侵略の戦争でした。9・11のとき、米国は基軸通貨のポジションから落ちるという恐怖をいだいていました。小泉純一郎内閣による2003年のイラク戦争支援費として合計35兆円のドル買い（円売りの為替介入：竹中平蔵金融担当相）で一息ついたのです。この時期、「ドル／円」の相対レートだけではわからない、米ドルの世界の通貨に対する実効レートは2001年の130から03年の110まで、8％下がっていたのです。

http://honkawa2.sakura.ne.jp/5072.html

米国が中東の紛争に介入する、あるいはアラブの紛争をCIAが武器の輸出や軍の派遣で仕掛ける理由も、金の担保から原油担保になったドル基軸体制を守るためです。現在のイランの経済封鎖の理由も核兵器の開発疑惑だけではなく、イランが原油の代金をユーロ・人民元・金にしているからです。

中東で紛争が途絶えない理由は2つです。

①領土の地下にある原油埋蔵を支配する富の争奪が戦争として起こること。

②ロスチャイルドが英国債を購入していたことの対価として、英国が第一次世界大戦後に占拠していたパレスチナの地に、イスラエルの建国が約束されたこと（バルフォア宣言：1917年）。

イランには1584億バーレルの原油埋蔵量があります。イラクは1425億バーレルです。

1バーレルを約60ドルとすると、両国とも9兆ドル（990兆円）相当で日本のGDPの約1・9倍にあたる地下資源の富をもっています。

## 【中東の特異性は地下の埋蔵原油が経済的な富であること】

第二次世界大戦後に盛んとなった民族独立の思想のため、今さら植民地をつくることは難しい。帝国主義的な領土の争奪は富をもたらさず、経済的にも意味がないのです。かえって米国のベトナム戦争のように財政負担になる大きな戦費というコストがかかります。米国が1971年に金・ドル交換停止を発令したのは、戦争にかかった軍事費で大きな赤字になり、ドイツ、フランス、スイスから金との交換要求が増えたからです。現代の戦争は経済的にペイしません。

地下資源と農産物が富を生んでいた時代から、会社組織が富を産むものに代わったからです。このため、株の買収であるM&Aが戦争の代役を示すものになっています。

しかし国王制が残るアラブでは地上を支配すれば、埋蔵原油への関与が入手できます。このため民族や宗教を旗幟《きし》にして、じつは欲に駆られた紛争が絶えることがない。過去・現在・今後もおなじでしょう。アラブの絶えざる紛争は、地球の僥倖《ぎょうこう》がもたらした原油をもつ不幸です。

現在のドルは110円付近です。1年に約10円の幅で上下に変動しています。経常収支の赤字をつづけるドルは過去46年間の変動相場の中で、経常収支が黒字の円に対して通貨価値が3

分の1以下に下落しています。

**【ドルの価値と米国のインフレ率の関係】**米ドルを長期で見ると年間の平均下落率は2・6%であり、米国の100年の長期インフレ率の3・2%に見合います。通貨は増発が原因になるインフレの分、価値（商品購買力）を下げているからです。

対外的な経常収支が長期の通貨価値をきめます。経常収支の赤字分、自国通貨が海外に流れ、黒字の分、超過流入するからです。外為の投資家は基礎的には経常収支の動きと政府の介入の可能性を見て、通貨の売買を行っています。

現在、ユーロと円がゼロ金利を続ける中で、米国の長期金利は2・5%付近です（1ドル110円での均衡点）。日欧の金利に対する2・5%のイールドスプレッド（金利格差）は、ドルにとって長期インフレの2・6%分の金利がプレミアムとしてつかないと、買われないことを示しています。これは、円とユーロに対するドルの弱さを示すものです。米ドルとのイールドスプレッドが2・5%以上になるとドルが買われてドル高になり、それ以下に縮小すると、ドルが売られてドル安になることも示しています。

**【米ドル（1971年〜）の下落は長期のインフレ率に見合っている】**

金・ドル交換停止のあと、ドルの実効レートは3・3分の1に下がるドル安でした。戦前は1ドルだった1・5グラムの金は現在の卸価格では63ドルなので（1オンスの31・1グラムは

1300ドル）、戦後ハイパーインフレがなかった米ドルも130年では63分の1に通貨の価値（購買力）を下げています。

**〔長期のインフレ率：米国3・2％〕**数十年の長期で見ると、兌換紙幣の期間をはさんでも、ペーパーマネーの信用通貨は政府の財政赤字により増刷されて、額面はおなじでも1単位の実質価値を下げつづけています。130年の米国の平均インフレ率は、前述のように3・2％／年です。米ドルは1年平均で3・2％、実質価値（購買力）を下げつづけています。米ドルの長期インフレ率と反比例して価格が上がるのは金です。

なお2018年の米国消費者物価の上昇率1・6％と、ユーロの1・5％は低い。中国ですら1・7％です。日本はもう一段低い0・8％です（2018年）。

1990年代以降の日本は年金支給と医療費が大きい高齢者が増える先頭国であるため、通貨が増発されても、商品需要と設備投資は増えないからです。ただし、ペーパーマネーの歴史的・長期的な下落に国による例外はありません。

封建国・王国における政権が衰微するレーム・ダック期には、必ず大きくなる財政の赤字を理由に金の通貨を改鋳するか紙幣を増刷しています。一方、民主国家でも①戦前は帝国主義（市場拡張）の戦争により、②戦後は公共事業と社会保障の赤字から財政を大盤振る舞いし、選挙制の政治の仕組みからインフレを起こすからです。

# 第五章　独立戦争、ＦＲＢ創設、ブレトンウッズ協定までの米ドル

この章では、ＦＲＢの設立から、第一次世界大戦からの兌換通貨の変化と、第二次世界大戦のあとの基軸通貨体制から１９７１年の金ドル交換停止までの、ドルと円の変遷を描きます。基軸通貨は、国家の法域を超えて、世界で信用され、受け取られる世界通貨です。

１７８３年（日本では最大の飢饉が始まった天明3年）の独立戦争で勝利したアメリカ13州は、独自通貨のドルを発行しています。１９１３年には銀行紙幣を廃止し、ＦＲＢを設立して金兌換のドルを発行するようになり、第二次世界末期の１９４４年に33の戦勝国を集めたブレトンウッズ会議でドルを世界通貨にきめ、１９７１年には半分以下に減っていたＦＲＢの金の海外流出を止めるため、金・ドルの交換停止を世界に向かって発令しています。

金本位と金兌換制の違いを示しながら、ドルの激動の2世紀を描きます。金はいつの時代にも、世界中のひとびとからおなじ価値をもつものとして信用されます。一方、紙幣は、国家の法域内（法がおよぶ地域）でしか有効ではない。このため紙幣は、金を価値の裏付けとする金準

備制での発行形態をとったのです。

## 英国からの独立とは、新通貨のドルをつくることだった

通貨圏は、経済的な面での国家を形成します。英連邦の植民地だった北アメリカでは、宗主国の英ポンドが法定通貨でした。

ボストン茶会事件から始まった、１７８３年の独立戦争で勝利した13州は合衆国憲法をつくって、独自通貨のドルを発行することをきめています。独立戦争は「通貨発行権」を獲得することがおもな目的でした。８年あとには中央銀行（第一合衆国銀行）が設立されドルを発行しています。国家とは法と通貨です。

ところがそれまで民間銀行が米国債や金を担保に発行していた通貨を中央銀行が発行したことに対して、銀行と国民からの反対が強く20年の発行免許は１８１１年に失効しています。

そのあと、第二国立銀行がおなじ20年の通貨発行の免許制で成立します。しかし当時のジャクソン大統領の反対により、１８３６年に消滅しています。米国では伝統的に、政府より民間が強い。通貨でもおなじでした。

１８３６年から民間銀行が国債と金を担保にして発行するドルの制度が70年つづきました（金・国債準備制）。この間、民間銀行による金準備制の米国は、ドルを増刷せず、インフレが

ない中、産業革命（蒸気機関と機械）により1人当たり生産性を上げて経済成長しています。中央銀行がなくても、預金を受け付けて融資する民間銀行があれば、企業と世帯が困ることはないからです。

このインフレがなかった米国の経済成長の70年は、リフレ派が無視しているものです。こうしたところも、経済学が事実を網羅する科学ではありえず、イデオロギー（目的のある思想）である理由です。思想とはひとびとの目的をもった考えです。金本位の否定も、不換紙幣を推進する政府の立場からのイデオロギーです。科学は自然の原理を究明する中立的なものですが、経済学には、立場の利益を正当化して追求するものが多い。当方は政府や中央銀行ではなく、国民の立場からマネーの価値について書いています。

### 【幕末の日本の金は米国に流出し金貨になった】

浦賀に来たペリーが、蒸気船の戦艦と大砲で幕府を威嚇したのは1853年です（薩長による明治維新は15年後の1868年）。開国の要求は、海外より破格に安かった大判・小判の金を得る目的でした。

日本総領事ハリスは、江戸の小判を最安値3ドル（メキシコで採れた銀）で買い、米国にもって帰って20ドルで売ったのです。江戸幕府では、金1グラムと銀5グラムが等価でした。米国では、金1グラムと銀15グラムが等価です。金には米国と3倍の価値の差があったからです。

学者の定説では20万両の金が流出したとされています。実際は830万両と推計され、40倍以上のブレがあります。1両は約10万円としていいので、現在の価値で8300億円相当です。純金では166トン分です。米国の開国要求の目的は、何よりも江戸幕府の金でした。FRB設立の50年まえに、日本から得た金が1ドル金貨になったのです。ハリスに下田奉行が差し出した、美人で評判の芸者、唐人お吉の暗い館に行ったことがあります（最期は自殺しています）。いずれにせよ、ペリーの黒船の目的は、武力を背景にした金の略奪です。

## 【歴史の闇の中の米国FRBの創設：1913年】

日本銀行に31年遅れた1913年に近代の中央銀行、つまりFRB（各都市の連邦準備銀行を束ねる理事会：FRS）が、やはり民間資本で陰謀めいた設立が行われました。12行の連銀のうち最大のものが、分厚い石材でつくられたウォール街のNY連銀です。そのPR映画を筆者が主催したNYツアーで見たことを記憶しています。「われわれが発行するドル紙幣の価値を裏付けるのは、連邦銀行12行がもつ金ではなく、アメリカの財政信用だ」と主張するものでした。9・11のあとのウォール街には、レンブラントの夜警国家のように黒服の屈強な警官が銃をもち、隊列をなして立っていました。

（注）NY連銀の出資者は米国政府ではなく、西欧と米国の民間銀行です。初期はロスチャイルド系の銀行が出資しています。現在は、金資本のロスチャイルドと石油資本のロックフェラーです。

①ロスチャイルド銀行（ロンドン）……ロスチャイルド系
②ロスチャイルド銀行（ベルリン）……ロスチャイルド系
③ラザール・フレール（パリ）……ロスチャイルド系
④イスラエル・モーゼス・シフ銀行（イタリア）……ロスチャイルド系
⑤ウォーバーグ銀行（アムステルダム）……ロスチャイルド系
⑥ウォーバーグ銀行（ハンブルク）……ロスチャイルド系
⑦リーマン・ブラザーズ（ニューヨーク）……ロスチャイルド系
⑧クーン・ローブ銀行（ニューヨーク）……ロスチャイルド系
⑨ゴールドマン・サックス（ニューヨーク）……ロスチャイルド系
⑩チェース・マンハッタン銀行（ニューヨーク）……ロックフェラー系

現在のＮＹ連銀の大株主は、ＪＰモルガンチェース＋シティバンク……53％（実質的にロスチャイルドとロックフェラーが支配）

出資者にロスチャイルド資本の銀行が多いという理由から、米ドルはロスチャイルドが発行権を支配しているという主張に本書は反対します。通貨の信用は中央銀行の出資者ではなく、紙幣の発行の際、何を担保にするかによってきまるからです。

通貨の価値の信用は発行する中央銀行ではなく、紙幣を受け取って使う国民が中央銀行に対して与えるものです。通貨価値を信用するかどうかをきめる主体は国民であり、中央銀行は通貨信用の面では受動的です。インフレを起こして通貨の価値が下落すると信用されなくなれば、世界通貨の代名詞である「ドル」でも、誰も受けとらなくなります。

ただし現代でも「国際金融マフィア」と言われる勢力は、欧州と米国のロスチャイルド家の系列であり、株をもつ銀行を通じて世界の銀行に対して隠然と影響をおよぼしているのでしょう。わかりにくいのは、米国CIAのように同家が政界・財界・経済学会のエージェントを使って活動しているからです。なお、わが国の三井銀行はロスチャイルド系、三菱はロックフェラー系といわれますが、これは事実です。

## 【BISと国際金融マフィア】

BIS（国際決済銀行）の大口出資者は、イタリアに本拠があるデル・バンコ（イタリア語のThe Bank）です。もとをたどるとロスチャイルド家の出資です。安倍晋三首相は2013年に日銀の総裁として黒田東彦氏を任命するときの国会質疑で、「アジア開発銀行総裁のときから、国際金融マフィアに人脈をもつ黒田さんはふさわしい」と答えています。

アジア開発銀行は財務省の出資でつくられ、アジア諸国に公共事業の資金融資をしています。中国主導で日米を除く世界が出資したアジアインフラ投資銀行（AIIB：出資金11兆円）より規模は小さい。

この場合の「マフィア」は、国語のニュアンスがもつ暴力団ということではない。各国の法に縛られず規制も受けず、独自の通貨への考えと規律をもつということです。BISは、スイスで治外法権を獲得しています。金融マフィアの活動舞台である「国際」は、国と国の間であり法はないからです。際は、2つのものや概念が接するところを意味します。

ロスチャイルド家はユダヤ人です。第一次世界大戦後、パレスチナを占領していた英国がイングランド銀行の英国債を買い支えていたロスチャイルド家に対する対価としてイスラエルが建国されています（前述：バルフォア宣言：1917年）。イスラエルに占領され領土を奪われたパレスチナとの紛争は今後も絶えることがない。祖国がないユダヤ人の生きる場は古代から「国際」でした。ロスチャイルド家は現在、2000兆円の銀行資産を支配しているといわれます。約300兆円の三菱UFJフィナンシャル・グループのおよそ7倍です。巨大なマネー資産ですが、活動を始めてから200年、平均年率5％で運用すれば1万7300倍になるので不思議な資産ではない。2000年では1150億円が2000兆円相当になるからです。ロスチャイルドには祖国がないので、最初から国際的でした。

関連して言えば、前々FRB議長のバーナンキ氏が国際金融マフィアに属するエージェントであることは知られています。しかしこのことからリーマン危機後の4兆ドルのQE（米国の量的緩和）が、国際金融マフィアの意思だったということはできません。明証がありません。ただしFRBの議長には、金融マフィアとの関係者が多いことは事実です。

**【経済学の御用学者】** 金融マフィアは、米系シンクタンクや経済学会への資金拠出を通じて「金融学説と空気」をつくっています。米国に留学した日本の経済学者は学費の給付を受けて、イデオロギーである経済学の研究の中で論理的に一種の洗脳を受け、自発的に論文を書いています。政府にすり寄るエコノミストも、ここから誕生しています。

世界のエコノミストが政府に近づくのは、最高のポジションが中央銀行総裁とされるからです。明治からの東京大学が法学の教育を通じ、キャリア官僚（ヘッドは財務省次官）の養成機関であったこととおなじです。法は国家のものです。法の規定がおよぶ範囲の法域を国家ともいう。ロスチャイルド家傘下にある銀行の出資により、ＦＲＢの資産への間接的な権利をロスチャイルド家は得たのでしょう。ただし、約２００年にわたるロスチャイルド家の活動の記録を調べて書くと「陰謀論」となり、正統とする学説を標榜する学会から排除されます。

その中で難しい内容ながらも世界的なベストセラーになった『ロスチャイルド、通貨強奪の歴史とそのシナリオ』（宋鴻兵：２００９年）は出色です。もちろん正統派とされるエコノミストはこの書を無視しています。

出資者がだれであるにせよ、中央銀行であるという信用から通貨の価値が生じるものではない。ＦＲＢの議長の指名は大統領と国会が行います。株主が選ぶ法人の取締役とは異なっています。中央銀行では株主の決定権はなくガバナンスもおよびません。ＦＲＢは連邦準備法の下にあります。

## 中央銀行が国家総力戦を可能にした

中央銀行の公的な使命（ミッション）は、

①通貨の価値（購買力）を守ることと、

②通貨量の発行・縮小と金利の誘導を通じて、マクロ経済のコントロールを行うことです。

現代では、インフレ率と失業率の、逆の関係を示すことが多い「フィリップス曲線」に基づく金利の最適調整がもっとも重要な項目です。FRBの議長が記者会見で、金融政策として失業率と物価をあげるのはこのためです。

国会で承認を得て設立されたFRBは国債より価値信用を高く維持している金準備制をとり、金の公定価格を1オンス20・67ドルとして新しいドルを発行しました（1913年〜）。ところが、すぐあとの1914年に欧州を戦場とした第一次世界大戦が始まっています（〜ベルサイユ条約の1919年）。このとき金ドル兌換制は停止されました。

**〈国家総力戦と中央銀行〉** 第一次大戦は国中の経済力と軍事力を集結する、世界史上初めての国家総力戦でした。欧州の各国政府は戦費にする国債を増刷したため、戦場ではなかった米国FRBも金兌換制を連合国と協調して、設立後の数週間で停止しています。

武器は戦争の形態を根本から変えます。もっとも強い武器をもつ国が覇権国です。覇権（ヘゲモニー）とは海外に権力をおよぼすことです。現代では、金正恩の北朝鮮も開発に固執している大陸間弾道ミサイルと核弾頭です。

連合国がそろって金兌換を停止したのは、戦争の費用として増発された国債を中央銀行が発行するペーパーマネーで買うためです。この場合、世界の中央銀行が金を買って市場の金価格が上昇するので、低い公定価格での金交換制は維持しにくくなります。金価格の上昇を抑える目的で金交換制を停止したのですが、実際は金価格は上がったのです。

ＦＲＢのＰＲ映画が主張するように、金が無用だから紙幣と金との交換を停止するのではない。逆に金がインフレでも価値を下げず、価値を長期間保つ通貨として有効だから、各国はペーパーマネーを増発するとき、金との交換を停止してきたのです。

## 【第一次世界大戦後の金為替本位制】

世界大戦がドイツ・オーストリア・トルコなどの枢軸国の敗戦として終結したあとの１９２２年には、戦勝国の中央銀行は「金為替本位制」を採用しています（イタリアでのジェノア会議）。通貨の体制は戦後にきまります。戦争は通貨の覇権争いでもあるからです。
「金為替本位制」は、金準備制に復帰した米ドル紙幣と英国ポンドの紙幣を金現物とおなじとして自国、他国の準備通貨として認めるという妥協的なものです。金と通貨の関係では、ドルとポンドを介した二次的な通貨制度です。

**〔金為替本位制〕**この金為替本位制はドルとポンドを金と同等にあつかうことにより、通貨発行のとき、米国と英国の金が2倍になったような金融緩和（通貨増刷の枠の増加）の効果をもたらします。「1トンの金＋1トンの金証券＝2トンの金」となるからです。

金準備制のドルとポンドを準備通貨にして、通貨を金に対して二重に発行することができます。通貨の発行量は上限が2倍になります。通貨の増発が生む効果により1920年代の世界景気は上昇し、金準備制の中で株価がバブル的に上がっています。通貨量が2倍になれば、資産価格（株価・不動産価格）も2倍以上の3倍、4倍に上がるのは当然のことでしょう。金為替本位制は米国株の1920年代の高騰を生み、8年で約7倍に上がったあと、「暗黒の火曜日」で暴落したのです。金融危機と恐慌の原因は、資産バブルです。この資産バブルは例外なく、中央銀行の利下げと通貨の増発から生まれます。

**【株価バブルの崩壊は、シラーP／Eレシオ25倍から始まる傾向】**

米国株のシラーP／Eレシオ（10年PER）では、1920年の5倍から9年後の29年に30倍という6倍のバブル価格になったあと、崩壊しています。シラーP／Eレシオは、S&P500に属する米国株の株価を10年間の平均純益で割ったPERです。1880年から2019年に至る140年のP／Eが公開されています。

そしてじつは現在の米国S&P500の株価指数のシラーP/Eレシオも、ちょうど大恐慌の前とおなじ水準の31倍です（2019年4月）。1929年と企業と経済の条件に違いがありますが、金融と株価の観点からはおなじです。自社株買いであれ、海外からであれ、先物・オプションであれ、買いが増えれば上がり、集団心理の臨界点から一斉に売られれば下がる。それだけのことです。上がったときは、過去に買われたから上がった。そのあとに買っても、下がることが多くなるでしょう（ただし長期トレンドをつくったときは別です）。

投資家の心理は英国FT紙、米国WSJ紙、そして日経新聞が書いて広めるので、「時間が遅れた社会心理」になって伝播します（複雑系の波及）。これが多くのひとの追随の売買を生む理由です。上がったあとに買う、下がったあと売る。これによって多くの人が損をしています。「私が買ったあとはなぜか下がる、売ったあとはいつも上がる」ことが起こるからです。新聞などの文字情報を読んだ上で、その裏までを判断し、自分で売買の時期をきめなければならないのが株式投資でしょう。情報は過去のものです。特に新聞の解説記事は、数か月前の売買の結果を論じて、それを延長して伝えています。このため上がったから上がる、下がったから下がるという自己撞着の線的な論理になっています。 https://www.multpl.com/shiller-pe

## 【基軸通貨という概念の誕生とドルの増刷】

金為替本位制を原因として、主要国に買われた米ドルと英国ポンドは、本位通貨（国語では「正貨」という）として戦前はまだ命名がなかった国際基軸通貨（Key Currency）のポジションを獲得しています。日本の横浜正金銀行は、この「正貨」から命名されています。正しい通貨は金兌換通貨という意味です。その裏で不換紙幣は正しい通貨ではないとします。

**【国際基軸通貨の誕生】** 国際通貨になったのは、世界が貿易の決済に必要な通貨としてドルとポンドを買ったからです。「通貨を買う」とは輸出の代金決済として、商品を渡してその通貨を受け取ることです。国内にはいったドルとポンドは、輸出国の中央銀行が自国通貨と交換して買い上げて外貨準備にします。ドルとポンドを外国がもつ「外貨通貨」は、その国が輸入するときに使う外貨になります。

日本は今1・2兆ドル（132兆円）、中国は3・1兆ドル（341兆円）の外貨準備をもっています。ドルが約70％、ユーロが30％です。

基軸通貨発行国の米国と英国は、1922年から中央銀行が無償で増刷したドルとポンドを渡すことで貿易収支の赤字を気にすることなく、決済できるようになったのです。金以外のペーパーマネーは国という法域で有効なものです。しかし、金兌換を約束した証券のドルとポンドは「国籍をもつ世界通貨」になったのです。

## 【ドル増発が起こした大恐慌の前の資産バブル】

第一次世界大戦のあとの増発マネーは米国の不動産に流れ、フロリダの土地を高騰させ、

１９２６年には崩壊させています。マネーの増発が原因である資産価格の高騰は、バブル価格のピークをつけたあと、いつの時代も崩壊しています。

ところが１９２０年代の米国では「永遠に繁栄する」という社会の空気ができあがっていて、フロリダの不動産崩落のあとも3年間、株価は天井知らずで高騰していました。

１９２９年に崩壊した米国株高騰の原因は、フロリダの不動産バブルが崩壊したあと、ＦＲＢが利下げを行っていたからです。ＦＲＢの利下げが株価を上げつづけたのです。社会心理から生まれるバブルはバブルの渦中ではわからない。崩壊したあとでバブルだったとわかります。いつの時代も大きな資産バブルは、中央銀行の長期利下げと通貨の増発から起こっています。金兌換のドル・ポンドは「金為替本位制」により、①2倍に増発されて金利を下げ、②過剰になった流動性が株に流れて株価を上げたのです。

## 【1929年の暗黒の火曜日】

上がった株がバブル価格の臨界点に達して崩壊したのが、１９２９年10月24日でした。8月9日にＦＲＢが6％へ利上げした2か月後のことです。

崩壊のきっかけは株価の高騰を懸念していたＦＲＢの利上げにより、民間銀行や証券会社の貸付金利が20％に上がったことでした。借入金の金利が20％に上がれば、株価は崩壊するにきまっています。5日後の10月29日には半分に下がり、暗黒の火曜日と言われています。

株の下落で証拠金の追い証を求められた投資家が、損をしても手持ち株を成り行きで投げ売ったからです。3年後の1932年には、NYダウは41ドルの最安値に下がっています。高値に対する下落率は90％であり、10分の1の紙くずの株価になったのです。なお、現在の19年3月のNYダウは2万5000ドル（1932年の610倍：年平均上昇7・7％）と高い水準です（単年度のP／Eレシオは17・8倍：10年のシラーP／Eでは30倍）。

この87年間で株価60倍は、同期間の金価格の65倍とおなじ水準です。これは興味深いことです（1932年の金価格は1オンス20ドル→2019年3月は1300ドル）。バブル崩壊の底値を買うことが大きな資産をつくるということです。これは今後10年もおなじです。

今後の下落と高騰のサイクルはマネー量が増えているので、波の間隔の時間が短縮しています。しかし、1年後の新聞はない。複雑系の株価ではフレーム問題のあるAIは無効であり、直観の予測しかない。フレーム問題とは、ルールが変わるときは無効になるという意味です。株価の売買では売買の主体、認識が変わり、ルールは雲の動きのように変化しています。科学である天気予想でも1週間先の予想はできません。気流と気圧の温度の動きは、「原因→結果」の方程式が幾千、幾万、あるいはそれ以上の複雑系だからです。経済と株価も、気象とおなじ複雑系です。極端なことですが「アマゾンの蝶のはばたきが原因になって気流と温度で拡大し、相互に影響をあたえて波及しフロリダのハリケーンになる」という複雑系の現象も起こりえます。いったん生まれたエネルギーは不滅だからです。ところが多くの経済学者は、この複雑系をまだ理解するには至っていません。このため失業率と物価のフィリップス曲線はあっても、資産バブルとバブル崩壊の理論は、正統派経済学には今もないのです。

## 大恐慌の原因についての俗説

**〈実体経済の恐慌〉**１９２９年のバブル株価の崩落とともに、銀行の貸付金が大きく縮小する、金融危機になったため、米国のＧＤＰはその年のピークから60％に下がり、非農業部門の失業率は30％に上がりました。このとき米国民の３人に１人が職を失っています。貸付金利が20％に上がったことから、銀行の貸付金で増えるマネーサプライが37％も減っています。

米国株の底値（10％）への下落とＧＤＰの急落は世界に波及し、世界史上はじめての同時恐慌になったのです。理由は米国が世界中と貿易していたからです。金融危機に実体経済の恐慌がともなったため、米国の株価暴落は世界に波及しました。日本も、１９３０年にはデフレ型の昭和恐慌になったのです。

◎重要なことを言えば、「ＦＲＢの利上げが起点になり恐慌を引き起こした」ことです。

のちに経済学の学派になったマネタリスト元祖フリードマンは、大恐慌のときに37％減っていたマネーサプライを研究して、原因は金準備制にとらわれたＦＲＢが、ドルを増発しなかったからだとしています（『大収縮１９２９～１９３３』：ミルトン・フリードマン、アンナ・シュウォーツ：1963）。この研究から「金本位は必要なときに通貨の増発が難しく恐慌を生む制度」という、一般人も知る俗説が生まれています。俗説とは、誤って普及した学説のことです。

## 【相関グラフの解釈は俗論になるとき間違った説に】

確かに株価崩落は、マネーサプライと株価の2つを並べた相関グラフで見ると、マネー量の減少、GDPの低下とともに起こっています。しかし経済統計の相関グラフは、「原因→結果」を示すものではなく、並行現象を示すものが多い。通貨量の減少は、恐慌（GDPの低下）と並行したものか、原因であるかは複雑系の経済ではわからないのです。

**〈複雑系〉** 複雑系とは多くの「原因→結果」が入り組んで、複合的に絡んでいる現象をいいます。気象や医学も多くの要因が絡んだ複雑系です。がんの原因はまだ確定できていません。要因や原因になるものが特定できていないからです。経済と株価も、人口の数だけの判断と認識が原因として絡んだ複雑系です。気象では南海の海水温が上がると上昇気流から台風が増える、というような並行現象が多い。しかし、南海の海水温だけが台風の発生原因ではない。世界の気流の流れ、気温、雲、日照が複雑に絡んでいます。経済学ではここがまだ理論モデルになっていません。

株価崩落のきっかけと過程を見ると、20％に上げられた銀行金利が直接の原因です。「金準備制原因説（俗論では金本位原因説）」は誤ったものでした。利上げは、金準備制と不換紙幣にかかわらず実行できます。１９８０年にドルが不換紙幣だったときの貸出金利も20%付近でした。

大恐慌中の１９３０年に英国がポンド増刷を行うため、金兌換制を停止しています。このとき英国では金価格を上げないため、国民が金を買うことを法で禁じています。

**〔フリードマン学説は普及する過程で変容〕**金準備制の中にあっても、準備率を下げれば、通貨は増発できます。金準備制では通貨の増刷ができず、金融危機が恐慌になるというのはフリードマン学説（マネタリズム）の偽《にせ》の解釈です。ところが多くの経済学者は、偽の解釈に従っているように見えます。

それにＦＲＢが大恐慌前にとっていたのは、すでに述べた「金為替本位制」であり、金貨または金とおなじ量が上限になる金証券を発行する１００％の金準備制ではありません。

金為替準備制では、英国と米国を含む世界の銀行が手持ちのドルとポンド（金と同等）を担保にして、2倍の通貨を発行することができるからです。そして発行されたドルとポンドをまた担保にして、その2倍の通貨を発行することができます。

**〔大恐慌の真の原因〕**「金本位の縛りがあったからドルが増刷されなかった」のではない。ドルとポンドを担保にして信用創造（通貨の増発）ができる銀行が融資を拡大して通貨を増発しなかったのが原因です。

フリードマンの名誉のため、以下を引用します。

「（銀行を破産させ、恐慌を引き起こしたのは）連邦準備制度（ＦＲＢ）が銀行破綻への懸念を示したのが遅く、この問題への対応もきわめて遅かったことの理由は、明らかに、銀行破綻、銀行への取りつけ、預金の収縮、債券市場の弱体化という、それぞれの出来事の関連性を十分に理解していなかったことだった。この関連性こそ本章で筆者らが明示しようとしてきたことである」（『大収縮１９２９～１９３３（米国金融史第７章）』）

つまり金準備制（正確には金為替本位制）の中で可能なドル増刷に対して、金融の波及的な（複雑系の）関連性を理解していなかったＦＲＢの理事連中が無策だったからとしています（これが真正のフリードマン学説）。

ドルが増発されなかったことが金融危機を長引かせて、実体経済のＧＤＰを40％低下させて失業を30％にして大恐慌になったということは正しい。しかし、通貨が増発されなかった原因を金準備制とするのは、明らかな誤り、俗説です。ところがフリードマンの学説は、「金本位は恐慌を起こす」という俗説になって普及し、現在に至るまで通説になっています。先日、私的な会合でも、「金本位はお金が増刷できないから恐慌を起こす」とする人が多かったのです。

（https://www5.cao.go.jp/99/d/19990607zeroinfure/5.pdf：金本位が原因とする誤った説の１つ。）

もう一度言います。金貨を発行する形態である金本位制は、金の量の通貨しか発行できません。量を増やせば合金になって、混ぜ物の金貨の価値は下がります。しかし金準備制の金兌換通貨は、一般に金との交換が10％や20％程度と少ないので、金の準備率を下げることで銀行危機のとき必要な通貨増発は実行できます。１９２９年から１９３３年までＦＲＢが通貨の発行量を絞ったのは、金準備制だったからではなく単に政策の誤りです。金融危機のときのとるべき政策を理解できず、間違いを犯したのです。いや、間違いではなく、利上げにより通貨量を減らして株価を下げるねらいもあったのでしょう。ところが複雑系の株価は、ＦＲＢがねらった「適度な下げ」以上に下がったのです。

**〈歴史は類似する〉**この事態は２０１８年９月と12月、ＦＲＢ議長パウエルの０・25％の利上げとマネー量の絞りに似ています。米国・日本・欧州・新興国を含む世界の株価は10月から12月に20％下げました。18年1月末のＦＯＭＣで予定されていた2度の利上げを停止し、株価を17％戻していますが、方向が定まらない不安定な動きです。

## 【米国は国民の金を没収し、金保有も禁止する暴挙を行った】

米国のルーズベルト大統領は実体経済が恐慌になったあと、市場の金価格の高騰を抑えるため、「対敵通商法」の規定を根拠にして米国民の金保有を禁じます。この禁止とともに、家計がもっていた金と金証券を1オンス20・67ドルという市場より安い価格で没収したのです（１９３３年）。個人が金をもつことは、禁酒法時代の酒とおなじ刑事罰をうける犯罪になりました。このときから米国には「株は買っても金はもたない」という社会の習慣がつくられました。世界通貨の金を政府が国民の目から隠したのです。暴力団員がいうには「政府くらい怖いものはない」。

事実は株価の崩壊と通貨の増発のなさが恐慌を生んだのであり、金が恐慌をもたらしたのではない。しかしここでも「金は恐慌を起こす」として、金準備制を停止したい政府によってすり替えが行われました。

政府が国民に金所有を禁じたのは、資産バブル崩壊後の財政対策（インフレ政策）としてFRBがドルを増刷すると金価格が高騰し、ドルの価値下落が明白になるからです。国民に金を買うことが許可されたのは40年後。米国民のほとんどが通貨としての金を忘れてしまったときでした（1974年）。

政府は国民から税を徴収します。ルーズベルト大統領は、国民からドルの税より大きな価値をもつことになる金を没収したのです。その後、政府が国民から強制的に安く買った金価格が上がりました。政府の資産は増えたのです（税収とおなじ効果）。20ドルという低い価格で没収されたた金の高騰を、国民への実質増税として理解していたひとはいないでしょう。

## 【米ドルの40％切り下げ：公定金価格の40％上昇】

政府が金を独占する手段をつくった1934年には「金準備法」が成立しています。この法律でFRBがドルと金を交換する公定価格は1オンス（31・1グラム）が35ドルとされました。それ以前の公定価格20・67ドルに対してドルが40％切り下げられたことになります。

1オンス35ドルという公定価格はあっても国民の金保有は禁じられています。国民にとってドル紙幣の金兌換制度は消滅し、不換紙幣になっていたのです。

**〈反ゴールドキャンペーンの開始〉** その51年後の1985年のプラザ合意と類似する40%のドル切り下げのあと、米国政府とFRBは「通貨の価値の裏付けとしての金は必要ない」という反ゴールドのプロパガンダを広めます。目的は、国民と銀行に金を買わせないことです。

米政府とFRBのアンチゴールドのキャンペーンは、1971年に金兌換制を廃止したあとも現在に至るまでつづいています。石油、各国の通貨、そして輸出に対する米国の伝統的な戦略はアンチゴールドキャンペーンとおなじ筋《すじ》のものです。

ルーズベルトのニューディール政策（1931年からのフーバーダムが象徴の公共事業）は、米国経済史の通説的な教科書で言われるほどの効果は生んでいません。ラスベガスからの遊覧飛行で見える茶色の山、碧の巨大ダム。グーグルアースなら一瞬で見ることができます。スマホのインターネット画像は、世界のひとびとの世界観を少しずつですが変えています。

1929年から33年とされる大恐慌の米国経済の復活は、世界を二分した第二次世界大戦での戦争費用の増加によって果たされたのです。主流に見える経済史では、政府と学者の意向で事実の解釈が書き換えられています。

## 【戦争と国債の増発は中央銀行が可能にした】

戦争には戦艦、輸送機、軍用機、大砲、銃、兵器の調達と兵士の雇用、医薬、軍人年金が必要です。近代戦争は兵器の大型化により軍事費を膨大にしました。軍事費は政府の財政支出になります。各国は国債を発行して軍事費にあてました。

国債の引き受けは、量的緩和とおなじように中央銀行の国債買いによって行われます。増加した財政支出が需要を増やし、工場を１００％以上に稼働させて物価を上げ、経済を活性化しました。この大戦中の主要国の平均インフレは、軍需需要を生んだ戦費国債のため、１９４０年30・２％、41年13・３％、１９４２年19・４％と、２度の石油危機（１９７３年と１９８０年）以上に高いものでした（ＩＭＦの長期統計）。これが当時の戦時経済を活性化させました。しかし戦後は、通貨価値が無効になるハイパーインフレを生んでいます。通貨増発によるバブルの後は、バブル崩壊になることに例外はない。

戦費は、①１９４０年当時の米国でＧＤＰ８０００億ドルの31％の２５００億ドル、②ＧＤＰが２１４４億ドルの英国で２・５倍、③１６９３億ドルの日本ではＧＤＰの２倍でした。３国は６０００億ドルの戦争通貨を増刷したのです。

80年でドルの価値は金に対して42分の１くらいに下がっているので、３か国の合計は現代の価値で25兆ドル（２７５０兆円）相当です。リーマン危機後10年で、日米欧中の通貨の増発は18兆ドル（２０００兆円）です。この10年、４大中央銀行の通貨の増発がいかに大きいか、この比較からもわかります。

**【米国は武器の輸出代金を金地金で支払えと要求した】**

米国で1933年から国民に保有を禁じていた金は、戦略物資とされ輸出が禁止されました。ところが、諸外国が輸入する米国製兵器は金の地金《じがね》で決済することを米国は要求したのです。米国は戦争のため増発されていた世界の通貨が金兌換通貨であっても、金を渡さなかった過去のドイツの例から信用しなかったからです。武器が戦争をきめます。各国は、もっとも重要な経済物資の金を武器と引き換えに米国に運んだのです。ほんとうに信用される通貨とは、金地金であることがここでも明白にわかります。

兵器と麻薬は、伝統的に政府の監視をのがれて金で決済されることが多い。一般に知られていないことですが、世界のほんとうの貿易金額で1位は原油、2位は医療用に使われる麻薬、3位が兵器です。特に麻薬と兵器では、輸出入統計に出ないものが多い。麻薬の一大産地はアフガニスタンです。米国では、製造業1位の自動車産業より軍需産業が大きい。イタリアやギリシャでは、GDPの3分の1が政府が捕捉していないマフィアの地下経済といわれます。GDP統計と税法に穴がある中国でも多いでしょう。

2019年度のトランプ政府の軍事費予算要求額は7500億ドル（82兆円）と日本の一般会計（100兆円）の88%という巨額です。軍事費の裏には兵器と弾薬、軍需資材、食料、兵士雇用の軍需産業があります。イラク戦争を起こしたチェイニー元副大統領がヘッドだったネオコンがこれです。民間会社ではロッキード、ボーイング、グラマン。その売上の80%以上は米軍です。われわれが使う旅客機は戦闘機の技術からつくられています。

**〈武器輸出で集めたＦＲＢの金地金〉** 第二次世界大戦での武器輸出によって世界の中央銀行の金が米国に集まりました。大戦後の１９４９年の統計では、米国財務省の金保有は２４６億ドルに急増したのです。当時の金公定価格１オンス35ドル（1グラムでは1・12ドル）では２万１９００トン分です。世界の中央銀行がもつ金の約70％が米国に集まっています。世界の中央銀行の金保有は、現在３万１９９７トンとされています（２０１８年：ＩＭＦ）。なお金の公的統計には、いつも大きな漏れがあります。

この金がブレトンウッズ会議でのドルの信用のもとになりました。世界大戦は、金を信用のバックにしていたドルを世界通貨にしたのです。

大切なことは金の信用がドルを基軸通貨、言い換えれば世界通貨にしたことです。米国経済の信用ではなかった。「世界通貨の発行」というロスチャイルド家の夢は、ケインズが「野蛮な金属」と唾棄していた金を集めた米国によって果たされました。

欧州と米国の金商人の多くが祖国をもたないユダヤ人だったため、英国貴族だったケインズはしばしば使っていたスノッブな皮肉（サーカズム）をこめて、野蛮な金属といったのでしょう。

ＮＹの５番街の金を売る店は、ほとんどがユダヤ人資本です。金細工師や中世の銀行は、シェークスピアが悪辣非道なシャイロックとして描いたユダヤ人でした。ロスチャイルドの本拠地でもあったタックスヘイブン（租税回避地）のベネチアにも、たくさんの宝飾店がならんでいます。ウォール街のファンドや銀行のトップの多数はユダヤ人です。アングロサクソンのケインズは、ユダヤ人マルクスの経済論は誤りに満ちたものだと評価しています。当時は、「ユダヤ」は差別語とはされなかったのです。われわれが言葉の表象力（シンボル化機能）にこめる文化は変化します。文化とは、国の共有価値観です。

## ドル基軸通貨体制の成立：ドルが世界通貨になった

欧州ではナチスドイツ、太平洋では日本軍が敗色を濃くしていた1944年に、戦勝国では戦後の国際通貨をきめる「ブレトンウッズ会議」がひらかれます。ニューハンプシャー州にある、廃墟になっていた白亜のリゾートホテルでした。米国は、この会議のため急づくりで改装をほどこしました。

**〔ケインズとホワイトの論争〕**会議の主役は、金準備ではない信用通貨発行をすすめる『貨幣論』およびマクロ経済を知らせた『一般理論』を書いた英国代表の経済学者ケインズと、米国の財務大臣ホワイトでした。ロシア人の美しいバレリーナが妻だったケインズは華やかに米国の新聞に登場しています。ハリウッド俳優よりはるかに上のスター学者だったからです。

圧倒的な物量を前に敗走していた日本は、1年後の戦勝国（33か国）が戦後の経済体制を決める貿易通貨を話し合っていたことを想像すらできなかった。戦争は経済面では通貨圏の拡張です。歴史と時間には「イフ」はない。とはいっても、ドイツまたは日本が勝っていれば、米ドル基軸体制はなかった。通貨圏に組み込むことは、経済的な面での領土拡張であることがここからもわかるでしょう。

ケインズは、金を野蛮な通貨と非難していても、金兌換の無国籍通貨のバンコール（ラテン語で金の銀行紙幣）を主張しました。ＩＭＦのような機関をつくり、各国が金を拠出してバンコールを発行するという。

米国の財務長官ホワイトは、海外の中央銀行がＦＲＢで金と交換できるとするドルを基軸通貨に使うことを主張します。米国財務省は、世界の金の70％をもっていたからです。のちに国際通貨としては国籍をもつドルではなくケインズが唱えた金準備制の無国籍通貨が正しいものとわかりますが、ここはまだ歴史のただ中です。何が正しいかという議論ではなかった。何が強い通貨かというものでした（『ブレトンウッズの闘い』ベン・ステイル）。

ケインズのバンコールなら、米国は国際通貨を発行する機関に金を預託しなければならない。ホワイトはこれに反対しました。結局、米国の世界を圧倒する経済力と金が、金兌換のドルを基軸通貨にしました。金とドルの交換比率は10年まえの公定価格とおなじ1オンス35ドルとされました。１グラムの金は当時の円では４０５円ですが、２０１９年3月現在、約５０００円で12倍です。

米ドルを基軸通貨とするホワイト案でブレトンウッズ協定がむすばれたあと、世界の通貨は、米ドル中心とする固定相場になっていきました。ハイパーインフレの通貨になった円は1945年に1ドル15円でしたが、47年には50円、48年には270円となり、49年から金ドル交換停止の71年まで360円で固定されます。

マネーが集まるウォール街は世界金融の中心になり、1944年からドルを武器にしたローマ帝国が今度はアメリカの新大陸で実現したのです。ドル基軸通貨の体制は、米国にとって戦争の成果として略奪した世界システムと言っていいでしょう。ただしFRBの株を間接的に所有するロスチャイルドの意向が絡んでいたのかどうか、わからない。

米国が核爆弾すら落として西欧ヒューマニズムに反する無差別殺戮をした日本を植民地にしなかったのは、ドル基軸通貨が米国に富を集めることを知っていたからです。資本主義社会の富とは、資源と商品です。引き渡すのがマネーの役割です。

通貨は富を表象しますが、金以外は富そのものではない。通貨を発行する国の体制が壊れれば、紙切れになります。日本にケインズのような戦略家は、存在していませんでした。ソ連が遅れた参戦で北方領土を占領したのは、ルーブルを基軸通貨にする術《すべ》がなかったからです。

円を集め戦艦で米国にもち帰っても無意味な紙切れです。占領軍司令官マッカーサーが円の略奪を行ったとしたら、「馬鹿じゃないか」とトルーマン大統領から解任されたでしょう。その国の通貨は金兌換の紙幣でも、戦争のあとも政府の約束がつづくときしか価値がない。第一次世界大戦後のナチスドイツが賠償のゴールドを渡さなかったことと、おなじになるからです。

金を渡す約束でしかない金兌換通貨を含むペーパーマネーの信用価値の虚妄が戦争のときはだれの目にもわかります。約束や条約は、状況が変わるか、事態が変化すれば破られるからです。それを強制する手段は軍事力しかないのです。

イラクへの侵略戦争のとき、原油の輸出代金の金を8か所のフセイン大統領宮殿で探し略奪したＣＩＡと米軍はこれを知っていました（2003年）。ＣＩＡは日本の公安警察、英国のＭＩ6とおなじ諜報機関ですが、武装した軍隊でもあります。Intelligenceは諜報であり、国に利益をもたらすスパイ情報の意味。海外で非合法な活動を行っています。

基軸通貨は、領土の略奪や人民の支配より巨大な経済的富を米国にもたらしました。英連邦内で使われるポンドを発行していた英国のケインズ（イングランド銀行の理事でもあった）は、金そのものではない自国のペーパーマネーが通貨になる特権的な利益を知っていました。金兌換紙幣も「金をあとで要求できる証券」であり、破られる国際条約とおなじものです。比較優位の軍事力があれば、金・ドル交換停止のように一方的に破棄できるからです。

基軸通貨国は無償で増刷できる通貨と、負債を示す証券でしかない国債を渡すだけで、海外の資源・商品・資産を入手できます。英国は18世紀末の独立戦争まで、北アメリカも一員だった英連邦の植民地にポンドの紙を渡すだけで安く産物を得ていました。七つの海にまたがる英連邦は、紙幣を増刷するだけで産物を略奪できるポンドの通貨圏でした。

**〈通貨発行は植民地の資源と労働の略奪だった〉**18世紀の北アメリカと、若いころのケインズが勤務していた東インド会社のインドは英国に資源をもたらす植民地でした。戦前の英国の富は、植民地との貿易から得られていました。無償で海外から富を得ることができる特権が付帯した基軸通貨の地位は、第二次世界大戦の経済的な果実として米国が得たのです。

ドイツとアメリカ、あるいは日本とアジアや欧州との貿易でも基軸通貨のドルを使うのが国際的な条約（約束）のような制度になる。これがドル基軸通貨制度です。

　当時の日本にとっての経済的な海外、つまり世界はアメリカでした。米国を含め、すべての国を相手にも米ドルを使えたからです。21世紀の世界は、新興国と特に中国の勃興で多極化しました。しかし日本は今もドルを通じてしか世界を見ていません。

**〔米国以外を見ない日本〕** この世界観が日本の21世紀の経済成長が低い原因をもたらしています。中国とアジアはまだしも、日本には２０２０年代の経済成長がもっとも高くなるアフリカ、インド、中東、トルコ、南米、ロシア、東欧、北欧、カスピ海周辺のアゼルバイジャン、イラン、トルクメニスタン、カザフスタンは、かすかにしか見えていない。

　２０２０年の東京オリンピックには世界１８９か国70億人から多くのひとびとが集まります。米国で講演を聴いたとき、冒頭の話題は世界の人口と経済成長率でした。構成比をきめた分散投資のポートフォリオをつくっているスイスの金融講演でもおなじでした。新興国の株式はリスクが高い。その分上昇率も高い。金は世界に共通です。世界投資家のジム・ロジャースは北朝鮮のチャンスが大きいと見ています。これらの新興国は中国も含めて反ドルです。

世界の人口は、1年に1億人ずつ増えています。令和30年には、世界の人口は100億人になるでしょう。30億人の人口増は、数年のデスインフレのあと世界がいずれは大きなインフレになることを示しています。

## ドルの増刷が世界のインフレの根源だった

国内で通貨を増発すれば、物価の上昇分が国民と企業へのインフレ課税をすることとおなじになります。大きな貿易赤字により、海外に多くドルを渡すと海外がインフレになり、米国から課税されたような効果になります。メカニズムは以下です。

①海外は貿易黒字により基軸通貨のドルが受け取り超過になる。米国以外の国に輸出しても、代金はドルで支払われます。これが基軸通貨です。相手国は外貨準備の基軸通貨で支払うからです。

②受け取ったドルを輸出企業は国内の外為銀行で円に換える。仕入れと給料の支払いのためです。

③外為銀行に溜まったドルを財務省が国庫短期証券で買いあげる。

④その国庫短期証券は日銀が買って円を増発する。日銀は国庫証券を海外と国内の銀行に売って、貿易黒字による円の増発を調整する。

わが国の財務省が発行し、日銀と内外の銀行がもつ国庫短期証券の残高は、97・8兆円と巨額です（18年末：財務省）。この裏では、国庫短期証券の分、米国に富が渡ってしまっています。富は通貨ではなく商品です。通貨は富の表象です。

輸出企業が銀行にドルを売って、円を得る分が日本の通貨の増発になります。米国の貿易赤字はインフレの輸出だといわれるのは、輸出国の通貨の増加がともなうからです。これは米国の貿易赤字は、通貨交換を通じて海外に米国が課税していることに等しいのです。

**〔マルクス主義経済学の罪〕** 基軸通貨の特権がもたらす国際的なマネーの流れの全体像を、労働価値説を唱えるマルクス主義経済学が多かったわが国では、ケインズ並みの通貨と金融の知識の学者以外は理解していなかったでしょう。

マルクス経済学には労働価値説の金貨幣論と市場の期待がつくる擬制資本とした株式論はあっても、不換紙幣の通貨論や外為論はなかったからです。株価の上昇は、労働の搾取から来る利益以外の配当による擬制資本をふくらませるものでした。

## 【長期の通貨価値とインフレ】

金準備制だった明治の1ドル1円からすれば、戦後の1ドル360円というのは、360分の1の円安です。現在から時間を逆に見ると、360円は今の3分の1の円安水準です。金がもつ信用力で1ドルが1円の時代もありました。

金に身を寄せると信用通貨の反対の世界が見えます。通説で「通貨価値を下げるインフレが資本主義の成長条件」とされるのは、インフレは政府と企業の負債の実質価値を減らすからです。このため借入金が増え、借入金による投資が設備の劣化分の減価償却より大きく増加しＧＤＰが拡大する。しかも負債の金利は物価上昇により、実質的には支払わなくてもいい。実質金利の負担がなければ、借入金での投資は増えます。

## 【実質金利という経済学の概念】

借りた企業が実質的に負担する金利は「借入金の名目金利率−物価のインフレ率」です。発見者にちなんでフィッシャー効果という。しかし発見というほどのものではない。常識的なことですが、この考えがなかったので発見としたのでしょう。

**〈常識でわかるのが実質金利〉** 経済学書を読まないひとでもご存知でしょう。経済学、企業経営、個人の資産づくりでは、名目と実質の区分が大切です。何に、いつ投資すべきかを教えてくれるのが実質金利です（実質金利＝名目金利−期待インフレ率）。

金利が３％、物価の期待上昇が３％なら、借りるひとの実質的な負担金利は０％です。この実質金利０％から２％は、中央銀行がつくられたあとの約１００年の過半の期間、実現していました。米国における金準備制の期間が半分以上になる１３０年間の平均インフレ率は３・２％だったからです。

個人では住宅価格が年5％上がるとすれば、ローン金利5％は実質ゼロ金利でした。ローン金利が7％でも実質2％の支払い負担しかなかった。借りる側、企業の側に立って、資本主義にはインフレが必要とされたのです。

逆に借入金以上に預金があり、金利を受け取る世帯の側（とりわけ預金が1000兆円の日本世帯）にとっては金利を無効にし、金利所得の上昇分をなくすデフレは敵でしょう。しかしこの話は、政府やエコノミストから伝わることがない。

**〔インフレ目標の意味〕** GDPの2倍の国債をかかえた日本政府がインフレ目標を2％にしていることの目的は、国債の実質金利（名目金利0％－目標インフレ率2％）をマイナス2％に下げて、金額はおなじでも国債を実質的に2％（約20兆円）ずつ減らしていくことです。これがインフレ目標を2％とする2013年からの異次元緩和の真の目的です。政府・日銀はこれを理解した上で「2％のインフレ目標とは決していわず物価の安定化」と言いかえているのです。

## 政府財政の破産は資産づくりのチャンスをもたらす

1000兆円の預金をもつ日本の世帯は3％という低い金利でも、30兆円の金利所得を得ます（この金利所得は21年間もおよそゼロです）。30兆円の金利所得は世帯所得を10％増やします。2ポイント高い5％の金利なら、毎年50兆円の金利収入です。これは1年だけではなく毎年です。5%の金利は公的年金の総支給額56・7兆円／年とおなじ金額です。60歳以上の世帯が受け取る年金が2倍になるのとおなじ効果です（40万〜50万円／月）。これはわが国5300万世帯の消費需要を増やし、物価も高めながらGDPを上げます。3%以上の金利は、国債の残高が1000兆円の財政を破産に向かわせますが、預金者の所得は増やすからです。

◎財政破産とおなじ時期の日本の銀行の破産が不安なら、今からスイスフラン建ての預金か金に替えておけばいい。

日本の財政危機のとき米国債を売れば、米国の金利が上がって対外負債の利払いができなくなる米国もデフォルトに向かうドル預金ではダメです。米国のデフォルトと同時化する英ポンド・ユーロ・人民元もおなじようにダメですが、対外資産はあっても対外負債のないスイスは破産しません。それにドルが下がると価格が上がる金はベストでしょう。

## 【預金をもつ世帯と負債が多い政府と企業での、物価と金利の二面性】

金利は負債の大きな側（政府と企業）には経費の負担ですが、1000兆円の預金の世帯にとっては所得ですから、マクロ経済の観点で合成すれば、GDPの増加に中立的です。

将来、世帯の商品需要が増える予想が立てば、企業の設備投資は金利が高くても増えるからです。金利をゼロにした異次元緩和は、政府の利払いを減らしました。しかし、おなじ分、預金が金融機関により国債になっている世帯の金利所得も減らしたのです。

事実、資本主義の成長はディスインフレだった18世紀の米国、19世紀の英国で実現していました。英国の１８５０年から１９００年は物価が上がらず、金利も低いデフレの時期でしたが、ＧＤＰは50年で３倍になっています。実質ＧＤＰの年間成長率は今の米国並みの２・２％でした。当時の英国は金貨と金証券を使う金本位制でした。１９００年まで英国は、世界一ゆたかな国でした。

米国でもＦＲＢがつくられる前の70年間のディスインフレのとき、ＧＤＰは成長しました。さらにアイゼンハワー大統領時代の１９５３年から１９６１年も、ドルの増発は抑制され財政も黒字で、インフレなき経済成長だったのです。物価上昇と財政の超過支出により、経済が成長するというリフレ派のエコノミストはこうした多くの事実をオミットしています。

## 【世界通貨になったドルの金兌換は幻想だった】

米ドルは、金を価値のアンカーにしながら基軸通貨になったことで、名実ともに世界通貨に認められたのです。しかし金・ドル交換停止を発令した１９７１年のあとのドルでは、米国は金を渡しません。米ドルの金兌換は、一方的に反故《ほご》にされたまぼろしでした。戦後から１９８９年までの冷戦体制が自由圏のドル依存を生んでいます。ソ連崩壊直後の１９９０年に東西ドイツは統一され、欧州におけるドイツの10年をかけたリーダシップで統一通貨ユーロが誕生したことは、冷戦がドル基軸の条件だったことを歴史的に証明しています。

2000年のあと、ユーロ圏19か国が抜けたドル基軸体制を支えた2つの要因は、

①1994年からの開放経済で輸出と、住宅を含む固定資本投資で経済を成長させた中国のドルペッグ制と、

②戦後からの安全保障条約で、核の傘の下にある日本のドル買いでした。

3・5億人の経済のユーロ19か国が抜けても、1994年からゴールドマン・サックスが指導してつくった人民元のドルペッグ制として14億人の中国が加わったからです。

**【価値を3分の1に下げたドルを支えた黒字国のドル買い】**

ドルが金兌換制を停止したあと、ドルが下がった変動相場（1973年〜）の中でも、貿易黒字によって米ドルを超過受け取りし、とりわけ1985年の「先進5か国蔵相（G5）によるプラザ合意」でドルを2分の1に切り下げられたあとも、下がるドルを買いつづけて大きな為替差損をし、1995年までドル基軸を世界で一番長くしかも強く支持してきたのは日本です。しかし日本の貿易は、1995年からの生産年齢人口の減少と高齢化にともなう世帯貯蓄率の急落から、黒字を出す構造的な原因を失っています。

現在、米ドルが国際通貨シェアを60%に減らしても基軸通貨である理由は、

①中国の貿易通貨がドルであること、

②ユーロと人民元に変えたイランを除く産油国が輸出の代金をドルとしているからです。

かつて7つの海の英連邦内（英国を宗主国とする植民地）でポンドが使われていました。しかしポンドは、英連邦以外の世界に共通な基軸通貨とは言えなかった。戦前の基軸通貨は英ポンドという通説は誤りです。当時の国際通貨は金でした。戦後、米ドル紙幣が世界史上はじめて基軸通貨になったのです。しかしこの基軸通貨は金兌換であれ不換紙幣であれ、貿易黒字国が受けとることによって支えられます。基軸通貨のドルの信用は、ドルを受け取る貿易黒字国側がつくるものです。

◎このため基軸通貨の実質価値（購買力）は、米国の経常収支の恒常的な赤字から、中期では上がることがあっても長期では下落していく宿命にあります。米ドルの主要通貨（ユーロ、円、人民元、ポンド）の加重平均に対する実効レートは2012年まで、10年から15年のサイクルで上下を繰り返しつつも、下がる一方でした。

本章では、基軸通貨とされたあと1971年までの、27年間（世界経済空気で1世代）のドルの実質価値の低下を金の価値との関係もまじえて見ていきます。

**【ドルの価値の絶対座標軸が金】** 主要国の通貨もドルとおなじようにインフレよって価値を下げています。ドルのほんとうの実質価値は比較軸が動く各国通貨の相対比較だけではなく、「価値を変えない金を、固定的な座標軸にした絶対比較」がないとわかりません。

## 1944年からの米ドル基軸通貨体制

戦後の世界はブレトンウッズでの米国と英国の主導権争いのあと、金兌換のドルを基軸通貨とします。他の国には国際通貨の構想と経済力がなかったからです。ドルは米国内の法貨でありながら、国際通貨とされています。のちに経済学者のトリフィンが指摘した矛盾（トリフィンのディレンマ）を有します。しかし米国は矛盾を逆に利用し、海外の生産物、金属・エネルギー、株式・不動産を含む資産を無償のコスト（ドルの増発）でいくらでも買うことができる特権を手にいれています。

**【ドルの金準備制の特殊な方法】**

戦後のFRBがもっていた金地金は2万2000トン（70億オンス：245億ドル）でしたが、1オンスの金との交換価格は35ドルだったので価格では現在の37分の1でした。FRBの金が世界の中央銀行の金（約3万トン）の70％を占めるとはいえ、当時のドルでは「35ドル×7億オンス＝245億ドル」と少ない。当時の1ドル360円で8・8兆円相当です。ドル全体の信用を支えるには少なすぎます。しかし米国は乱暴であっても、ときどきはよく練られた戦略を使う国家です。

**〔米国民への金の禁止〕** 政府が1オンス20・67ドルで国民の金を安く没収した１９３３年のあと国民と銀行の金保有は禁じられました。金は各国の中央銀行の間で受け渡しされるだけのものになったのです。スミソニアン体制（ドルを切り下げた金交換制）が崩壊したあとの１９７４年までの41年間も金の売買と所有が禁じられたのです。おなじころ英国でも、国民の金保有を禁じていました。この法のため、国内でドルを増刷してもＦＲＢへ金の交換要求は増えることがなかったのです。厳罰を受ける非合法な麻薬のように、金の売買と保有ができなかったからです。

交換を要求できるのは、自由圏の中央銀行だけでした。その自由圏でも貿易が黒字になる国はドイツ、フランス、スイスと産油国、そして１９７０年代以降の日本でした。英国は、米国ＦＲＢと同盟関係にあります。中東は米国・英国の支配下でした。日本が貿易黒字になったのは金・ドル交換停止のあとです。その前に貿易黒字だったとしても、安保条約で守られ、政府は重要事項では米国の支配下にあるので金との交換要求はしなかったでしょう。

金との交換要求の可能性があるのはドイツ・フランス・スイスの3国の中央銀行だけです。このためＦＲＢの金２万２０００トン（公定価格２４５億ドル：８・８兆円）には交換要求が少なかった。つまり金・ドル基軸体制に十分な量でした。金とドルの交換要求はドルの発行量全体からすれば微々たるものでした。ドイツ、フランス、スイスに回っていくドルを管理しておけばよかった。それでも市場の金価格はＦＲＢの公定価格35ドルより上がり、ドルは下がったのです。

**【FRBの金は国内ではなく西欧に流出をつづけた】**

1952年に米国の経常収支と国際金融の赤字から海外に行ったドルは、120億ドルでした。58年にこれが176億ドルに増えています。金1オンスの交換価格が35ドルでしたから、5億オンス分（1570トン）です。FRBの金保有70億オンス（2万2000トン）のうち1570トン分が海外のもつドルの量でした。FRBがもつ全部の金に対しての交換要求があったわけではない。

**〈金の海外流出〉**それでもFRBは金流出に恐れを感じ、銀行への供給通貨を減らして金融を引き締めています。1950年代は米国にもドルを増刷しない金融規律があった時代です。米国以外の金市場では、金融投資家の上昇期待から買うひとが多く強気相場になっていました。

FRBの金準備は、**1950年代末に1万6000トン（180億ドル：73％）に減少していま**す。1944年以来15年間で6000トン、つまり中型輸送船1隻分が海外に散布された米ドルと交換されドイツ・フランス・スイスに流出したのです。

ドルと金を交換したスイスでは、通貨の増発からくるインフレに対してマネーの価値を守るものとして、銀行は国民に金融投資の10％の金所持をすすめています。

貿易黒字国では銀行にたまったドルを中央銀行が買うとき、自国通貨を発行しますから、金融引き締め、つまり「中央銀行による銀行マネーの当座預金の吸収や預金準備率の上げ」を行わないとインフレ傾向になります。米国からスイスにはいったドルと金は、スイスのマネー量を増やし、インフレを意味します。

**〔冷戦の危機と金価格〕** 1960年の8月にはソ連が西ベルリンを包囲する壁をつくり、東西の緊張が高まります。このとき市場の金価格は1オンス40ドルに上がっています。「市場の金価格の上昇はドルの価値下落」を意味します（現在もこれはおなじ）。

このため米国は金価格を下げるため、主要行の中央銀行によびかけて「金プール制」をつくります。西欧と米国の中央銀行が合計で2・7億ドル分（245トン）の金を拠出してプールし、市場価格が1オンス35ドル（1グラム1・13ドル）を上回ったときは、金プールから調整のため金を放出するというものでした。

金プールの協定にはBIS（国際決済銀行）の伝統にのっとり、文書がありません。BISは重要な文書ほど作成せず、金融首脳の間の記憶の密約にしています。筆者は、ロスチャイルド家がスイスにつくったリップス銀行で総支配人をしていたフェルディナント・リップスの『Gold Wars』（原書：2001）で「重要な協定は文書化しない」という事実を知りました。理由は、ロスチャイルドが前面に出ることを隠すためでしょう。なおリップスは、自ら述べているようにロスチャイルド家のエージェントであり、世界の金の売買に従事していました。

一例をあげるとフランスのドゴール大統領は、FRBでドルと交換した金を戦艦で護衛してもち帰っています。1962年から66年までにフランスに行った金は、30億ドル（2700トン）に達しました。

激化したベトナム戦争の戦費として金プールの金は流出し、売り越しが3・6億ドル（330トン）になっています。ここまでで合計約3000トンの金プールの金が、おもに欧州に消えたのです。ドルの価値下落の予想から金との交換は増えて、金プールの赤字（金の払い出しの超過）は10億ドル（900トン）になっていました。

それらを含めて、1968年までに米国FRBから流出した金の総量は、約1万トン（105億ドル）です。1944年には2・2万トンあったFRBの金は海外に消え、約半分の1・2万トン（136億ドル）に減ったのです。金が流出をつづけた金プール制も自然に廃止されました。

## 金準備率の下限廃止とIMFの世界通貨SDR創設

1969年に米国議会は、ドル発行額の25%に相当する金をFRBがもたねばならないという条項を廃止しています。この法でFRBの金準備率の下限はなくなり、金の量に対するドルの増刷可能量が急増します。おもにベトナム戦争のためにドルの増発をつづけていたFRBは金ドル交換制を終わらせざるをえなくなったのです。海外から金との交換要求があると、

ＦＲＢに残った1・2万トンの金が一瞬で消えるからです。

**〔ＩＭＦのＳＤＲの創設〕**　おなじ年に、重要な決定が行われています。ＩＭＦがＳＤＲ（特別引き出し権）というバスケット通貨をつくり、国際通貨として世界の中央銀行で使えるようにしたのです。２００4年の金ＥＴＦ（金証券）のような「ペーパーゴールド」の創設です。ＦＲＢの金が減ったことをおぎなったのが、このＳＤＲです。ＳＤＲの創設によって一時的に市場の金価格は下がっています。

ＳＤＲの今のレートは1・4ドル（155円）です。特別引き出し権としてＩＭＦからＳＤＲを貸し付けられた国はドル・ユーロ・円・英ポンドと交換ができます。ＩＭＦは２８１4トンの金をもっていますが、金への交換に応じません。ＳＤＲはおもに通貨危機、金融危機、経済危機、財政危機（通貨の面ではこの4つはおなじもの）になった新興国に貸し付けられます。財政危機で国債価格が50％に下がっていたギリシャにも貸し付けられました。

２０１6年では２０４1億ＳＤＲ（約２８５０億ドル）が発行され、中央銀行と政府が使っています。ＳＤＲはドルの増発をおぎなうものでした。

ＦＲＢが流出を防ぐ対策をとっても、米国の経常収支と国際金融の赤字（ドルの流出）により海外に出るドルが多くなれば、金・ドル交換制をとるかぎり、金は海外に消えます。このとき米国の赤字をなくすため、ドルを２分の1に切り下げる提案もフランスからされています。しかし通貨安の本質を見抜いていたケネディは「米国民を貧しくするドル切り下げはできない」

と断りました。

ただしドルを切り下げないと、米国の貿易赤字は減らないという裏腹があります。人為的な金融政策の金利・為替政策・通貨増発は、原理的に二面の効果をもっています。

2013年4月からの異次元緩和からドルに対しておよそ50%（80円→120円）円を切り下げてきた日銀や安倍首相とケネディでは根本で国民に対する通貨への考えが違っていました。ケネディ人気が今も米国と世界でつづいている理由がこれでしょう。

## 【金・ドル交換を停止したニクソン大統領令】

軍需産業に押されたベトナム戦争へ深入りして米国の赤字を大きくしたジョンソン大統領のあとは、前々回の大統領選でケネディに敗れたニクソンでした。1970年の米国は107億ドルという、当時の通貨価値では破滅的な財政赤字に直面していました。この赤字が金1万トン分にあたるといえば、深刻さがわかるでしょう。

**〈巨大な対外債務〉**米国の対外債務は600億ドルに増えて、金への換算では5・5万トンになっていました。FRBの金準備は97億ドル（8800トン）に減っていました。米国は完全に金を支払えなくなっていたのです。

1970年の金8000トンの残高は、2019年現在、FRBがもつとされている8133トンの金と近い（IMFの統計）。現在、世界の中央銀行がもつ金の総量は、3万

３７９０トンとされています。ただしこの量には、相当に誤差脱漏が大きいと見ています。とりわけ中国の人民銀行の金保有高１８４２トンは国内の産金４５０トン／年の輸出を禁じた上に、人民銀行が海外からも金を買いつづけていることから激しく過少です。しかし世界のだれも確認していませんし、確認ができないからです。

２０１０年ころ米国議会で「ＦＲＢの金がほんとうに８１３３トンあるのか。あるとすればどこにあるのか確認すべきだ」という議決が出たことがあります。そのときＦＲＢ議長だったバーナンキは議員の検証を拒否して裁判になっています。最高裁までいって、議会の決議は拒否されています。これもほんの一例です。だれも……議長だったバーナンキもＦＲＢがいくらの金をもつのか知らないのかもしれません。金は古代から秘匿される富です。ペーパーマネーと違って、１００年、２００年も価値を保つからです。

# 第六章　FRBが反ゴールドキャンペーンを行った26年

本章は1971年の金・ドル交換停止のあと、FRBが金と戦った99年までと、00年から11年間の金高騰（約7倍／ドル）までを示します。米国財務省とFRBが金を敵としたのは、金価格の上昇からドルの価値が下がったことがわかるからです。この間《かん》のドル実質価値をめぐる、いり組んだ事情が知られていないことがこの章を書く理由です。

ドルとの関係において、考慮されるのは、他国通貨・物価・原油・金・経常収支・財政赤字・対外債務・GDPなど多種です。それぞれの時期に外為投資家の期待の置きどころが変わることにより、比較されるものは移動します。変化することは、過去・現在・未来も変わらない。時代の普遍とは変化することでしょう。

**〔通貨の価値を測《はか》る尺度〕**円の価値は、一般にはドルとのレートで測られています。ところが変動相場では、ドルそのものが動いていますから、円・ユーロ・人民元の実質的な価値を測る尺度にはならないのです。物価にも世界価格はなく、ドルや円の価値を測る尺度ではない。長期的な通貨の価値を測るものとしては、金しかない。ところが、金とドルは無関係とするＦＲＢの意思により、１９７１年の金ドル交換停止のあと、金価格でドル価値を測ることは抑圧されてきたのです。金の値段の上昇は、原油や資源と同じように、通貨価値の下落を示すものではなく「単なる値上がり」とされてきました。

**〈金を不渡りにした米ドル〉** １９７１年の「金ドル交換停止」は、米国の経常収支の赤字により、海外に支払われた米ドルがＦＲＢの金保有高よりはるかに多くなったことによる、金のデフォルト（支払い不能）でした。そのあと2年間の「スミソニアン体制」を経て、１９７３年からは、通貨の固定軸のない「変動相場制」に移行しています。ほんとうは、このとき「ドル基軸通貨」体制は終わらなければならなかった。ところが変動相場のドルは、米国の基軸通貨をつづけるという意思と、冷戦時代の西側に支持されたことから、世界貿易の約60％の基軸通貨として現在に至っています。米国の軍事力が、ドル基軸の体制をまもったといえます。

**〈ルーブルの大増刷から自壊したソ連〉** １９９１年のソ連崩壊の原因は、通貨でした。政府紙幣だったルーブルの、商品生産力に対する大きすぎる量の発行がつづいたからです。増税でもある政府紙幣の増発は、わが国の明治初期の太政官札の例にもれず、インフレをひき起こします。ルーブルの過剰発行は長い間つづけられたため、最後は物価が１０００倍のハイパーインフレになり、ソ連の公務員全員の給料と年金をゼロにしたのです（90年代）。

98年にはロシアは対外債務をデフォルトし、99年には準ドルペッグ制をとって、1000ルーブルを1ルーブルに切り下げ、中国とおなじようにロシア中央銀行が金準備を増やしながら現在に至っています。ロシアは、世界2位の産金国でもあります。ロシア中央銀行の準備資産は、原油の輸出で得た外貨（ユーロとドル）と金です。自国の財政の信用が低い新興国では、多くの国がロシアや中国のように外貨と金を通貨発行の準備資産にしています。

**〔原油を担保にしたドル〕**1971年に金との絆《きずな》が切られたドルは、FRBの株主でもある石油商人のロックフェラーと米軍が国際流通を抑えていた中東の原油をバックにします。これは、ドルの「担保」を世界にはわからないように、金から原油に変えることでした。ところが価値が下がるドルがとり憑《つ》いた原油は、2度のオイルショック（ほんとうはドル危機）から、13倍にあがっています（1972年と80年の対比）。

**〔FRBのボルカーのドル高金利〕**1970年代に石油、鉱物、穀物が13倍に上がったインフレ（米国では13・5％）を抑えるため、当時のFRBの議長だったボルカー（ロックフェラー家の番頭）は、1980年に20％という高い金利にして刷りすぎていたドルを減らす政策をとります。どの国より金利が高くなったドルは世界から買われ、ドル高になります。20％を超える高金利により、銀行の貸し出しも減り、ドルの流通量はすくなくなって、13・5％だったインフレはおさまりました。ところが今度は、ディスインフレの裏の面であるドル高から輸入が増えて、国内製造は減ります。人為の政策での高金利、低金利には、プラスとマイナスの両面があるからです。

**〔プラザ合意〕**製造業を空洞化させたドル高に音《ね》をあげた米国は、NYのプラザホテルでの協議を招集し（85年）、先進5か国の合意を得て、ドルを2分の1に切り下げます。90年代のドル安は、今度はFRBと金の戦いを始めさせることになったのです。

金の値段は、ドルの価値に対してメートル原器のような固定尺度です。比較する各国の通貨がフロートする変動相場では、通貨のほんとうの価値は見えません。この48年、ドルは固定的な尺度ではない。ドルを尺度としたためアベノミクスでは、国民にとっての通貨政策を間違えてしまいました（ドルに対するだけの円安策がもたらした、国民窮乏化の誤り）。

**〔通貨とインフレ〕**通貨と物価との比較（CPIのインフレ率）も、海に浮かぶ船の喫水線が基準になる海抜に対して上下する相対尺度にすぎません。錨のように動かない絶対尺度は金だけです。80年代は原油でしたが、リーマン危機のあとは、また金にもどっています。アンカーを金とする固定軸に決めたのは、人為の政策ではなく、世界の60億人の金に対する価値観です（現在は70億人）。このため、金はペーパーマネーが価値を下げるインフレ率の数倍の率で上がります。

**〔金には実質的に長期の実質金利がつく〕**一般には、金には金利がつかないとされています。この通説は、実質的な面では間違いです。金の値段は、長期の世界のインフレにしたがって上がります。金利は、本質では物価が上がること、つまり通貨価値の下落リスクをカバーするものですから、インフレにより価格が上がる金には、実質的には金利がついています。

１９７１年から80年まで高くなった金が下がって、そのあと20年も上がらず、１９９９年からの、14年間の高騰の入り口に立つまでを原因から追います。

## ドル切り下げスミソニアン協定からワシントン合意

### 【金・ドル交換停止のあとのドルと金】

金が枯渇していた米国ＦＲＢは、１９７１年についに金とドルを交換する約束を破りました。金が米国から流出していたのは、海外にバラまかれたドルの価値が下がり、１オンス35ドルというＦＲＢの公定価格より、金の市場での値段が上がっていたからです。

もともと金兌換通貨の制度は、経常収支が赤字になると金利が上がり通貨の流通量が減っていき、経済に対して最適な通貨量に減っていく自動調整の機能をもちます。

ところが米国は経常収支の赤字には手をつけず、ドル安への誘導もせずに、金との交換をやめてしまったのです。この間違った政策のため、将来もずっと米国の経常収支の赤字は減ることがなくなってしまったのです。米国の国家戦略の大きな間違いが１９７１年に生まれました。

ところがそのあと48年、米国は間違いの上に間違いを上乗せする通貨政策をとりつづけ、経常収支と対外負債をふくらませつづけました。

金とドルの交換を停止したあとのスミソニアン体制でも、米国はドル中心の固定相場をつづけます。73年には10か国蔵相会議（G10）をひらいて、ドルを切り下げ、各国通貨は逆に切り上げました。貿易収支が黒字のドイツと中東、そして日本がドルを唯一の貿易通貨としていたため、これが可能だったのです。

**〈金の2倍への高騰（3年で2倍）〉** このときドルと切り離されて自由市場が価格をきめるようになった金は、1オンスが45ドルに上がっていました。翌年の72年には、89％上がって75ドルでした（2・1倍）。ドルは3年で、通貨の絶対尺度である金に対して約半分に価値を下げたのです。2年で半分とは、110円の今のドルが2021年に55円に下がることとおなじ下落です。この3年は、すごいドル安だったことがわかるでしょう。

**〈70年代には奈落をみたドル〉** そして金とドルの交換を停止したあとの70年代の10年には、①原油が13倍の値段に上がったことと、②1975年までのベトナム戦争の費用により、その前より、はるかに多く海外に流れた米ドルの価値はもう一段下の奈落をみるように下がっています。円が1年に25％や30％も連続して下がることを想像すれば、金の引き渡しをデフォルトした70年代のドルの危うさと、FRBの危機感がわかります。

1973年にはロンドンにあるロスチャイルドの「黄金の間（その日の金価格をきめるオークションの会場）」で、金は1オンス90ドルに上がります（3年で2・5倍）。ドルは逆に、この間に金の値段に対して2・5分の1の価値に下がっています。こうした実質価値の下落の中で、すこしだけドルを切り下げても維持できるわけはなく、スミソニアン協定は消滅しました。

そのあと１９７３年からの金は再び3年で2・5倍に上がっています。当時の金価格は現在の50分の1以下と安い。このため金と切り離されたドルを、金と交換できるドルとおなじとして貿易に使っていた世界の衝撃はわかりにくいでしょう。しかし１９７０年代の貿易収支がやっと黒字に近づいていた日本ではドル以外の通貨を見渡す意識も習慣もなく、ドルの価値が大きく下げていたことに気がついていませんでした。

金やほかの通貨との比較はなく、ただドルと円しか見ていなかったからです。１９７３年から2・5倍に上がったドルでの金価格は、１９８０年のイラン革命のあとの1年で5倍につぐ高騰です。ドルがペーパーマネーになったあとに起こった、およそ20倍への金価格の高騰（１９７１～１９８０年）は一般には知られていませんが、史上最高のものでした。いや金が上がったのではない。その価値は５０００年前からおなじです。ペーパーマネーのドルの実質価値の下落が原因でした。金はペーパーマネーに対して、こうした上がり方をする時期（5年から10年）があると記憶してください。円とドルの関係からは、まったく見えない世界です。

## 【変動相場制の中のドルと金価格】

ドルと切り離された金が高騰した１９７３年から世界の通貨は変動相場に変わるほかはなく、各国通貨はおたがいに高い波の海に浮かぶブイのようにフロートしました。変動相場のドル基軸は本質に矛盾をもつものです。

ところが冷戦時代の自由圏は国際通貨としてドルを使いつづけました。ユーロの登場は、26年もあとです。当時も、金のほかにはドルしかないという西側の認識でした。

これには2つの理由があります。①60年代の高度成長で経済力をつけた米国が防衛する日本、②そして北大西洋条約機構の西ドイツがドルを使いつづけていたことです。

米国は経済力ではなく、軍事力でドル基軸の体制を守ったことになります。価値が日々変わるドルが貿易通貨であることの矛盾を米国の突出した軍事力、つまり政治力で守ったといえます。

外為の市場でのドルの相対変動は今は普通のことです。しかし基軸通貨が下がることは本来あってはならない。この原則は今も将来もおなじです。2・5分の1へのドル安になっても、まだ米国経済の実力よりは高い価格のため、米国の経常収支の赤字は大きくなりつづけ、ドルは下落をとめませんでした。

「米国の経常収支の赤字がなければ、米ドルは、貿易通貨が必要な海外に行かない。したがって常にドルの出超が必要になる。出超がつづくと安くなる。海外は、安くなるドルを外貨準備としてもつことになって、損失を蒙《こうむ》りつづける」ベルギーの経済学者トリフィンは国籍をもつ通貨が国際通貨、あるいは世界通貨、また基軸通貨とされることから生じる矛盾をはじめて指摘しました。「トリフィンのディレンマ」とよばれます。

経済学者はときどき世界のひとびとの経済的な福祉のために、いい仕事をしますが、基軸通貨がもたらす特権を知っている米国がこの学説をとりあげることはしません。米ドルの非難になるのでノーベル賞も受けていません。学問の論理で指摘された矛盾は無視し、米国は通貨戦略を弄《ろう》し、ドル基軸通貨体制を推進しつづけました。

ここから世界の戦後経済は石油危機・貿易摩擦・中東の戦争を含んで、基底ではドルの通貨価値をめぐる戦いになっています。

根底にドル基軸体制の矛盾があるからです。この戦争は貿易と通貨へと形を変容させて、今日もつづいています。2020年代もつづきます。中国へのトランプの輸入関税も、通貨をめぐる貿易戦争です。大きくいえば1970年代以降の世界経済は、ドル基軸の矛盾と戦いつづけてきたのです。

1970年代の中期から後期には、ヨーロッパの店舗で米国人旅行者がドルでの買い物を拒否されたという記録も残っています。レジにいれたあと、価値が下がっていたからです。日本以外の先進国では、民間でドルの拒否が起こりかけていました。戦後の英国を追ってドルも下落という形をとって、米国経済の長期没落が始まったのが、石油危機のあとの70年代です。

70年代からの各国の通貨価値はこれまでの金とドルの関係に、石油とドルの関係も加わって、複雑になったのです。

## 【二度の石油危機による世界の変化】

**〈ドルと原油価格〉**固定相場のスミソニアン体制が崩壊した1973年10月は、1バーレル（ドラム缶1本）が3ドルだった原油が10ドルへと3・3倍に急騰したときでもあります。

1971年の金・ドル交換停止のあと、石油商社ロックフェラーの働きで、原油はひそかに金に代わる担保になっていました。生産は中東ですが、世界への流通はロックフェラーが最大手でした。ロシア以外の産油国の原油はドルでしか買えなかったからです。ところが金融でもイスラム主義の産油国は依然、ドルを金と同等のものと見ていました。そのドルが金に対して3分の1に下がり、金は3倍に上がった。

通貨のもっとも大きな機能は、長期間、貯蓄しても価値保存ができることです。ところが自由に増刷ができるペーパーマネーになったドルは、価値保存という通貨の基本条件を果たさなくなりました。このため産油国は原油を3倍に上げないと、採算がとれないと考えたのです。ロックフェラーも販売利益のため、この価格にのりました。

これが原油輸入国の西側からは「石油危機」とされたことの中身です。ドルの価値を金価格で見る習慣がまったくない日本ではピークオイル論とされたのです（埋蔵原油が40年で枯渇するという論）。原油資源が減って価格が上がったのではない。ドルの価値が3分の1に下がっていただけでした。

**〈石油危機はドル危機だった〉**ほんとうは原油ではなく、米ドルの危機でした。1979年の再度の石油危機（＝ドル危機）で原油は一時１００ドルの高値をつけています。大戦のすぐあと、金・ドル基軸通貨で1バーレルが1ドルだった原油は１００倍に上がっています。

70年代の6年での2度の石油危機（73年と79年）は、中東の戦争が原因とされています。今もドルが下がった起因からの石油危機だったとはされてはいません。理由は経済学界とメディアにドル基軸をつづけるという思考が、なぜそう考えるのかという疑問とはならず、忍び込んでいるからです。それが「ドル以外にはない」という感情の言葉です。

**〈中国の基軸通貨変更への提案〉** 人民元は１９９４年に、ドルペッグ制をとって1ドル＝8・２７６５元で国際社会に登場したあと、２０１８年までにドルに対して約2倍に上がっています。中国は3・1兆ドル（３４０兆円）の外貨準備を貯めていますが、ドルとユーロの価値は、ほぼ半分に下がっているのです。このため、中国は２０１０年のG20において、ドルではなく、IMFの通貨SDR（特別引き出し権）を新しい基軸通貨とすることを提案したのです。

中国のこの動きは重要ですが、米国は英国といっしょになって「ドルは強い通貨」としてやわらかく断っています（オバマ大統領）。ドイツは１９９９年からユーロ圏をつくって、28か国の貿易でユーロを使うため、すでに米ドル圏から逃れています。

残るのはドルを多く受け取り、対外資産としてドル買いをしている日本です。日本はドル基軸通貨の体制をやめることは、思考実験として考えたことすらない。中国の提案は消えました。

そのあと米国は、中国の人民元（RMB）をIMFのSDRで日本円（8・33％）より高い

10・92%の構成比としてバスケットにいれて、中国経済の地位が上がったことを、国際社会に対して認めさせています（2016年9月）。米国は、中国人の閣僚が国際的・国内的にもっとも大切にする面子《めんつ》を立てたのです。

## 【ドルの価値下落への日本の産業の対応】

1973年と79年の石油危機は、西欧と米国の製造業のコストを上げ、米国を没落させる結果を生みました。この石油危機のとき、世界の製造業の地位に浮上したのが省エネ・省資源により商品を小型化し、QC運動による品質管理を通じて精密にし、故障のすくないものをつくるようになった日本でした。ドルの価値が下がることにともなう世界の通貨価値（商品購買力）の下落を、日本企業はチャンスに変えたのです。

商品の品質を上げ、商品価値を高めたため（商品価値＝（機能・品質）÷価格）、円は対ドル2倍への高騰もいとわなかった。1980年代まで円高は、生産技術により「克服すべき課題」と考えられていたのです。20年後の2000年代のように円安に逃げることはなかった。むしろ円高により日本経済の実力が高くなったことを喜んでいました。ドルで測ればGDP、賃金、物価は2倍になったからです。日本経済の世界シェアも2倍になったからです。

ご進講にきた水田三喜男大蔵大臣に昭和天皇は、「円が高くなるのは、日本国民にとっていいことではないのかね」と述べ、大臣は答えるべき言葉を失って冷汗もかいたともらしています。国内で経産省と一体の輸出企業には、円安渇望のイデオロギーが蔓延していたからです。

「省エネ・小型・品質・精密」のモノづくりの発明は、日本の工業を20年で世界一にした四つの要素です。わが国で円安待望論が起こったのは製造業が95年以降、中国の消費財の低価格に負けていたからです。このため日本が勝つには製造技術での高度化と商品のソフト化ではなく、円安により輸出価格を下げることだと、超円高の95年（1ドル79円）以降、政府・エコノミストがともに唱えるように変わりました。経済と経営への考えも通貨という原因をもっています。

**〈通貨安への依存〉**自国の通貨が安くなることに依存するのは企業の劣化を示します。70年代からの米国がまさにこれでした。輸入資源、エネルギー、そして商品の物価を下げて、国民の生活をゆたかにする通貨高の中で、企業は「顧客にとっての商品価値＝〔機能・品質〕÷価格」を上げることを商品の戦略にして成長しなければならない。

21世紀の米国ＩＴ産業（ＧＡＦＡ）と中国製造への日本企業の遅れは、今は、品質より商品・流通・無形のサービス商品におけるソフト化、言いかえれば、デジタルのプログラム化とＡＩ化の領域です。この領域は、対外的な価格を下げるしかないアベノミクスの円安依存ではダメです。

①ＩＴ技術の広い導入と応用、②今はまだ無いものの開発に挑戦するベンチャースピリット、③ＩＴ技術者の教育、④戦略的な厚遇が必要です。

日本の産業は、すでにあるものの改善は他国より得意です。しかし無《な》いものの開発は不得手《ふえて》に見えます。無いものの開発では米国に優位があります。デジタルの領域での開発力の優位は製造業が空洞化した１９８０年代以降、米国産業の原動力になりました。

## 【米国ではリスクヘッジをするデリバティブの登場】

**〈米国はデリバティブの開発と販売〉** 下落するドル、相対変動する通貨に対し、米国で金融のリスクヘッジのためのデリバティブが１９７０年代に開発されました。他方、日本は95年までは製造品質の向上を目ざしていました。

米国は金融の偏微分方程式による確率の数式により、①変動相場の通貨の変動と、②株価や債券の短期リスクを回避しようとしたのです。80年代から90年代前期の日本人にこの意味がわからず、ザイテクとだけいわれていました。

世界のほとんどのひとびとに今でも不明なのが、世界の銀行間の契約残高５００兆ドル（5・5京円）、世界のＧＤＰの6倍以上もある銀行間のデリバティブマネーの領域でしょう（ＢＩＳの統計：17年末）。

ドイツ銀行が破産寸前を3年間つづけていることは、２００７年は株価１０７ドル、現在は14分の1という紙くず寸前の株価（7・5ドル）からわかります。しかし、正常に見えるバランスシートの外観からはわからない。ドイツ銀行が多くの銀行と契約している簿外のデリバティブの総額は、55・6兆ユーロ（６９５０兆円）というイマジネーションを超える大きさであり、世界の1年分のGDP（8000兆円）に近い。いったいこれは何なのかと思う金額です。仮にその清算で1％の支払いが生じても、ドイツ銀行の支払い義務の金額は払えない69兆円に達します。その日に欧州発、世界の銀行間のシステミックな危機になります。払えないと相手行もまきこむ危機になって、支払い不能がペストのように伝染するからです。ドイツ銀行にリスクヘッジのデリバティブが大きいのは、アジア、中東、東欧の通貨が不安定な新興国に高い金利を求めて融資しているからです。

**〈デリバティブはリスクの売買契約〉** 全部のデリバティブは、銀行間の金融リスクの売買契約です。相手行銀行（カウンター・パーティ）が期限の日にリスクの確定分を支払えることを前提にしたものです。

補償保険のデリバティブ（CDS）をかけると、不良債権であっても評価上の保険がかかっていますから、全額の回収ができる正常債権とされます。この損失の計上が金融ムラの他行とのデリバティブ契約で飛ばしあわせられ、大きな損失の計上が先送りされています。

通貨のデリバティブは、

①金融商品の先物、
②通貨や、長短の金利の交換（スワップ）、
③一定価格で「売る権利／買う権利（権利がオプション）」を売買するオプション取引、
④補償保険のCDSです。

金融派生商品といわれるのは、マネーのリスク部分を契約の証券にするからです（セキュリタイゼーション）。

**〔ブラックショールズ方程式〕** オプションの権利料を、期待金利と標準偏差で計算するブラックショールズ方程式は1970年に開発され、一定価格で買う権利、売る権利を買うオプション取引の開発の功績から、1997年にノーベル賞が与えられています。ここに日米の産業の、とり組みのスタンスの違いが見えて興味深い。

ただし証券のリスクのヘッジ（防御）をするためのデリバティブの裏面では、その時点の等価交換が原理である金融商品において損のリスクの先送りでもあります。ねらいがはずれると、大きな損になり、ねらいがあたれば、おなじ確率で利益になるという「レバレッジ（信用取引）の効果」をもつからです。

**〔レバレッジ金融が始まった〕** 先物では、証拠金に対するレバレッジ倍率は個人では最大30倍くらいです。ヘッジファンドでは100倍もあるでしょう。

もともと米国と西欧の投資銀行（ゴールドマン・サックスやJPモルガン・チェースが代表、ドイツ銀行、BNPパリバも含む）は、自己資本に対して約20倍のレバレッジをかけた負債による資産運用をしています（総資産に対する自己資本比率は約5％と低い）。

**〔米国企業の大きな収益源になった〕** 1990年代には、デリバティブの効果により米国企業の利益のおよそ20％が金融取引の利益になりました。製造業が空洞化していた90年代の米国大手企業は①アップルが代表の海外生産とのサプライチェーン、②デリバティブのレバレッジ金融によって、収益を回復したのです。形のない権利である債権、債務、そして将来リスクを合成して証券化したものがデリバティです。

金融と通貨のリスクを証券化し、証券化商品（セキュリタイゼーション）として世界に売りました。これが米国が生産した、形のない金融の新商品でした。

農林中金が5兆円のMBS（不動産ローン回収権を担保にした証券）を買って、数兆円の損失を蒙ったことは有名です（08年）。この利益は、MBSをつくり農中に売った米国の投資銀行にいったのです。農中は米国債とおなじAAAの格付けがあるからといって、統計的に含まれる2・5％の下落リスク（50年に1度のテールリスク）の意味がわからず、MBSを買っていたのです。

## 【国民への金解禁】

金に話を戻すと、米国民から1オンス20ドルの安値で政府に収奪された金の売買が、41年の禁止期間をおき、1974年の1月1日から解禁されています。1974年末の金は、1オンス197ドルに上がっていました。政府が買い取った20ドルからは10倍の価格です。ブレトンウッズ体制の公定価格だった35ドルに対しては5・6倍です。比較軸もいっしょに変動する為替相場では見えないドルの実質価値は金との絶対比較では、1971年からの4年で5・6分の1に暴落しています。

ところが、その2年後の76年、金は103ドルへと逆に52％下落しました。おもな原因は、金鉱山会社が1オンスで197ドルの金を高すぎると考え、値下がりからの利益をねらって、金の先物売りを仕掛けたからです。先物売りでは現在価格より下がったとき、「先物売り―限月の清算買い」が利益になります。

短期では相場を下げる先物売りの増加は、限月までに反対の買いの増加になるので、数か月は下がった相場をそのあとに上げることがあります。最近の事例では、18年10月から12月の世界株価の約20％の同時下落と、19年1月から3月の約17％の上昇です。金の先物の限月は、1年と長いものも多い。下がった約1年あとは、買いが増えて上げる要素になります。

先物とオプションが増えることは、短期の価格変動幅を大きくします。しかし長期では価格に対して、およそ中立的です。これは株、債券、国債、そして全金融商品でおなじです。

金以外の先物やオプションの限月は、ヘッジファンドの利益確定の決算にあわせて、平均3か月と短い（もちろん6か月もあります）。このため3か月から4か月サイクルで、価格が変動サイクルをもつことが多いのです。

## 金の暴騰は中東の王族の地金買いが原因だった

1971年の金・ドル交換停止のあと、米国FRBは中央銀行間の取引には金を使わず、市場を冷《さ》ますために使ったのです。しかしヨーロッパと中東の中央銀行間では依然、金地金が決済に使われていました。とりわけスイス国立銀行です。前述のように中東は1973年にドルの価値下落に気がつき、原油価格を3倍に上げています。

**【イラン革命】**1979年、イランにホメイニ師を指導者にしたイスラム革命が起こり、ドル支持だった親米のパーレビ国王は追放されました。国王はサウジやUAE（首長国連邦）とおなじように王国の体制を米軍とCIAに守ってもらうことと引きかえに、原油の決済代金をドルにしていたのです（これも密約）。反米になったイラン革命のあと、米国は国王が米銀に預けていたドル預金と金を凍結しています。

現在のイランと北朝鮮への「金融封鎖」とおなじ措置です。金融封鎖は経済の戦争です。米国は金から離れたあと、石油商人ロックフェラーの原油を担保とするドル基軸を守るため、イランの民主化（イスラム革命）に金融・経済戦争を仕掛けたのです。

このイラン革命とともに2度目の石油危機が起こり、先物の投機買いが混じって原油は約3倍に上がっています（81年の平均価格は、1バーレル40ドル：現在は上昇気味で64ドル：19年4月）。

中東の王族は、米国によるイラン国王の資産凍結を見て、あわてます。「いざとなれば米国はドル預金と金を没収する」。中東諸国の王族は、オイルマネーのドル預金を引き出し、金地金の買いに走りました。

**〈結果は金の850ドルへの急騰だった〉** 80年当時、金鉱山の生産量は960トン台（現在のおよそ3分の1）。地金の市場に余分な300トン（約30％）の買いがはいれば、地金は枯渇して短期で数倍にも上がります（2018年現在の鉱山生産は技術革新が進み3300トン台／年です）。40ドルに上がった原油から輸出代金の米ドルが産油国に集まり、米欧の銀行に預金されていたオイルマネーは膨大になっていました。イスラム社会では、イスラム教の伝統として株などの証券の価値を理解しません。中東の王族はオイルマネーで金地金と西欧・米国の不動産の買いに走ったのです。

イスラムの民間金融には原則的に金利がありません（コーランは金利を禁じています）。銀行間取引や投資信託は別で金利がつきますが、その領域は中国とおなじように国有金融です。2010年までの郵貯とおなじです。中国の富裕者が政府の規制を逃れ「ドル買い／元売り」をして資産を海外に逃がしていることと似ています。

この1980年の突然の地金買いにより、金は1オンス850ドルに暴騰しています。図6-1の長期グラフで示します。左端の山が1980年。1年で4倍、5倍に上がったことがわかるでしょう。これは過去最大の上げでした。

（注）金鉱山の生産は急には増やせません。金保有者の地金売りはすくない。このため突然に買いが増えると、市場の売りオファーの金が枯渇して1年で4倍、5倍に高騰します。この市場の構造は金生産と需要が４３００トンという、当時の3倍の水準で均衡している現在もおなじです。

金の短期での売りが増えるのは、①ドルの下落、金融危機、株価下落か、②ファンドと金融機関の資金繰りが危機になったときです。地金売買の30倍から50倍の先物取引がある金市場では、金は下がる株よりはるかに速く売れて、現金になるからです。このときは、金価格も株価や米ドルとおなじように下がります。

ただしこの下げは、短期的な（普通は6か月、長くても1年）金先物売りなので一時的です。金価格が下がったあと、下がったドルや株を売ったあとの代替資産（アービトラージュ）として、ふたたび金が買われるからです。産油国からの金地金の買いは、スイスの銀行を通じて行われたとフェルディナント・リップスは述べています（『Gold Wars』）。チューリッヒにあるリップス銀行を通じた金買いも多かったからでしょう。

金額で最大の購入者は、金地金を1年に数百トン買っていたイタリアだったという。体制が変わると紙屑になる紙幣よりローマ時代の伝統から金に価値を見い出してきた国です。金商人のロスチャイルド家も、18世紀の後半に生まれています。今も金への選好が高い国です。

近代日本の体制転換は明治維新と世界大戦の敗戦でしたが、いずれも紙幣の価値は大きく下がっています。

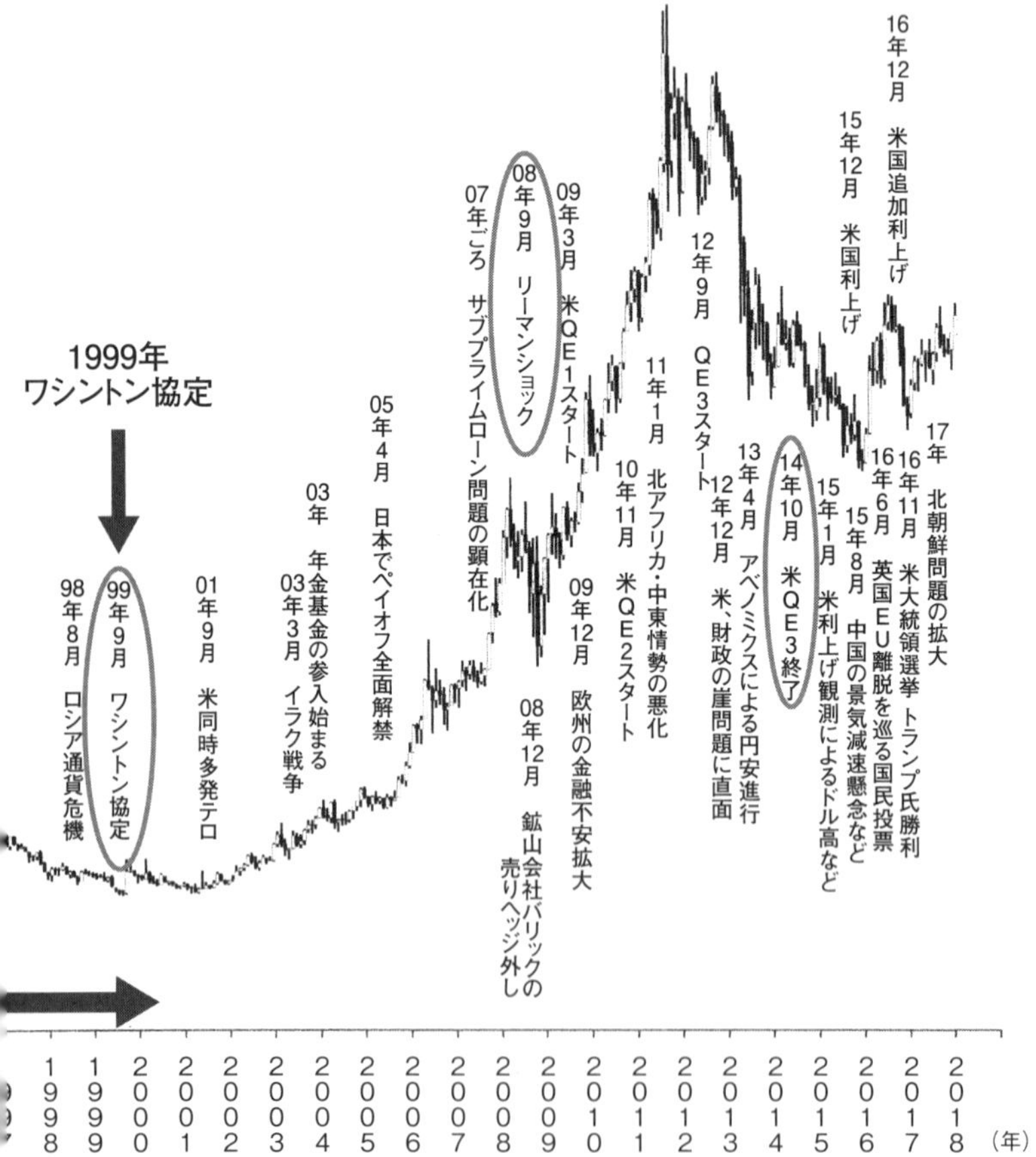
1999年
ワシントン協定
98年8月　ロシア通貨危機
99年9月　ワシントン協定
01年9月　米同時多発テロ
03年　年金基金の参入始まる
03年3月　イラク戦争
05年4月　日本でペイオフ全面解禁
07年ごろ　サブプライムローン問題の顕在化
08年9月　リーマンショック
08年12月　鉱山会社バリックの売りヘッジ外し
09年3月　米QE1スタート
09年12月　欧州の金融不安拡大
10年11月　米QE2スタート
11年1月　北アフリカ・中東情勢の悪化
12年9月　QE3スタート
12年12月　米、財政の崖問題に直面
13年4月　アベノミクスによる円安進行
14年10月　米QE3終了
15年1月　米利上げ観測によるドル高など
15年8月　中国の景気減速懸念など
15年12月　米国利上げ
16年6月　英国EU離脱を巡る国民投票
16年11月　米大統領選挙 トランプ氏勝利
16年12月　米国追加利上げ
17年　北朝鮮問題の拡大
1998
1999
2000
2001
2002
2003
2004
2005
2006
2007
2008
2009
2010
2011
2012
2013
2014
2015
2016
2017
2018
（年）

## 図6-1　変動相場制の中の金価格（ドル卸価格）1975～2018年1月

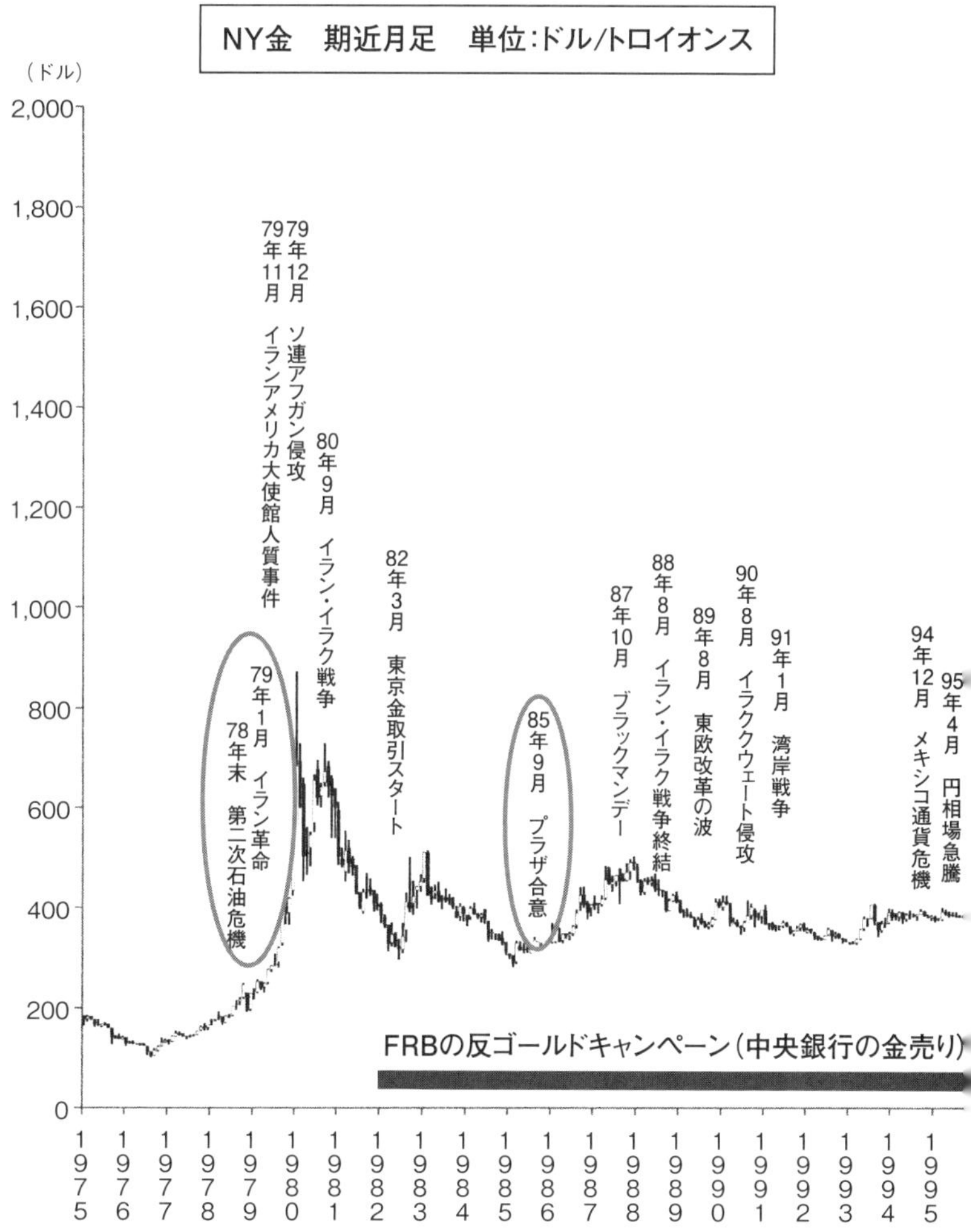

金という固定軸でのドルの価値は一時的ではあっても、１９７１年の23分の1に下がりました（年率30％のドル価値の下落）。ペーパーマネーのドルはこの１９８０年には、戦後の円とおなじ紙屑化の寸前でした。1ドル１１０円の円が、これから先の9年間で23分の1にあたる1ドル２３００円の円安に下がったと仮想すれば、ドルの価値低下の大きさがわかるでしょう。

**〔変動相場では通貨の相対価値しかわからない〕**ところが各国の通貨がお互いに動く変動相場の中では、ドル以外の通貨もいっしょに下がったため、ドルの実質的な価値の大きな下落は誰にもわからなかった。比較軸は外為の相対レートしかなかったからです。金と通貨を絶対比較する投資家は、ＦＲＢとスイス以外は消えていました。

金は８５０ドルに急騰しました（80年）。ところが2年後、２８１ドルの底値（ピークの35％）に向かって急落したのです。この3分の1へ急落のとき、なにが起こっていたのか、３つの原因がありました。

①原油価格が先物買いの売り戻しで40ドルから37ドル、36ドルと下がり、産油国の金買いが鈍ってきたこと。

②中東、東南アジア、インドが、８５０ドルの金の先物売りと地金の利益確定売りをしたこと。

③その売りが市場全体の売りにも広がったことです。

売られた理由は1オンス８５０ドル（１９８０年）への高騰は当時の認識では、生産コストに対しても高すぎたから（現在は1300ドル付近とその1・5倍です）。

金に対するドルの下落を恐れた米政府とFRBは、1回46トンレベルの先物売りを繰り返し、売りくずしていきます。当時の金46トンは1415億円相当です（現在の円価格では1・6倍の2300億円）。FRBがもつとされている8133トンの地金は決して売らない。戦後の2・2万トンから3分の2が海外に流出して残ったものがこの8133トンだったからです。

**〔金先物売り〕** 代わりにニューヨークのCOMEX（商品取引所）で空売りとおなじように現物の金地金がいらない先物が売られたのです。翌年の83年に金は500ドルに戻します。そのあとまた1オンス340ドル付近に下がっています（85年）。1980年に1オンス850ドルだった金は先物の大きな売りにより、売りくずされたのです。先物を使う価格操作は2018年のビットコインの価格の下げとおなじ方法です。COMEXは金の販売額で世界最大です。

## 【生産の技術革新も一時850ドルだった金価格を下げた】

1980年の急騰のとき、世界の鉱山生産の70％を供給していた南アフリカの生産は675トンでした。「金は南アフリカ」が当時の常識でした（現在の金生産の1位は中国の453トン付近：16年）。80年代に米国とカナダの金鉱山で技術革新が起こって、生産が増加していきます。米国が8倍の259トン、オーストラリアは12倍の197トン、カナダが4倍の158トンの生産に増えたのです。
生産コストが下がって地金の供給が増えると、世界需要を上回るため金価格は数分の1に下がります。急に需要が増えると数倍に上がる金は、急な売りによる供給の増加により数分の1に下がります。高騰のあと暴落した仮想通貨のように、供給面の増加も原因になっていたのです。

仮想通貨の売買市場は中央銀行が売買する金市場より、はるかに小さい。しかし1980年の急騰からあと暴落した金価格の動きと、先物売りで売りくずされたという原因はおなじです。相場の歴史は投資家の集団記憶が薄れたころ、形を変えて繰り返します。

80年の高騰のあとの金価格は、前掲図6-1が示すように、

①鉱山の生産が増えたこと、
②先物の売買と金リースを使った、米国財務省・FRBの反ゴールドキャンペーン、
③これからは上がることがないと見た欧州中央銀行の金地金の売りの3要素から、金価格は、20年間の底をはう長期低迷をつづけます（価格幅は250ドル～400ドル／1オンス：底値は約30％から40％）。

**【反ゴールドキャンペーン】**米国財務省とFRBは80年から99年までの20年間、金市場の裏で価格を下げる価格介入「反ゴールドキャンペーン」をつづけました。

現在の4300トンの地金生産に対しては需要量の大きな変動がないので、

・1年に1000トン（30％）の金地金の新しい主体の買いで数倍に急騰する金相場は、
・その買いの勢いが消えたあと800トンの売り（生産の20％）で大きく下がり、
・FRBがリーダーの中央銀行団からのおよそ500から600トン（生産の15％）の売りの超過があると、上がらなくなります。

ところがFRBは自己保有する金地金は売らない（8133トン：世界の中央銀行金の約23％）。どんな売りくずしの戦略をとったのか。

## 1980年のドル超高金利から85年のプラザ合意

第二次石油危機のとき、金の値段は1オンス850ドルに上がりました。しかし、そのあと4年で売りくずされています（85年の平均価格は340ドル：価格は2・5分の1）。

**【インフレ率の問題】**金価格を大きく冷《さ》ましたあと、米国経済とFRBにとって石油が1バーレル40ドルと約3倍に高騰したことに由来する13・5％という高いインフレ率が大きな問題でした。インフレ率は毎年です。この物価は毎年13・5％の消費税が増税されることとおなじです。堪《たま》らない物価でしょう。

金とおなじように米国物価の上昇も、ドルの実質価値（商品購買力）の低下を示します。お金の価値が物価上昇の分減ることが、CPI（消費者物価）のインフレです。

このときのFRB議長は、マネーについて古典的な考えの銀行家ボルカーでした。ボルカーは公定歩合を20％に上げ、銀行が企業に貸すときの最優遇金利（プライムレート）は21・1％に高くし、銀行からの貸付金を減少させてマネーサプライを減らし、石油危機のあとの物価高騰（13・5％／年）を収めようとしました。

しかし通貨量と金利へのFRBによる人為的な政策は、本質的に二面をもつものです。米国経済が好調になった結果として設備投資用の借り入れが増え、金利が20％台に上がったのではないからです。

**【ドル高を招いた20％金利の裏面】**

**〈海外からのドル買いの増加：イールド・スプレッド〉** 海外通貨とドルの比較金利（イールド・スプレッド）が上がると、海外の米ドル買いが起こり、米国経済の実力にとって過剰なドル高になります。

ドル高になると、海外と比較した米国の生産コスト、そして賃金と物価が上がり、逆に海外での生産費と物価は下がります。「ボルカーのハイパー金利」によるドル高は、国内の物価に対しては確かに成功を収めました。しかし一方で米国の製造業は海外に移転し、国内生産が輸入に振り替わって「米国の製造業が空洞化する」という深刻な副作用を生んだのです。この時期から、米国の経済は経常収支が赤字をつづける体質に変わっています。

**〔金融政策の効果の二面性〕** 中央銀行のあらゆる金融政策は本質的に二面をもちます。良く見えることの裏に悪いことがある。高金利は通貨を上げますが、輸出と国内生産を不利にします。低金利は借りている人の金利を下げます。他方では、預金者の金利もおなじ率を減らして、加えて通貨の売りを増やして通貨安にします。

ジキルとハイドのような二面性は、「通貨で測る金融資産＝通貨で測る別の人の負債」という原理的な構造からきます。銀行預金は銀行の負債です。金融資産である株式も、それを発行して資本を集める会社にとって返済の順位がもっとも低い「劣後債」であっても、紛《まが》うことなく株主からの負債です。

１９８２年の１ドルは円で２５０円という超ドル高（円安）でした。この水準のドル高では米国企業は輸出ができません。結局、21世紀になっても、米国の製造業が復活することはなかったのです。ボルカーは過激な金融引き締めと金利により、物価上昇率を下げてドルを上げることで国内の製造業を撲滅したのです。人為的な金融政策はマクロ経済の全体にとっては無効だからです（合成の誤謬）。これは中央銀行が決していわない事実です。もともと国民にとっては銀行があればいい。金融政策の全体の効果がないのなら、中央銀行の存在は基礎から否定されるからです。

ドル高の１９８０年代初期から米国では、

①生産費が安い海外で生産し、

②生産費が高い米国で売るＳＰＡ（専門店製造直売）の小売業態が、全部の商品分野で勃興しました。戦略をもっていた企業は、国内産業に不利なドル高を海外での商品開発と輸入・販売によって、事業の機会に転じたのです。

**〔開発輸入の勃興〕**　開発輸入のＳＰＡと言われるビジネスモデルで先を行ったのが、百貨店の3分の1から5分の1の低価格帯衣料の「ＧＡＰ」です。90年代に世界一の小売業になったディスカウントストアの「ウォルマート」も農業と畜産国でもある米国が強い食品以外、およそ１００％が輸入です。80年代のドル高がなかったら、ウォルマートもなかったでしょう。

他方で、開発輸入はすくなく国内製造中心だったシアーズの没落が始まったのも、１９８０年代初期です。ドル高という時流にのる商品戦略をとらなかったからです。その売価に値上げがなくても、新興輸入企業群との比較価格が40％から50％は高くなったのです。

開発輸入を有利にしたドル高の時流に遅れたことをきっかけに、商品より顧客の囲いこみに逃げたシアーズは、そのあと38年も連続して顧客を失います。売上が世界1位のとき、シカゴに世界一の高さのシアーズタワーを建設した名門企業は２０１８年に破産しました。名門とされると、経営戦略の大きな転換ができないのでしょう。世間では1年に15％売り上げを伸ばしているアマゾンに客を奪われたといわれます。しかし、倒産・解体の主因は１９８０年代からつづいた商品価格の高さです。

1年に15％から30％のペースで増えているアマゾンの売上は、ほかの小売りの売上も奪っています。米国アマゾンは売上20兆円（イオングループの2・5倍）、それとは別に日本アマゾンは1・5兆円です（ニトリの3倍：2018年）。

## 【米国の80年代初期に似た1995年からの円高】

日本の1995年の超円高（1ドル79円）に反応したのは、わが国のSPAモデルのユニクロ、家具インテリアのニトリが代表でした。1980年の250円台からはドルに対して3・2倍の円高です。中国とアジアを含むドル通貨圏の物価が3分の1に下がり、相対的に日本の物価は3倍に高くなったのです。中国はドルペッグ制をとるドル圏ですから、ドルが円に対して下げると、元もおなじように下がります。

中国と東南アジアから開発輸入するビジネスモデルの両社は、20年で世界水準の小売業になっています。1年20％の出店で売上を増やしつづけると、20年で40倍です。

金利と物価がきめる通貨の大きな長期波動は名門企業を没落させ、生産・仕入れ・販売のビジネスモデルを時流に合わせた戦略をつくる新興企業を生みます。通貨高または通貨安は表裏の二面効果をもつからです。

わが国では20年の低金利と6年のゼロ金利のため、今もゾンビ企業が残っているので米国のようには新興企業が現れません。経営が破産したダイエーの店舗はイオンに買収され、1年に50億円レベルの赤字を出しながら残っています（2018年：82店）。

しかし仮に3％の金利に上がると、ゼロ金利と円安で命をながらえている企業群は消えます。

・円安は輸出産業に有利ですが、輸入産業と預金をもつ世帯には不利な条件です。

・円高は輸出産業に不利で、輸入産業と世帯にとっては有利です。

## ドル高2分の1への下落修正（プラザ合意）

80年代、ボルカーの高金利によるドル高の米国では、輸入が増えて輸出は減り、経常収支は大きな赤字になりました。問題だった対外負債が一層増えました。経常収支の赤字は自国通貨の流出であり、対外負債になるからです。

**〔ドル切り下げの必要が生じた〕** 輸入を増やし、対外債務を増やす高いドルを切り下げなければならない。ドル高（1980年〜85年）に助けられ世界への輸出を増やして貿易黒字を大きくしていた日本と西ドイツに協力（ほんとうは援助）してもらい、ドルを切り下げ、円とマルクを上げるしかない。金が通貨の裏に後退したため、円とマルクが金兌換ドルの時代の金に相当する尺度になっていたからです。

米国は1985年に、NYのプラザホテル（今はカタール国有企業が650億円で購入）に先進5か国（日・米・英・仏・西独）の蔵相と中央銀行の総裁を招集して、ドルを2分の1に切り下げるためドル売りを要請しました（これがプラザ合意の中身）。

米国の13・5%のインフレを抑えるための20%の高金利が招いたドル高のツケを、1980年からのドル高で輸出を増やしてきた、西ドイツと日本に払わせたのです。国の防衛を米国に依存している日本と西ドイツは貿易黒字で貯めていたドルの損に甘んじて、国民には見えないところでドルを売りくずして、米国のドル切り下げ政策に協力しています（ドル外貨準備の売り／マルクと円の買い）。

**【ドルの罠】** この合意から3年後、1988年に米ドルは129円に下がり、円は約2倍の円高になっています。矛盾した基軸通貨のドルは、他国の通貨を罠《わな》にかける「ドルトラップ（ドルの罠）」をもっています。黒字国がドルを貯めることに比例して、貯めたドルが下がることです。罠にかかった被害者は、1980年代は西ドイツと日本でした。90年代になると西ドイツが1990年の東西併合により、東ドイツにお金を使ったため、日本だけになっていました。21世紀ではドルペッグの中国がドルの罠にかかっています。

図6-2は、変動相場になったあと、1973年からの「ドル／円」の推移を示します。

①1975年までは1ドル250円を超えていましたが、
②1988年には120円台（50%のドル安／円高）、
③95年に79円、2011年には81円に下がり（33%のドル安／円高）、
④2012年末からのアベノミクスの異次元緩和から逆に122円（2015年）と約50%上がり、

## 図6-2　変動相場の中の「ドル/円」の下落

1973〜2017年（ドルは円に対しては1/3に下がった）

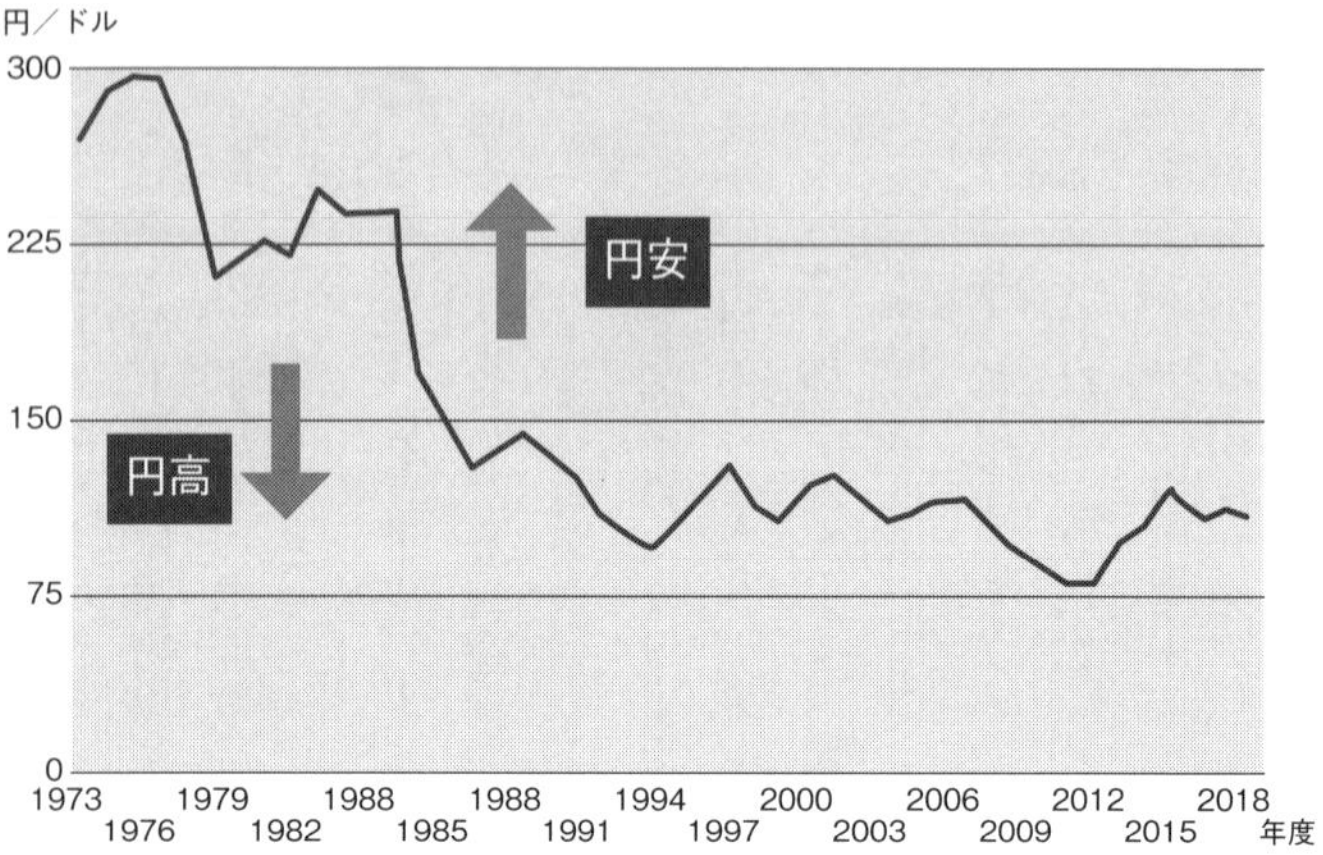


⑤2018年はおよそ横ばいになって年平均で111円でした（19年3月末も111円）。

1973年の変動相場からの44年間は、

・円にとっては、ドルが2分の1〜3分の1の幅に下がり、

・円は逆にドルに対し2倍〜3倍の幅に上がる時代でした。

これから30年、「ドル・円・金」、そして通貨が時流適合の戦略を変える経営はどこへ向かうでしょう。令和時代のドル・円・元は、次章以降でその原因から検討します。

### 【経済の長期の自律サイクル】

1年以内の短期の変動は、確率的な変動であって不透明です。しかし3〜4年以上の中長期の変化は、技術開発とファンダメンタルズ（経

済の基礎指標）から見えます。ITの技術革新は機械よりはるかに速く、広範囲です。コアになる機械は5Gで100倍速くなる個人のスマホです。コンピュータはPCになり、つぎは携帯できるスマホになりました。今度はAIで、画像・音声・文字の自動認識機能をもちます。ほんの一例ですが、世界の言語での会話も自動翻訳ですでに可能になっています。世界のコトバの壁はなくなったのです。

経済が本質にもつ「景気循環の長期サイクル」は危機のあと、しばらくして成長に向かわせます。

**〈バブル、バブル崩壊、金融危機のサイクル〉** 2008年から見ると、

①米国住宅価格が2倍（2000～06年）
↓②不動産と株のバブル崩壊（リーマン危機：08年）
↓③FRBの量的緩和4兆ドルで過剰流動性バブルが発生（株価と不動産の上昇：09～17年）
↓④数年内に予想される、再びの、バブル崩壊（株価と不動産の下落）
↓⑤5G＋AIでの世界の成長（数年あと～）

大きな経済成長は危機のあとに来ます。

筆者は経済学の主流派や、政権の支持率を目的に経済予想の統計を嵩上《かさあ》げするのにも加担している学者とは違い、少数派に属することをひそかに誇りに思っています。重要ではない各種

の審議会委員になり、合計で15回か20回くらい参加しました。国債が国民の純預金を超えたとき、中堅官僚に『国家破産』の拙著を渡したら、「なんだ、これは」というふうに目をぱちくり。無言は当然でしょう。場を無視する自分にあきれました。そのあと危険思想者とみなされたのか、審議会や研究会によばれません。ちなみに官の側はGoogleアースで拙宅や車を見て調べていますから、びっくりします。委員に任命する前の、反政府や素性のあやしい人物ではないことの確認でしょう。「BMWに乗っていますね」といわれ、驚きました。筆者には運転免許はない。あれは家人の車です。金融・経済について書くのは、金融（マネーの動きとファイナンス）がいつも経済・商品生産・流通の1年や半年くらい先に変化をするからです。

時流とひとびとの価値観の先を読む必要がある経営戦略にとって、ケインズが発見したマクロ経済に属する通貨・金利・通貨量・貯蓄・負債の長期変動は、他では見えない未来を示す材料になるからです。

## プラザ合意後の日本の資産バブルと崩壊

日本にとってプラザ合意後の2倍の円高は、成長を引っぱっていた輸出（海外のひとびとの日本製商品への需要）を減らして、国内も不況にするものでした。

**〔日銀の金融緩和〕** プラザ合意の筋《すじ》に沿った円高（240円→120円台）がもたらした不況の

中で、日銀は内需振興のため金利を下げ、銀行には融資を増やすことを、指導というより命令していました。国家の方針から「土地担保があれば１００％以上でも貸す」という銀行内の空気がつくられました。銀行は貸付金のお願いに、企業をくまなく回っていました。このときの低金利の融資（といっても当時は短期金利３・３％、長期５・５％）が不動産と株の買いを増やし、資産価格を5年で5倍に上げています。じつはこのとき取引があった銀行にドル建てのインパクトローンを相談しましたが、「個人の投機的な資金はなかなか出せないのが銀行の規則です」として断られました。当方はドルが切り下がると見て、仮に10万ドルを借りて円に替えていれば、ドル切り下げのあとは最低でも１０００万円は儲かると予想していたのです。ヘッジファンドは銀行借入で通貨投機を行っています。

**【実質負担金利＝名目借入金利－インフレ率という経済原理】**

わが国では、この6年間マイナスからゼロ金利であっても、銀行借り入れでの投資は増えていません。理由は、将来のＧＤＰへの期待成長率が０・５％や１％くらいと低いからです。各業界では総需要でのマイナス成長が多い。金融投資の原理から、「負担する実質金利＝借入の名目金利－期待ＧＤＰ成長率」だからです。

**〈実質金利という概念〉** 80年代のように「物価を含む期待名目ＧＤＰ成長率」が７％と高いと、借り入れの名目金利が５％と高くても、毎年２％ずつ実質利益が上がります。

「借入金で買う資産価格の期待上昇率」が80年代後期のように30％／年なら、銀行から５％の金利で借りて資産を買えば、実質の負担金利はマイナス25％になり、買った資産の価格上昇により25％／年という「社会があたえる利益」が期待されます。

ひとびとが将来に向かっていだく期待名目ＧＤＰが高いときの金利の下げは、わずかであっても資産バブルを引き起こします。80年代後期の日本の資産バブルの発生と90年からの崩壊、２０００年からの米国住宅価格の上昇と08年のリーマン危機は、おなじ理由です。両方とも中央銀行の利下げからバブルが起こり、バブルをとめる目的の利上げから崩壊しました。

苦い事例が80年代後期の日本の資産バブルです。苦い理由は、銀行負債でつくられたバブルの破裂は増えすぎた負債の返済不能の時期がくるときまっていたからです。２０１９年現在では、日・米・欧・中の中央銀行が増発した約２０００兆円のマネーが過剰な負債による投資を引き起こし、「数年内の第二のリーマン危機」に向かっているでしょう。

日本のように、期待名目長期ＧＤＰ成長率が確定した人口減（現在は０・４％／年、将来は０・８％から１％に向かって拡大）によりゼロ％なら、ゼロ％の金利でも資産を買ったあとのキャピタルゲインの利益はない。このためゼロ％やマイナス金利でも銀行からの借り入れは増えず、銀行の流動性と政府の国債残が増えるだけです。

現在の日本がこれです（ケインズが流動性の罠と名付けた金融現象）。期待ＧＤＰの将来成長率が低いため、金利０％でも借り入れが増えない日本の「流動性の罠」は、日銀が約５００兆円の国債を買ってきたことによる不動産ではなく国債のバブル価格を生んでいます。

ケインズが発見した流動性の罠とは、ＧＤＰの期待成長率がゼロ％の中で、お金は使われず、金利はゼロ％でも名目額が下がらない現金預金と、ゼロ％付近の国債への選好が国中で起こる現象です。ＧＤＰの低い期待成長率は、その国の通貨を下げる要素ですが、国内では名目金額がおなじだからです。

ちょうど30年前（経済での1世代前）の80年代の後期5年は、

①1年に9％台と大きかった銀行からの貸付金の増加が、

②世帯と企業の総預金（マネーサプライ）を5％台増やし、資産を買う流通速度も大きく上げて（マネーサプライの回転率）、

③価格が上がっていた土地と株をさらに買わせたのです。

借り入れたお金で、すぐに不動産や株を買うことによるマネーの回転率の上昇は、マネーサプライ量の増加率より強く資産価格を上げます。

上流の大雨（日銀の金融緩和策）で増えた河川の水の流れが速くなる効果が生まれるからです。

数式では、「低金利によるマネーサプライの量の増加×資産の期待価格上昇率の高ま

りによるマネーの回転速度の上昇＝マネー量」です。これが80年代後期の日本の地価・株価が5年で約5倍に上がった原因です（フィッシャーの交換方程式を資産価格に適用）。高くなった土地担保・株式担保で銀行が競ってより大きくお金を貸したため、ますます土地と株の買いは増えていました。日本の株と不動産は、プラザ合意後に螺旋階段の上昇過程にはいったのです。マネーサプライが増えた銀行の資産は、現在の中国の銀行のように1位から5位を独占していました。国内では、夜東京で飲んで、大阪にタクシーで帰るひとたちも多かった。京都と大阪間のタクシー往復は普通のことでした。

（注）２０１８年現在は、日本の銀行の資産額の順位は下がり、1位から4位が中国、5位が三菱ＵＦＪグループ（２・８兆ドル）、6位米ＪＰモルガン・チェース（２・５兆ドル）、7位英ＨＳＢＣ（２・５兆ドル）、8位仏ＢＮＰパリバ（２・４兆ドル）、9位米バンク・オブ・アメリカ（２・３兆ドル）、10位仏クレディ・アグリコル（２・１兆ドル）。

**〔今後の日本の長期の土地価格〕** 現在の日本は人口減が確定しているので、将来への期待で買われる地価は、需要と供給の基礎条件からは上がりません。２０５０年までの人口減は今年より大きくなることも確定しているからです（1億２６００万人→1億人：２０５０年）。

これから30年では、人口が15都市分も消えていきます。今はまだ増えている東京都の人口も、、、、２０２５年の１３９８万人でピーク、、、、アウトして地方都市のあとを追う長期減少期にはいります。1年に85万人の都市の全部の住宅が空き家になって、商業ビルも病院も無人になるというと、その激しさが映像で見えるでしょう。これが1年だけではなく、2050年まではつづきます。人口動態が横ばいになるのは、平成生まれのひとが70歳を超えるころです。

人口の増加がない都市では、土地への需要は増えません。ただし人口密度が高まる、ごくすくない都市の都心部（東京や福岡）は別です。狭い土地の高層マンションは土地の利用価値を上げる仕組みです。ケインズがいった「流動性の罠におちいった、過剰な現金志向の金融」から、すこしは上がっても（数%）、2年あとから平均の不動産価格は下げるでしょう。

もっとも地価が上がっている東京都が2025年から人口減にはいったとき、不動産価格と賃貸料は下落トレンドにはいります。

2025年ころから想定できる「IoT＋5G＋AI」による生活と産業の大きな革命は、土地需要を増やさない情報面の成長ですから、過去のGDP成長のようには不動産価格を上げません。設備・資源・労働力の有効活用になり、1人当たりの所得は増えて、1人当たりが住む空間は広くしますが、その増加は人口減で相殺されるからです。

2019年に人口がまだ増えている東京都の商業地が4・7%、住宅地が1・3%上がった公示地価は、金融と株価に約2年遅れる遅行指標です。流動性の高い株価は即刻です。不動産は全部の売り主が希望する高い価格ではなかなか売れず、流動性が低いからです。

・89年の株価時価総額は611兆円に上がり、
・おなじ年の土地の評価額は2465兆円にもなっていました（国民経済計算：1990年）。

そのあと株価の時価総額は、２００兆円台に下がっています（19年3月現在、株価時価総額は６００兆円）。80年代後期の5年では株価の上昇と比例していた地価総額も、10年あとの１９９８年に８００兆円分も下がっています。06年時点ではさらに４００兆円の下げが加わり、失われた評価額は１２００兆円でした（現在の地価総額も１２００兆円：18年）。

**【金融と土地価格】** 80年代後期、株と不動産の5倍の資産バブルは、日銀と銀行がつくったものです。崩壊させたのも、日銀と大蔵省（財務省）でした。１９９０年から金融引き締めと金利を上げたうえに（長期金利8％）、窓口規制という東洋的な方法で新規の不動産融資をやめさせたのです（http://www・home-dr-akira.com/img_pdf/kinnri2.pdf 住宅ローンの長期金利：90年からの20年）。

（注）正確にいえば、資産バブル崩壊のきっかけをつくったのが財務省と日銀です。資産バブルは、１９９５年からの生産年齢（15歳から65歳）の人口減に向かっていた日本にとって、崩壊が宿命でした。１９９０年の株価崩壊のきっかけは、デリバティブの金融技術で先行していた米系投資銀行とヘッジファンドによる日本株の先物売りでした。米国の金融機関は「日本の株価は高すぎる」と判断していたからです。

ドルの金兌換を停止したあとの変動相場制と、通貨の相対的な調整を行ったプラザ合意のように、通貨レートは政治的、つまりは人為な政策で方向がきまることも多い。金融・経済、そして間接的には、世帯所得とひとびとの生活をきめる基盤になるものです。その中で、金は変わらない実質価値を古代から未来まで変わらず保つ唯一の通貨でしょう。そして有効な資産になるものでしょう。

## 1990年代の金価格は下がりつづけた

プラザ合意のようなドルの2分の1への切り下げは普通なら、実質価値が変わらない金価格の2倍以上への高騰をもたらします。ところが90年代の金価格は、99年まで10年間も下がりつづけました。

原因の第一はデリバティブの金融技術により、「ニューヨークのCOMEXの金先物・オプション市場」が大きくなったことがあります。

**【短期の投機的な売買】**

1年以内の、短期の金融投機的な先物とオプションでは、金地金がなくても売買ができます。しかし両者は市場の金地金の売買額が大きくなったような効果を金価格にもたらします。

**〈金を下げた第一の要素は金先物売りの増加〉** 1990年代には、70年代に開発された「金先物取引」が800〜1000トン／日に増えました。地金の生産と需要は現在、1年におよそ4300トンです。1日では、その250分の1の17トン（開場日が250日）。先物とオプションは金地金の50倍以上も売買されて、金相場を動かしたのです。

**〔第二の要素〕** 第二の要素は金価格を下げたいＦＲＢが「ブリオンバンク（金の売買免許を与えられた銀行）」に金地金のリースを行ったことです。ブリオンバンクはＦＲＢから１％から２％の低い金利で金を借り、金価格が高い日に売って利益を得ています。しかし期限日までには、金現物か現金をＦＲＢに返さなければならない。

ブリオンバンクのゴールドマンやＪＰモルガンは、ＦＲＢから１％や２％の低利でリースされた金の空売りで大きな利益を得ていました。リースで貸したＦＲＢも金リースの金利を受け取っていました。取引金額は大きくても金融機関の間の取引が大きな金市場は、世界の株式に比べて、はるかにすくないプレーヤーの市場です。ＦＲＢと米財務省の考えを受けて、ねらいのところに価格誘導をするインサイダー市場といえるものです。地金の売買は米国の財務省、ＦＲＢ、ＩＭＦがモニターしています。

## 開放経済化した人民元への米国の戦略

### 【ＦＲＢによる金価格の下落誘導があった】

金の値段は「ドル基軸体制を守ることを米国民と経済に対する使命と考えるＦＲＢ」により、低い価格水準で20年間もコントロールされました。

まやかしではあっても、国民の経済的な福祉という公《おおやけ》の使命に基づくので、日銀の国債と株ETFの買いとおなじ価格操作も法に反するインサイダー取引とはされません。

FRBは1999年まで「反ゴールドキャンペーン」をつづけ、スイス国立銀行とイングランド銀行にも金を放出させています。IMFも1000万オンス（311トン）の金を放出しました。

「世界の中央銀行が過去4年で3分の1に下げた金を準備通貨としてもつ必要はない。中央銀行がもつ3万トンの金地金は売却すべきである」としたからです（『Gold Wars』：Ferdinand・Lips：2001：この本は、一般には知ることが難しい2000年までの金の売買を示しています。リップスの遺言の書かもしれません）。

## 【米国ドットコム・バブルの発生と崩壊】

一方1990年からの米国株は、のちにドットコム・バブルとされた高騰に向かいます（00年4月に第一次崩壊）。アマゾンを筆頭にして、まだ赤字だったインターネット株が高く買われたからです。原因はインターネットへの過剰な期待でした。

◎現在のGAFAを代表にするIT・インターネット株の第二次崩壊は、数年内なら100％確定しています。早ければ2019年秋が第一次調整で、2020年のいずれの時期かが、第二次の調整でしょう。

**〔株価は崩壊の過程では上がる時期がある〕** ただし株価は、バブル崩壊の大きな長期下落のときでも、買いが増える一時調整、二次調整、三次調整まであります。その下げにはさまれて上がるときも、2回から3回です。これは世界の株価の2年から数年の株価罫線（日経平均のような指数）に共通です。原因は底値と考えた難平《なんぴん》買《が》いがはいるからです。1990年と2008年の株価バブルの崩壊で損を2回経験している日本の個人投資家（約700万人：株価時価総額の20%を保有）には難平買いをする人が多い。経済新聞ではこの買いを「逆張り」ともいいます。ただしこれからの2度か3度の下落調整は、コンピュータプログラムの高頻度売買（HFT）が市場の売買の60%から70%に増えているので短期化して急峻になるでしょう。

株価バブルが崩壊するのは、企業純益に対して市場に生まれる非合理な熱狂（理性ではなく感情）により株価・資産価格が上がったあとです。

「米国S&P500社のシラーP/Eレシオ」は、19年4月6日現在31倍という高さです（10年の純益で計算したPER）。100年以上の中位値（メディアン）は15・7倍です。過去はおよそ25倍以上になったあと崩壊しています（1929年からの大恐慌→80年のドットコム・バブルの崩壊→08年のリーマン危機）。今回は違うという条件は見あたりません（後掲の図7-7）。

◎バブルは投資家の自己資産ではなく、負債でつくられるので、負債がそれ以上増やせなくなる臨界点で必然として破裂します。「金融資産＝別のひとの負債」だからです。ゼロ金利から超低金利の10年間により、世界の国々の負債が大きくなりすぎています。

図6-3　新興企業が多い米Nasdaqの株価指数

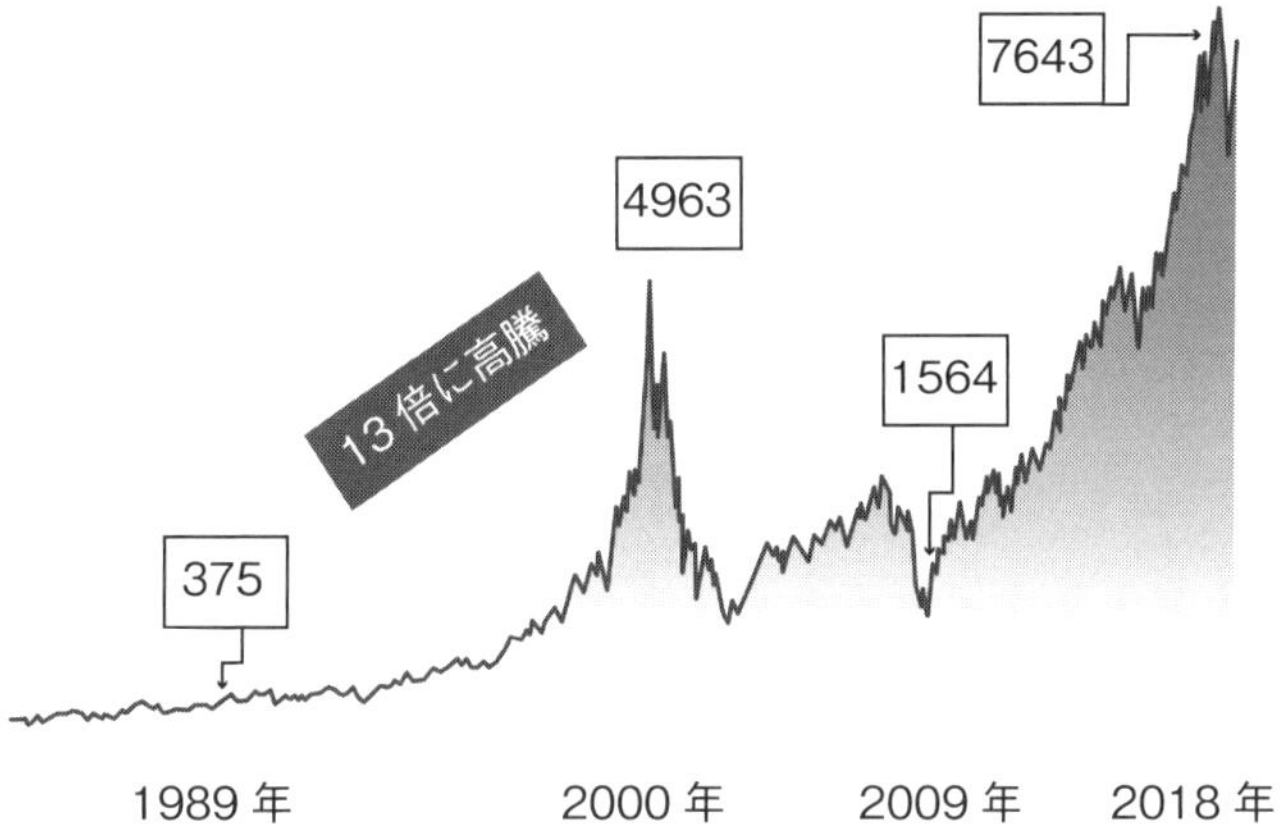


https://www.multpl.com/shiller-pe

## 【10年の金価格低迷と株価高騰】

現在の時価総額がトヨタの5倍の１００兆円水準にあるアマゾンは94年に誕生しました。検索エンジンのGoogleは２０００年ころからです。ＳＮＳのフェイスブックは04年からです。アップルの株価を高騰させたスマホのiPhoneは07年から発売されました（ＧＡＦＡの４社）。

図６-３にインターネット&ＩＴ会社が多い「米国ナスダック（約３０００社）」の、１９８９年から２０１８年までの30年の指数を示しています。

**〔10年で13倍に上がった米国株〕** 89年の株価指数３７５は、２０００年には４９６３まで13倍に高騰しました。１年の平均上昇率が26％。90年代、10年間の米国株価の上昇はすさまじい。当時はまだ水面下のものだったインターネットへの過剰な

期待が米国人投資家に生まれていたからです（バブル価格の臨界点をこえた00年4月にクラッシュ）。

米国株が年金の自主運用（401K）をしている世帯と、世界中の金融機関・ファンドから買われて上がり、一方、80年から20年も価格を下げた金は投資の対象として「完全に死んだ、復活はない」とされたのです。米国株は国内だけなく世界から買われ、上がっていました（90年代後期のドル高になっています）。

米国株は当然、ドル建てです。海外からの米国株の買いは「ドル買い／各国の通貨売り」になるので、ドル高を生みます。他方、東証一部に輸出企業と海外生産が多い日本株は円安のとき上がる傾向があります。しかし米国では上場大手企業やITベンチャーに輸入企業が多いので、ドル高が株高、ドル安は株安になります。

働く中心世代の40歳が60歳になり、退職が始まる20年は長い期間です。投資家の空気では、金は無用な金属になっていました。1980年からの20年で、金に関心をもつひとは世界中から消えたのです。その金が復活し、12年間で7倍（年平均17％の上昇：2011年）に向かったのは金投資家が消えた1999年からでしたから皮肉です（前掲図6-1を参照）。ところがこれは皮肉ではない。

株もおなじですが、「価値を保つ金は暴落のあと長期の上昇」がきます。

**〔重要な事実〕**株価は、経済の本質である長期の景気サイクルと一致しているからです。

一方、金の価格は、ドルのレートと米国の長期景気サイクルは逆の動きをしています。

理由は、

①下がる米国株とドルや債券を損切りし、現金を得た投資家が、

②金の投資ポートフォリオの構成比を上げるからです。

## 【1999年の奇妙なワシントン合意】

99年に金価格が252ドルに下がり（円では1g1069円：現在の5分の1）、FRBはこのあと金が上がることはないと考えたのか、主要国の中央銀行が集まり「ワシントン合意」という奇妙な決定が行われました。世界の主要国の中央銀行が「金は通貨にとって重要だから、中央銀行による金の売却は1年に400トン以内とする」という合意でした。なぜ金が重要かという理由は、通貨の本質を明かすことになるので、ペーパーマネーを増発しつづける「中央銀行と銀行」は決していいません。

1990年代に米国FRBを筆頭にした中央銀行が、金を放出して価格を下げてきたことを、このワシントン合意の裏で認めたことになります。この合意は5年間有効とされていましたが、2004年、09年、14年と5年ごとに3回延長されています。19年にも2024年まで延長されるでしょう。

**〔金ETFの売りを使って価格調整〕** 2004年以降は、新しく上場された金ETFの売りで価格調整ができるからです。ただしETFは現物をもたなくても売ることができる先物とは違

うので、売って下げる調整の前にＥＴＦを買っておかねばならない。金ＥＴＦは金先物と違い清算売買の限月はなく、ＥＴＦ証券は金兌換通貨のようなペーパーゴールドだからです。

**【金を50年も売ってきた中央銀行グループの逆転】**中国を先頭にしたＢＲＩＣｓと新興国の中央銀行が金を売るどころか、２０１０年から逆に買い増しています（これが今からあとも金価格を上げる要素です）。

約50年間も金を売って市場を冷《さ》ましてきた欧米の中央銀行がワシントン合意にそって金の売りを４００トンに減らすと、需要と供給で４００トンから１０００トンの金生産（毎年の地金供給）が減ったこととおなじことになり、２０１８年で４３００トンの現物需要が大きく減らない限り、金価格は上がります。

## １９９９年から２０１１年まで金は7倍に高騰

事実、ワシントン合意の１９９９年のあと、金価格は２０１１年の高値１８９６ドル（当時の円高の円では1グラム４７５４円）に上げています。もっとも大きな原因は、この12年間のＦＲＢに「金価格の高騰は基軸通貨ドルの実質価値下落である」という意識がなかったからです（前掲図6-1を参照）。

１９９９年に米欧の中央銀行が金の売却を1年４００トンに制限する協定を結んだ理由は、

・1999年にドイツがユーロ統一通貨圏をつくってドル通貨圏から逃げても、

・2010年から世界一の工業生産国になる中国というドルの買い手が登場していたからです。

ユーロの米ドル圏からの離脱の穴を埋めたのが、中国でした。

**〈EUとユーロ〉** 英国が離脱しようとしているEU内（欧州連合）では関税ゼロ、労働の移動も自由で人口は5億人、GDPは19兆ドル（2090兆円：日本の4倍）、米国の経済規模に匹敵する西欧と東欧の経済圏です。EUは経済面では1つの国です。

ユーロはEU28か国のうちの主要メンバー19か国の統一通貨です。19か国間の貿易通貨がドル買いから消えた穴は、現在の人口14億人、GDP12・2兆ドル（17年：1340兆円）のドルペッグ制をとった中国の経済成長が埋めて「ユーロ19か国より大きなドル買い」をつくっています。米国は、中国の経済開放あとの元に対しても戦略的でした。

中国のドル買い（貿易黒字でのドル受け取り）が経常収支の赤字から下がる米ドルの底支えを超えて、むしろ高値（ドル高）にしたのです。

前掲図6-1に見たように、金の放出を制限したワシントン協定（99年）のあと、01年の1オンス安値255ドルは2011年の高値1896ドルへと7・4倍に高騰しています（年率上昇は22％）。この10年の長期高騰が起こった原因は4つです。

①90年代に金を放出した主要国の中央銀行が、99年から1年400トン以下に売りを制

限した協定を守ったこと。金市場への地金の供給がそれ以前より減って、金鉱山の減産とおなじ地金不足になったこと。

②新興国の中央銀行がドル下落を補う準備通貨として金を買い増したこと。97年のタイを先頭にしたアジア通貨危機（バーツ、インドネシアルピー、フィリピンペソ、韓国ウォンの同時暴落）のあと、東南アジア諸国と99年にルーブルを1000分の1に切り下げたロシアが金を買って通貨信用を強化したこと。

③99年から欧州統一通貨ユーロがつくられても、

・ユーロの穴を埋めた中国がドル買いの主役になり、

・90年代末から大きく海外生産の直接投資をした日本の企業と、

・円がゼロ金利になった銀行がドル買いをしたこと。ドルとの3%の金利差（イールド・スプレッド：当時は5〜6%と巨大）が銀行にドルを買わせた原因です。

（米ドル長期金推移https://nikkeiyosoku.com/dgs10/）

④米財務省とFRBは金の高騰を意識しなくなり、ワシントン協定を守って、金を売りに出すこと、および金売り誘導をしなかったこと。主要国が400トン以下に売りを制限した中で2000年代の成長国・新興国の中央銀行が静かに買いを増やしていたのです。

2001年の9月11日、米国では今もほんとうの原因は不明の「同時多発テロ」が起こり、

152メートルの世界貿易センタービルが、世界がテレビで見るなかで崩壊して、震撼させています（原因と首謀については、各種の推論があります）。

**〔小泉内閣の米国債の買いは巨額〕** 2003年は小泉内閣が30兆円のドル国債買いを実行して米国の戦費支出を助けたイラク戦争でした。日本政府は、日銀に国債を売って得た円でドル国債を買っています。日銀が米国債を買って、米国にドルを供給したこととおなじです。日銀はこのようにときおり、FRBの下請け銀行の役を果たします。

中国と日本政府からのドル国債買いの効果から、イラクで戦費を使ったあとのドルの暴落は抑えられました。イラク戦争の総費用は3兆ドル（330兆円）にのぼると、米国のノーベル賞経済学者スティグリッツが推計しています（イラク戦後の軍人の医療費・恩給を含む）。第二次世界大戦の米国の戦費は5兆ドル（550兆円）でしたから、それにつぎます。ただし当時のドルの価値は現在の7・3分の1ですから、その5兆ドルを計算すれば7・3倍の36兆ドル（3960兆円）相当です。イラク戦争の費用は、その8・3%でした。

イラク戦争のあとは①貿易黒字を増やした中国のドル買いと、②日本からのドル買いがあったので、米国は2004年からの金価格の高騰も無視したのでしょう。

2001年には255ドル（年平均）だった31・1グラムの金価格は、10年間で「04年455ドル↓05年537ドル↓06年725ドル↓07年841ドル↓08年1023ドル↓09年1218ドル↓10年1402ドル↓11年1896ドル」と指数函数の上昇曲線を描いて高騰しました（10年で7・4倍：前掲図6-1）。

図6-4に「ドル・円・ユーロ・元」の1970年から2019年1月までの長期の実効レートを示します。「実効レート」は、世界の通貨間の相対レートを示すものです。対ドルだけでなく実効レートで見ないと、「世界の通貨間での円安や円高」は見えません。

**〔米ドルの実効レート〕**まずドルです。50年の間に、5回のサイクルがあります。1980年のボルカーの超高金利から、①85年には150に上がり、②ドルを切り下げたプラザ合意から、再び100に下がり、③1997年までは100から110をつづけ、④イラク戦争前の2002年、130に上がっています。⑤そのあと金の高騰が始まった2002年から「130→80」にまで約40%下がってしています。このドルの下げが暴落にならないようドル買いによって支えたのが日本と中国です。

**〔円の実効レート〕**円は「ドルとおよそ反対の動き」をします。50年で5つのサイクルがあります。

①70年の60から、95年の150へと25年で2・5倍に上がり（95年は1ドル79円）、

②資産バブル崩壊のあとの銀行危機から100に下げています。

③98年からの銀行危機に対し、日銀は円の緊急供給（銀行の国債の買いあげ）を行って当面の危機がさけられたので、円は130に上がっています（2000年）。

④そのあとは短期金利ゼロ%とドル買いのため、リーマン危機直前の2007年には80にま

で下げています（約40%）。このときは1970年代中期（変動相場への突入期）の実効レートの円安（実効レート80）へと、30年前のレートに戻ったのです。

ところが下がったドルとの関係だけからでは、40%という大きな実効レートの円安は見えない。このため政府は2008年以降の通貨戦略を「円高」と認識し、誤ったのです。前掲図6-4の実効レートでは、2007年にすでに70年代並みの円安でした。

⑤2012年末からのアベノミクスの円安でさらに70に下がり、1972年のペーパーマネーになったドルが切り下がったスミソニアン体制下の歴史的な円安（実効レートの指数で70）とおなじ実効レートに戻っています。

01年の1オンス293ドルから11年の高値1896ドルまで金が10年で6・5倍に高騰した背景には、ここで示したドルと円の実効レートの関係がありました。

簡単に言えばこの間、ドルと比べられる円がドル以上に下がっていたからです。このため米国は金の高騰を無視しました（2013年まで）。

**〔人民元は上昇の一途だったが〕** 94年にドルペッグ制で国際社会に登場した人民元は、70年から95年までの25年間で2・5倍に上がった円を再現するかのように、94年の65から120（2016年）まで22年で1・8倍に上げています。しかし17年、18年は下げる傾向が見えています。原因は2018年の中国のGDP成長が相当大きく下がったことです。政府の公表値では6・6%ですが、中国内の政府も認めた権威ある研究機関は1・67%の成長でしかないとし

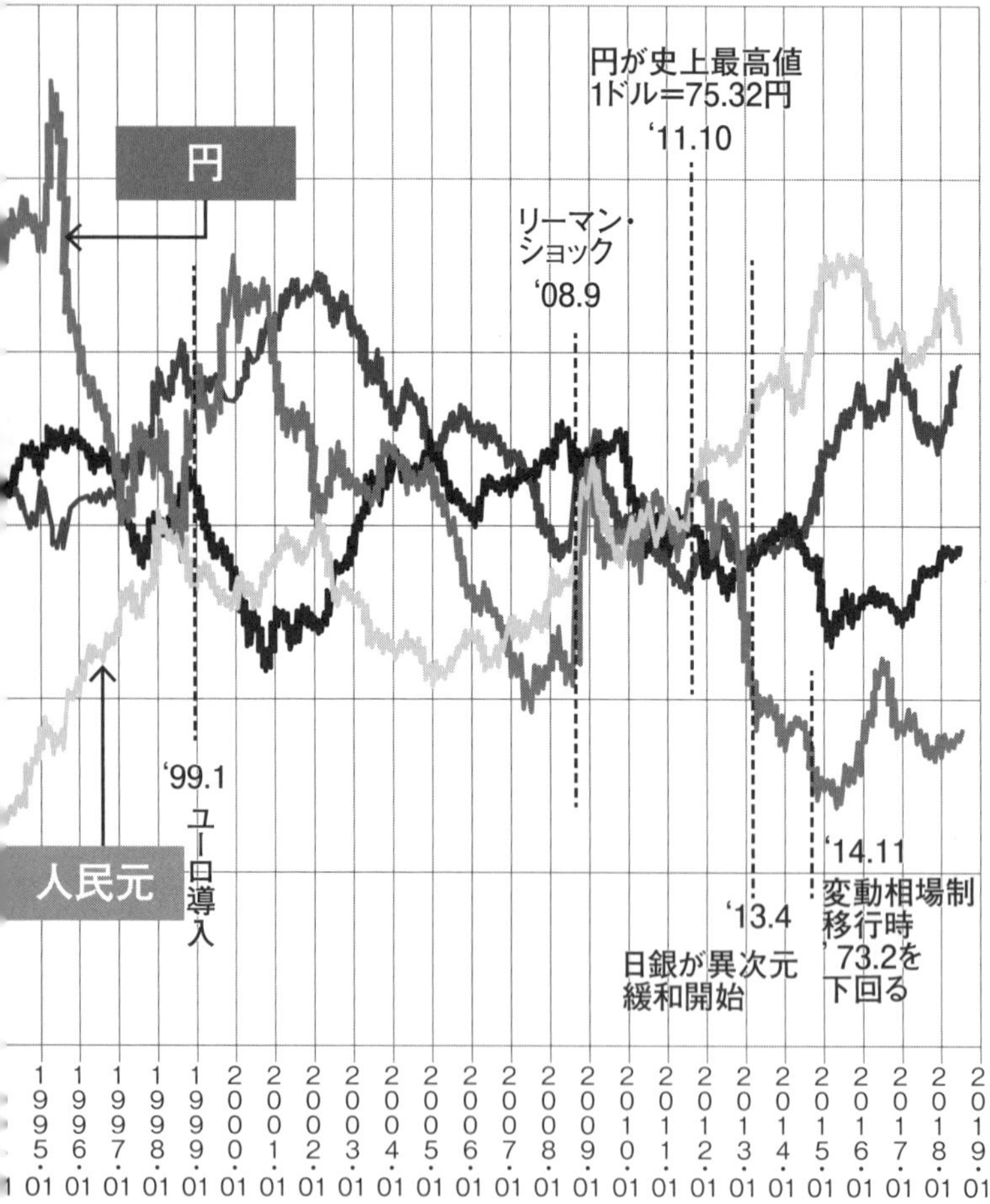

円
人民元
円が史上最高値
1ドル=75.32円
'11.10
リーマン・
ショック
'08.9
'99.1
ユーロ導入
'13.4
日銀が異次元
緩和開始
'14.11
変動相場制
移行時
'73.2を
下回る
1995.01
1996.01
1997.01
1998.01
1999.01
2000.01
2001.01
2002.01
2003.01
2004.01
2005.01
2006.01
2007.01
2008.01
2009.01
2010.01
2011.01
2012.01
2013.01
2014.01
2015.01
2016.01
2017.01
2018.01
2019.01

## 図6-4　ドル・ユーロ・円・人民元の実効レート（1970〜2019年の半世紀）

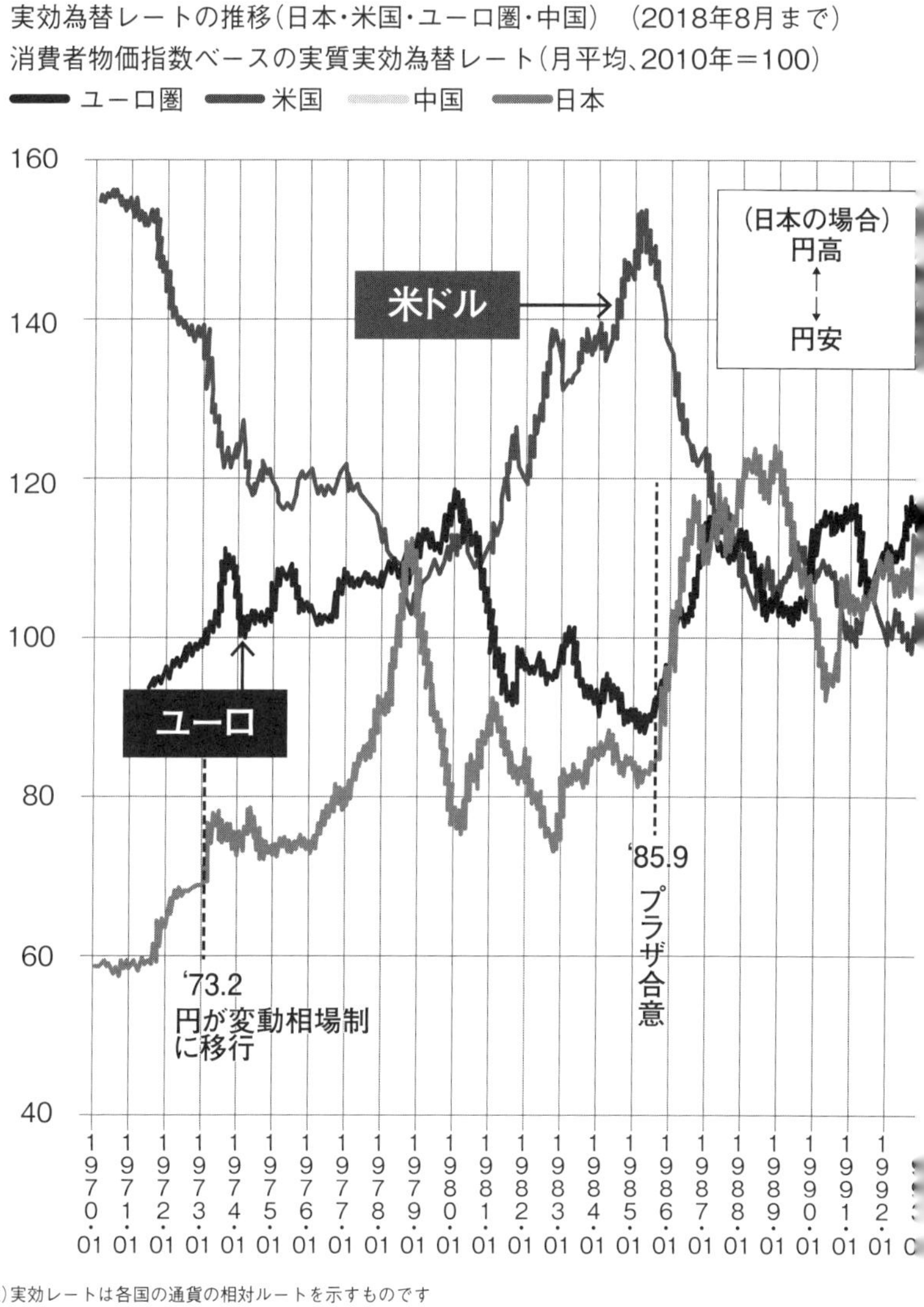


（注）実効レートは各国の通貨の相対ルートを示すものです

ています（中国人民大学国際通貨研究所理事兼副所長の向松祚《こうしょうそ》教授：18・12）。中国もすこしずつではあっても、情報公開に向かっているのでしょう。

「もし18年のGDP成長率6・6％が正しければ、これほど多くの景気刺激策を打ち出す必要がないはずだ。世界のどこがこれほど大きいのにまだ6％以上成長しているだろうか。あわてて金融政策、財政政策をこんなに緩める必要などない。唯一の解釈は我々の経済成長率はそれほど高くないということだ」（向教授の講演録）

## ドルペッグ制と米国による人民元の切り下げ

財政の対外的な信用が低い新興国や途上国の中央銀行は、海外との交易を可能にする目的から、ドルペッグ制をとることが多い。海外貿易には基軸通貨と自国通貨の交換（＝売買）が必要であり、交換レートが不安定なら貿易の障害になるからです。

①政府がドルとのレートを一定にきめ、
②年間の変動幅が2％や3％以内に収まるように、
③中央銀行がドルと自国通貨を売買して為替介入をしていく仕組みです。

人民元を圧倒的な筆頭にして香港ドル、パナマのバルボア、カリブ海の諸国、マカオのパタカなどがそれです。そしてサウジアラビアのリアルを筆頭に、中東諸国の通貨もドルペッグです。エルサルバドル、東ティモール、ジンバブエ、パラオ、マーシャル諸島、ミクロネシアは、国民から信用されなかった自国通貨を廃止し、米ドルを国内通貨にしています。

欧州とアフリカにはユーロペッグの通貨が多い。新興国・途上国の通貨の多くは、ドルまたはユーロに連結しています。目的は海外との貿易です。ドルペッグでは、まず輸出でドルを受け取り（これがドル買い／自国通貨売り）、「自国通貨買い／ドル売り」としてドルを使う輸入は抑え、政府または中央銀行に外貨準備を貯めなければならない。

**〈中国の開放経済の急成長〉**ソ連崩壊のあとも、共産党独裁の連邦国家をつづける中国では、1992年に鄧小平が「南巡講話」から、冷たい社会主義の中に熱い資本主義を取り入れることを示しています。人民元のドルペッグはその2年後です。94年からの開放経済と海外貿易、そしてドルペッグの3つは一体のものでした。

「先富の思想」といわれます。鄧小平は「資本主義化するからゆたかになれるものから先に富んで、つづく人民を引き上げよ」としました。人民元を安くしたドルペッグが5つの経済特区を急成長させました。竹のカーテンを撤去し開放経済へ向かったのです。経済成長に必要な資本と技術は、海外から取りいれる方法です。日本から中国への技術提供がないと、合弁事業は認められなかったのです。今も中国からの総輸出の50%は外資と合弁企業のものです。香港、台湾、ドイツ、日本、米国資本が多い。1990年からリーマン危機の前の2007年の17年間、中国は人類史上他にない二桁の高成長でした（17年で7倍：平均年率12%）。

外貨との交換性が弱く、公定レートより相当に低い闇レートすらあった人民元を1994年から「ドルペッグ制」に変えています。金融の近代化のために招聘《しょうへい》した米銀のゴールドマン・サックス（ロスチャイルド系の資本）の指導とアドバイスを受けた結果です。ゴールドマンは、鎖国を解いた明治時代の雇われ外人教授の役割を中国の金融において果たしています。

西欧の技術を取りいれた和魂洋才と、植民地化を防いだ富国強兵が明治の国策の柱でした。中国は明治日本の方法を採用したのです。中国共産党は海外交易を開いた明治日本と、王制が転覆したフランス革命を深く研究し、ひそかなモデルにしています。開放前の中国の経済は、明治の日本レベルだったからです。

**【中国をドル圏に組みこんだ米国の通貨戦略】** 米国は金融の近代化としてドルペッグを勧めて中国をドル圏に組みいれました。米国の30分の1の賃金で14億人もの人口ボーナスがある中国経済に成長の可能性を感じたのです。政商でもある投資銀行のゴールドマン・サックスは、のちに資産額で世界一になった中国工商銀行に出資しています。商工銀行は現在、資産額4兆ドル（440兆円）で世界最大です（2017年）。ドルペッグ制に移行するとき人民元を1ドル8・72元へと、前年から35％切り下げています（1994年：図6-5参照）。米国からの中国への投資コストと、中国からの輸出価格を下げるためです。

円では「1元＝11・07円」でした。現在はそれより50％高い16・58円（19年4月1日）。1994年の人民元の低いレートは、米国が中国での生産と輸出の利益を得るために「戦略的

## 図6-5　人民元のレート/円の長期推移（1980〜2019年2月）

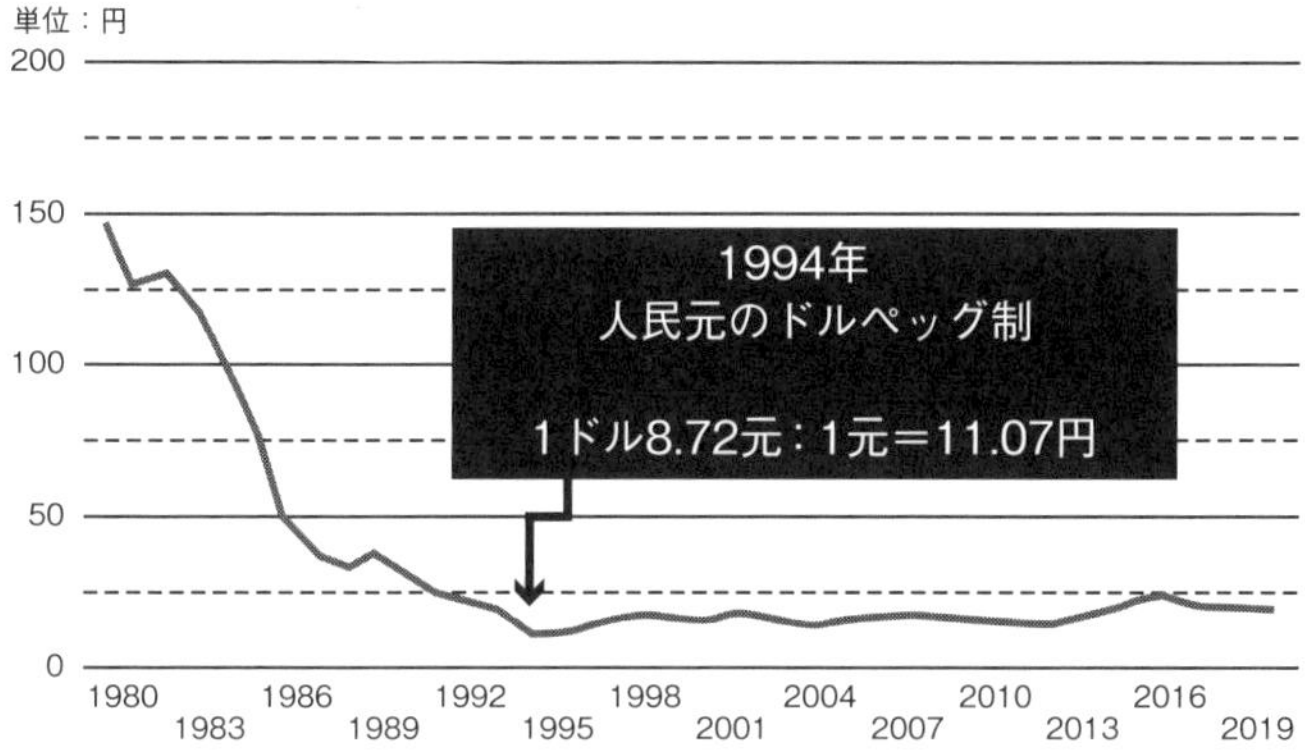


1994年が、元が安定したレートで、ドル・円と交換できるようになった開始年。ここから中国の輸出と投資による成長が始まった

につくった」ものです。

元が極端に安いと、米国からの投資コストはすくなくなり、つくる商品は安くなって世界に輸出できます。中国の輸出の50%は米国を含む外資企業のものです。米国は近年、中国政府の元安介入を非難していますが、元安の端緒は1994年に米国がつくったものです。米国は元安の90年代からコストが低い中国に2500億ドル（38兆円）を投資しています。その価値は平均10倍にはなっているでしょう。

このあと15年で日本のGDPを超え、25年後に米国のGDPの地位も脅《おびや》かす国になるとは、だれも想像していなかった。想定があれば現在の10分1、20分1以下の深圳《しんせん》の不動産を下がってもいいゴルフ会員権のつもりで買っていたはずです。1997年当時は、英国からの自由な香港が返還されたことにより中国政府が倒れるだろうと見ていたひとも多く、「香港の中国化」のリスクをいわない人はいなかった。結果は逆の「中国の香港化」でした。このころ香港島の海を見おろす邸宅が2億円でした。当時、さすがに高すぎると思った。今は10億円でも買えません。しかし数年内には、２０１８年からのＧＤＰの急減速は価格を下げるはずです。不動産も大きな変動をします。

約20年あとに立って思えば、歴史を読んでも未来は見通せないものと感じます。ほんとうなら、確定した歴史は主体的に未来をどうするかをきめるために学ぶものでしょう。見るべきは、なにがなぜ潰《つぶ》れて、代わりのものがどんな理由で勃興するかです。未来という、これからの時間は、ひとびとの脳の観念にしかない。フランスの思想家クローデルは「歴史は未来だ」と言っています。

１９９４年以前、人民元は公定レートと低い闇レートの二重制でした。その10年前の84年は公定レートでは「1元＝１００円」という高さでした。今の16・35円の6倍。元が6倍なら輸出価格も6倍です。輸出などできるわけもなかった。

80年代の高い元のときは、日本への輸出品は１００万円の段通、30万円の羽毛布団、高価な陶磁器の伝統美術品でした。１００均、ニトリ、ユニクロのような商品が押し寄せている現状では、80年代の中国の輸入品が高額だったことを知る人はすくないでしょう。

## 投資利益のため戦略的に低くした人民元のレート

前掲した図6-5に、1980年から2019年までの人民元の円との交換レートを示します。1ドル8・72元、1元11円台の6分の1に低いレートが米国・西欧・日本・台湾・香港から技術と資本を輸入した経済特区の工場、つまり輸出経済を生みました。

**〈ドルとの関係での人民元安定〉** 低い人民元レートでのドルペッグ制により通貨が安定した中国には為替リスクがなくなり、米国・ドイツ・フランス・日本・台湾・香港の企業が「近い将来のお金の匂い」を感じて陸続《りくぞく》とおしよせたからです。外資と技術導入が中国を成長させています。中国が短期で急成長することができた理由がこれです。この2つがなければ、中国の成長はインドのように遅れたでしょう。共産党政府は経済成長をつくる要因の導入で戦略的だったのです。インドの経済成長が遅れた理由は、ヒンズー教が支配しているためです。

ユニクロ、ニトリ、大創産業などがそれまでのおよそ3分の1以下の低価格で業界を席捲するのも、米国の戦略にのって元を切り下げた1994年から始まっています。

ドルペッグ制によって元のレートが安定した中国は、米国にとってゴールドラッシュの新大陸と見なされたのです。

どの国でも通貨の不安定と高さは、海外からの投資の障害です。当時、広州交易会に行ったことがあります。秋葉原のラジオ街に似た迷路の展示場に、世界のチェーンストアのバイヤーが集まっていました。香港の北の深圳《しんせん》の常住人口は1994年に300万人でした。今はその4倍の1253万人。都市人口の急増により、住宅価格も中国一高い。100㎡の日本並みのマンションで、1億円はザラです。条件のいい立地は2億円。

**〔2018年からの中国のGDPの減速原因〕** ただし2018年は、トランプ関税と、生産年齢人口が日本の1995年のようにピークアウトした中国経済の急減速から下落しています。95年からの生産年齢人口の減少が2000年から高齢化になり、2010年からの人口減になった日本からおよそ15年遅れであとを追っています。

2012年からGDP成長率が下がったのは、中国の経済の基礎構造が原因になっています（生産年齢人口のピークアウト）。米国は日本の10年遅れ、中国は15年遅れの高齢化です。これが長期的な経済の推移をきめます。

ただし米国では移民の多さ（累計3500万人）が白人の高齢化を補っています。白人の世帯は日本とおなじ少子高齢化です。白人女性の出生率は日本人女性（1・44人）より高いものの生涯で1・78人（09年）と、2・1人の人口維持水準を下回っています。希望の国に移住したヒスパニックや中華圏の移民世帯は多くの世帯で子供が4人。このため20年間で8000万人のベビーブーマー（日本の8倍）が大きな波のようにつぎつぎに60歳を超えても少子化ではない。このためGDPの成長は2％から3％台と高い。

## 【所得格差が激しくなった米国】

知っておかねばならないのは、米国の80％を占める労働者の実質所得は減っていることです。物価上昇（CPI）が長期で3・2％ですから、1年に3・2％増えても実質所得の増加はゼロです。20％のマネジャーや金融業と管理職の賃金が年5％くらい上がっています（所得の構成比では60％を占める）。これが格差といわれます。上位1％（200万人）は平均が37万ドル（4000万円）です。

日本の上位1％は年収1500万円（負債を引いた純資産は1億円）ですから、その2・7倍。中国の所得格差の公式な統計はありませんが、推計では上位1％は米国を超えるでしょう。感想と理由ははさみますまい。クルーグマンから絶賛されてベストセラーになったピケティ（『21世紀の資本』）のように書くと、圧縮しても10ページが必要です。

日本で65歳以上の人は退職のあとの約25年間に1億円の純資産は必要でしょう。住宅を含むと2億円。21世紀の20年は上位1％の所得が増える時代でした。令和の30年はどうなるか。向こう5年から8年でいえば、およそ確実な金融危機で既存の資産家の没落か……。金融危機のあとが重要です。

**【米国の高い株価のこれから先】**2019年の世界の株価（時価総額8000兆円：うち米国3000兆円、日本600兆円）と大都市部の不動産価格は、日・米・欧・中の中央銀行がそれぞれ400兆円以上を増刷した過剰流動性（マネタリーベース2000兆円）が元金《もとがね》になりました。これは借入金の増加による資産バブルなので、借入金が返済の臨界点になったときの崩壊は確定しています。

**〈日本の金利上昇〉**国債を増やしている世界の政府と国債を買って発行したマネーが負債になる中央銀行であっても、負債の裏にはその全部に貸し手がいます。その債権（回収権）の下落リスクを感じて売る時期が来ます。これが政府の国債の純減になり、中央銀行のマネー量も買ってきた国債を売って減らさねばならないときです。

国債とマネー発行は低い金利（低い負債コスト）のまま、金利の高騰リスクの臨界点を超えて増やすことはできません。日本では数年内に金利が上がる時期が来ます。「財政危機は絶対ない」とする政府の『中長期の経済財政に関する試算（10年試算）』ですら、2022年や23年ころからの金利の上昇を想定しているくらいです。国民の純預金を超えて発行された国債は日銀の買い増しが止まると、金融機関に国債を買う原資がなくなるために発行額面では売れず、金利（国債の利回り）が上がるからです。負債の増加は「時間と金利の臨界点の問題」になります。

**【人民元の戦略的なドルペッグ制】**

図6-6には、人民銀行のバランスシート（B/S）によりドルペッグ制の仕組みを示しています。

## 図6-6　ドルペッグ制の、人民銀行のバランスシート（2017年5月）

| 2017年5月 | 資産 | 内容 | 2017年5月 | 負債 | 内容 |
|---|---|---|---|---|---|
| 外貨準備（ドルが70%） | 365兆円 | 準備通貨 | 人民元発行額 | 124兆円 | 紙幣発行 |
| 金準備（過小計上） | 4兆円 | 隠し保有が多い | 銀行がもつ当座預金 | 382兆円 | 銀行の預金 |
| 貸付金 | 170兆円 | 企業・政府 | 政府預金 | 51兆円 | 政府の預金 |
| その他資産 | 41兆円 | | その他負債 | 23兆円 | |
| 資産合計 | 580兆円 | 日銀の1.1倍 | 負債合計 | 580兆円 | 日銀の1.1倍 |

人民元発行の裏付けは、365兆円の外貨準備（主は米ドル）である。365兆円の外貨準備に、①124兆円の人民元の紙幣、②金融機関が人民銀行に預けている当座預金の通貨（382兆円）が対応している。
外貨準備では、60%から70%がドル預金・ドル証券・米国債、30%がユーロだろう。

人民銀行のバランスシート（出所：中国人民銀行→MUFGより筆者作成 :1元＝17円とする）

人民銀行の資産のうち、外貨準備の365兆円分は、

①紙幣発行高である124兆円、
②銀行の当座預金382兆円、
③政府預金51兆円の価値の裏付けをする資産になっています。

このB/Sの1元は2017年の17円で換算しています。

ドルペッグ制の国のB/Sの「外貨（資産）=通貨発行（負債）」の構造は同様です。準備通貨になるドル（推計70%）とユーロ（30%）は、中国立地の企業輸出により蓄《た》めてきたものです。

企業は輸出によってドルやユーロを得ます。その外貨は仕入れ代金と経費、給料の支払いのため銀行で人民元に変換します（人民元買い/ドル売り）。

銀行にたまるドルは人民銀行が買い上げて元

を発行する。
これが銀行の現金預金（当座預金）になるというマネー循環です。
（注）銀行の資産総額で今は世界の4位までを独占する中国の4大銀行（総資産≒負債が13・6兆円）は、政府が株をもっている国有です。かっての郵貯とおなじです。党からの指示や意向を反映した金融政策をとります。三菱UFJグループ以外は、財務省・日銀が動かす日本の銀行とも似ています。米国の大手投資銀行（シティ・バンク、BOA、JPモルガン・チェース、ワコビア、ウェルズ・ファーゴが上位5行）は政府が直接動かすより銀行のCEOが財務長官になることが多く、官民一体です。FRBの株主が民間銀行であることからもきています。米国は18世紀の英国からの独立から、民間銀行と軍が政府をつくったとしてもいい国です。トランプの閣僚を見ると、これがはっきりとわかるでしょう。ロスチャイルド資本のゴールドマンとイスラエルはトランプを推していました。
輸出代金のドルを銀行から人民銀行が買ったものが、対外資産である外貨準備（3・1兆ドル～3・4兆ドル）です。外貨準備（対外資産）とおなじ額の人民元（負債）が銀行に供給され、銀行への貸付金が加わって現金の当座預金であるマネタリーベース（557兆円）になります。

マネーサプライは、
①当座預金口座にマネタリーベースをもつ4大国有銀行（合計資産13・6兆ドル：1500兆円）と、
②預金より金利が高い理財商品（投資信託の一種）を国民に販売し、元を集めたシャドーバンク（資産額900兆円）が34の省政府・自治区・直轄市・特別行政府と国有企業・

民営企業、世帯に融資したものです。

中国の公的マネーサプライは4大国有銀行を集計した1500兆円とされますが、当方はシャドーバンクの理財商品（900兆円）をいれた2400兆円（日本の1300兆円の約2倍）と見ています。

加えて中国には、政府から捕捉されていない富裕者マネーがどの国より多い。すくなくとも100兆円でしょう。米銀・スイス銀行・ロンドンのシティ・世界のタックスヘイブン・香港・マカオに預けられたマネーです。三菱UFJの資産に匹敵する300兆円かもしれません。国有企業には未認定の不良債権として、銀行会計の資本から実態で抜けたものが多い。不良債権の政府認定はおざなりで、ごく一部のものです（10分の1、20分の1ともいう）。

米ドルは、

①中国のドル圏（ドル買い）への参加によって、ユーロが抜けた穴を埋め、

②中国のドル買いによりドルの高さを守り、1973年からの変動相場の矛盾する基軸通貨のポジションを維持したのです。

他国の通貨を自国の通貨発行の準備通貨にするのは、変《へん》に思えます。しかし日本でも、円国債がマイナス金利で日銀が買いにくいなら、2%以上の金利のドル国債を買って円を発行すればいいという提案もリフレ派のエコノミストたちからは出ています（マイナス金利の2016～17年）。ただし「価格が上がると円が増発できる金を買え」という論は皆無です。今も米ドル

と米国債を買えというリフレ派は亡国のエコノミストにも思えます。長期視点では対外負債が過剰なドルの下落が想定できるからです（この件も後述します）。

通貨が安定しない新興国が基軸通貨を自国通貨の準備資産にするのは、中央銀行では普通です。基軸通貨は「金に代わるもの」とされることから、ドルペッグも奇妙な制度ではありません。

しかし米ドルは海外の外貨準備（合計12兆ドル：1320兆円）として買われる必要があるために、FRBは金の高騰（ドル価値は下落）を意識して上がりすぎたと思えるときは売りくずしの戦略をとっています。海外の外貨準備は米国にとって対外負債の一部を構成しています（米国の対外負債の総額は年1兆ドル増えて推計37兆ドル：2018年）。

## 1896ドルに高騰した金とドルのその後

図6-7に、2010年から18年までの金の供給と需要を用途別に示します。2011年の高値1896ドルが今までの最高価格です。供給量は1年4300トンから4500トンで安定しています。鉱山生産がすこしずつ増えています。2018年で3346トンです。リサイクルは価格が高いときはコスト限界が上がるので1600トン台、平常は1100トン台です。

需要では宝飾用とされる地金が2000トンから2700トン台。これは価格が下がった年

## 図6-7　金地金の供給と需要(2010～2018年):単位トン

| | 金の供給 | ①鉱山生産 | ②ヘッジ売り（先物） | ③リサイクル生産 | 総供給（トン） | 金の需要 | ①加工用 | ・宝飾品 | ・電子回路などの工業用 | ②投資用　需要（民間） | ③金ETF増加（ーは減少） | ④中央銀行の買い越し | 金需要総計（トン） | 年平均の金価格（1オンス）ドル |
|---|---|---|---|---|---|---|---|---|---|---|---|---|---|---|
| 2010 | | 2,744 | -108 | 1,682 | **4,316** | | | 2,040 | 460 | 1,202 | 420 | 79 | 4,203 | 1225 |
| 2011 | | 2,846 | 22 | 1,667 | **4,535** | | | 2,084 | 428 | 1,495 | 238 | 480 | 4,728 | 1572 |
| 2012 | | 2,917 | -45 | 1,684 | **4,556** | | | 2,121 | 381 | 1,300 | 306 | 569 | 4,678 | 1668 |
| 2013 | | 3,076 | -28 | 1,263 | **4,311** | | | 2,701 | 355 | 1,707 | -915 | 623 | 4,472 | 1411 |
| 2014 | | 3,155 | 104 | 1,191 | **4,451** | | | 2,499 | 348 | 1,040 | -183 | 583 | 4,287 | 1266 |
| 2015 | | 3,233 | 33 | 1,116 | 4,363 | | | 2,428 | 332 | 1,074 | -128 | 576 | 4,256 | 1160 |
| 2016 | | 3,236 | 33 | 1,295 | 4,590 | | | 1,995 | 323 | 1,048 | 546 | 398 | 4,590 | 1251 |
| 2017 | | 3,268 | -30 | 1,160 | **4,398** | | | 2,122 | 392 | 1,029 | 202 | 371 | 4,394 | 1258 |
| 2018 | | 3,346 | -23 | 1,172 | **4,495** | | | 2,270 | 334 | 1,090 | 69 | 651 | 4,490 | 1268 |

度に増える傾向をもちます。投資用ゴールドバーは1000トンから1700トン。13年の金ETFが売られて価格が下がった年度に1707トンに増えています。

## 【1800ドル台への高騰のあと金価格を下げた金ETFの売り】

**〈金ETFの2種〉**図6-7は金ETFの増加量も示しています。マイナスはETFの売り越しによる減少です。ETFには顧客に売られたとき、発行会社が地金を買って保管するものもあるからです。ETFには①金との交換が可能なものと、②ETF価格は地金とおなじであることが保証されても金には交換できず、株の売りのように現金で清算されるという2種の金証券があります。ETFと地金の価格に差があるときは高いほうを売って安いほうを買う、証券会社の裁定取引が瞬間にはいるので両者の価格は秒単位で一致します。

FRBが裏で画策している金の価格調整のための金ETFの大口の売り越しが、2011年の高騰後の金価格を下落させる要素になっています。13年から14年に見られるように、金価格を大きく下げるとき、金ETFの売りが大きくなります。この売りにはFRBの「金が上がりすぎたと見たあと価格を下げる誘導」をする意思が見てとれます。

## 【2010年から中央銀行グループは買い増しに転じた】

リーマン危機のあとの09年から金価格を上げる一番の要素は、中央銀行グループの合計での

## 図6-8　2010年から、金買い越しに転換した中央銀行グループ

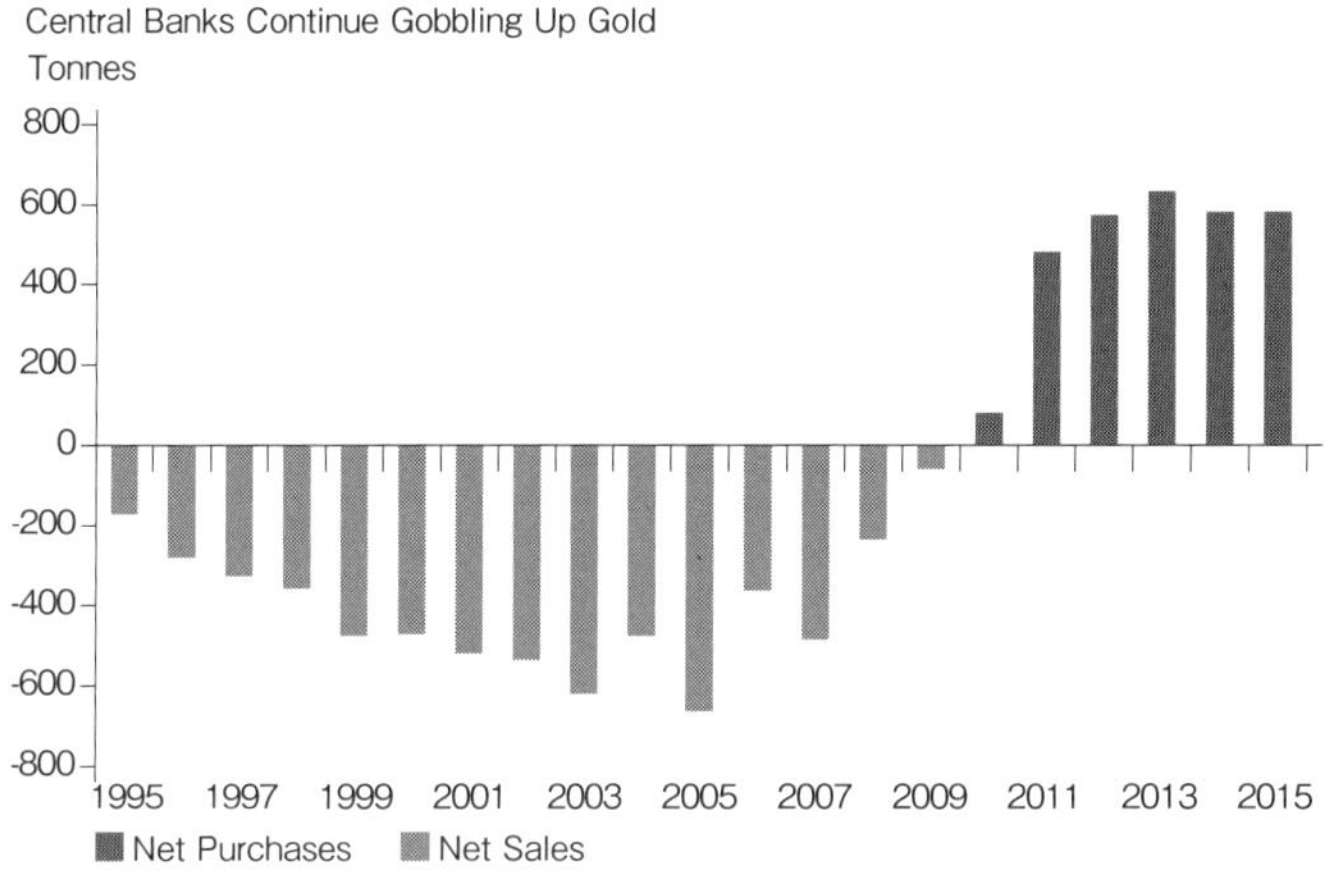


金地金の買い増しです。

　1999年からの中央銀行はワシントン協定により、金の放出は400トンを上限に制限しました。ところがリーマン危機でドル価値が下落したあとの2010年から400トンを上限にして売るどころか、逆の買い増しに転換しています。図6-8に示すように、11年からの中央銀行グループの買い増しが480トンから600トン台に増える年度が出ています。

　金地金の全体需給では、

①中央銀行グループが年200トンから400トン付近の売り越しをしていたリーマン危機前の2008年までと、

②そのあと、400トンから600トンの買い増しは600トンから1000トンの地金需要が増えたこととおなじです。

中央銀行のグループの買い増しが2008年以降、金を上げてきた一番の要素です。他方、下げる要素はペーパーゴールドである金ETFを使って下げをねらう売り越しです。このように金の地金の需給は、中央銀行とETFという単純な要素とねらいのものになっています。金地金の民間の生産と需要は価格の波動が原因になる3年くらいの中短期変化はあっても、5年以上の長期では安定しているからです。

**〈中国とBRICsの金買い〉** 中央銀行の中で金の買い増しをしていないのは、先進国グループです。買い増しをつづけているのは、中国が先頭のBRICs（ブラジル、ロシア、インド、中国）、トルコやアジアの新興国です。いずれもドルペッグかそれに近い通貨発行の国です。ドルが下がったとき通貨発行の準備資産が減ることになるため、ドルが下がるとき上がる傾向がある金を買い増しています。分散投資のポートフォリオの基本は、逆の値動きのものを等分に買うことです。これがリスクヘッジの基本原則です。

## 【BRICsと新興国の金買い集めの目的】

金の需要目的の分析からわかることは、「リーマン危機はドル下落の危機だった。準備通貨にしているドルの下落を補って、自国通貨を安定させるために米ドルが下がると価格が上がる金を買う」ということです。

**〈中国が金買い集めの先頭〉** BRICsの買いでは08年から伝統的に世界一の量を買っていた

インドを抜いて中国の買いが増え、2013年からインドと入れ替わって世界一をつづけています。2013年は①宝飾用とされている金地金の買いが1469トン、②ゴールドバーの地金が418トン、合計で1887トンでした（同年の世界需要4472トンの42％を占めます）。銅などの金属資源でも中国の買いは世界の50％を占め、世界の価格をきめていますが、金でもおなじになっているのです。まとめると、

①2008年以降、急に増えた中国の金買いが2010年代の金価格を上げ、

②価格調整のための金ETFの売りが下げる要素です（2013年の915トン分）。

宝飾用なら、地金の買いもIMFには申告しなくてもいいとされています。中国の金買いでは、宝飾用とされている900トンから1000トンを加工せず地金のまま、政府か人民銀行が買ったものが相当量、含まれているでしょう。

**【中国の金買い集め】**

中国は内陸部にある金鉱山で、世界一の450トンを生産していますが（2017年）、金の輸出は中国の本源的資本の海外流出と見なし、政府が厳重に禁じています。国産の金を含むと、中国政府には1年に1500トンレベルが集まっているでしょう。08年から18年までの累計で1万6500トンです。

**〈中国の金買いの目的〉**なにを目的に世界の金生産の40％以上を、08年のドル危機のあと中国

が集めつづけているか、その目的が報じられることはありません。人民元発行の裏付けにする、金準備以外にないと思えるのですが、人民銀行の金保有量は１８４２トンとされて増えていないのです（ＩＭＦの集計）。政府保有になっているのでしょうか。金は密輸の麻薬と武器の取引にも多く使われていて、ロスチャイルド系のＷＧＣ（世界金委員会）が作成した前掲図6-7の統計から漏れているものがすくなからずあるでしょう。

　有史以来の地上の金は公式には18万トンとされていますが、２０００トンの生産として90年分です。金は太古から競って採掘・精錬され、世界の王家の財産になり、火災でも溶けるだけで変質せず、金塊は残ります。海中深く沈まない限り、蒸発して消えることはありません。歯の金冠すら回収されます。すくなくとも公式な統計の18万トンの2倍の量がだれかの所有財として地球上に存在すると見ています。王家の相続の財産は、相当量が秘匿されて受け継がれるからです。

**〔ペーパーマネーと金〕**ペーパーマネーを50年山中にかくして掘り起こしたときは、浦島太郎のように紙切れに戻っています（およそ１００％の確率です）。50年前の銀行預金通帳もおなじです。しかし、おなじ50年の時間で金は紙幣に逆比例して数十倍、ときには１００倍に価値を上げます。中東やアフリカの王家、中国政府、スイスの山中、米国のフォートノックス、長期で金を買ってきたインドの地金の、秘匿《ひとく》を含んだ全量をＷＧＣに捕捉ができるわけがない。ただし徳川幕府の埋蔵金は嘘でしょう。金の国際価格を知らなかった幕府、藩、商人から、ハリスがメキシコ産の銀と交換して米国にもち帰ったからです。ジパングは寺院や住宅も金で葺《ふ》く財宝の国と思われていたからです。マルコ・ポーロの時代からです(『東方見聞録』:13世紀末)。ペリーの来航の第一目的も日本の金だったでしょう。

「ジパングは、カタイ(中国北)の東の海上1500マイルに浮かぶ独立した島国で、莫大な金を産出し、宮殿や民家は黄金でできているなど、財宝に溢れている。また、ジパングには、偶像を崇拝する仏教徒と、そうでない者がおり、外見がよいこと、また、礼儀正しく穏やかであること、葬儀は火葬か土葬であり、火葬の際には死者の口の中に真珠を置いて弔う習慣がある。」(同書)

# 第七章　中央銀行のマネー増発と金融資産の高騰

２００８年9月15日に銀行の決済不能から発現したリーマン危機のあと、米・欧・中・日の中央銀行は、10年間で２０００兆円のマネーを増発しました。それに端をなす米国の対外債務、中国の過剰債務のこれから5年を、論理的な展開として書いていきます。

4大中央銀行が増やした２０００兆円の過剰なマネーの上に、２０１９年の世界経済と金融的な資産がのっています。焼け始めた増刷マネーの覆いが、藁《わら》か、木か、鉄か。肝心なことは、その下にあるものが泡の空洞か、実体経済かでしょう。

4大中央銀行がマネーをしぼって正常化させると、負債の金利が上がり株価が下落し、国債の価格を下げるので実行できない。出口政策はとれず、過剰なマネーのまま、つぎの「負債の危機」に向かうでしょう。リーマン危機は米国の住宅からでしたが、つぎの危機は株価の下落からでしょう。

①米国の対外債務（36兆ドル：３９６０兆円）とバブル株価（時価総額３０００兆円）の維

持が難しいことからのドル危機、
②円では、GDPの2・4倍の政府負債（1304兆円：国債＋借入金）の金利が上がる問題、
③ユーロの3つのリスク（ドイツ銀行のデリバティブ7500兆円、南欧債のリスク、英国のEU離脱がもたらすGDPリスク）、
④中国政府の経済対策にのって借り入れが増えて、利払いができず、返せない金額にふくらんだ企業の負債（22兆ドル：2420兆円）をかかえる人民元の問題です。

あわせて、これから5年の金の価格を確かな根拠から予想します。リーマン危機の波及過程を研究してまとめると、つぎの危機の様態も必然的に見えてきます。そこから始めます。

## 中央銀行による2000兆円の増発の経緯と結果

改めて言わずとも、リーマン危機は1929年の大恐慌から79年目の「恐慌」に至るスケールのものでした。不動産のバブル（全米平均は2倍）を生んだ利下げを行ってきた元FRB議長グリーンスパンも「100年に一度の危機、バブルは崩壊してはじめてわかる（現役中はわからなかった）」といっていたくらいです。

高騰した住宅価格は2006年の半ばに、わずかに下がりました。これが端緒になって米国の銀行全体の危機、言い換えれば、デリバティブの危機になると予想していたひとはマレでした。早くからCDSを売って巨大な利益を上げたジョン・ポールソンくらいでしょう（『史上最大のボロ儲け』：2010年）。CDSの価格は債券価格の下落と逆比例して、レバレッジがかかって上がります。死亡率が急に高くなったときの生命保険の価値と同じです。

「下がり始めた」という認識は現在からのものです。当時は、それが何の始まりか見過ごされていました。小さな波動にしか見えなかったからです。

ところが変動金利のサブプライムローンと固定金利ローンを多数集めて合成し、

①MBS（不動産ローン担保証券）として仕立て上げた証券化商品の小さな下げが、

②CDS（債権の回収を補償する保険）の高騰につながって拡大し、

③08年夏にはAAA格だった不動産関連のデリバティブ証券が40％も下がったのです。

国債が40％下がったこととおなじですから、この衝撃の大きさがわかるでしょう。

**〈起点は不動産だが、ショックの波及が全面危機を生んだ〉** 原因は「証券化商品の全体に銀行がリスクを感じて、売った」ことでした。

株価が下がるときも、企業の期待純益の減少は小さなきっかけでしかない。持ち株の下げの恐怖から、売る投資家が増えることが暴落につながります。海底の地震が1000㎞先の津波になるような複雑系の波及です。端緒になった住宅価格の下げ率はたった数％だったのです。

これが証券化商品の売りと回収を補償する保険CDSの買いに火をつけて、2年をかけて大きくなっていきました。資産を失う恐怖がひとからひとへと広がって、社会的なショックになっていったのです。

デリバティブではCDSの保険価値の上昇が最初でした。住宅価格の下げで金融危機が起こったのではない。ふくれ上がっていたデリバティブ証券にかかるレバレッジが損失を拡大して、それが銀行システムの中で連鎖していったのです。住宅価格の大きな下落はそのあとでした。これはつぎの危機を予想するとき、肝心な事実になります。

**〈もっとも大きかったのは株への波及〉** パニック売りから90年代の技術革新で金額が大きくなっていた証券化商品では、価格下落がないとされていた米国債とおなじ信用のAAA格のものが40％下がりました。ジャンク債のBBB格は価格がつかなくなってゼロになり、銀行資産の縮小がチェーンのように連なって大手銀行の連鎖破産が想定されました。

これが住宅価格とはまったく関係がない米国株全体のパニック売りとして、波及していったのです。金融資産の喪失でもっとも比重が高かった株価の底値は、リーマン危機の日から6か月あとでした。市場での蒸発額は700兆円でした（株価は約50％）。金融危機になるのが当然の金額です。

金融のシステミックな危機を救うミッションをあたえられているFRBは、95年の歴史ではじめて3度の緊急QE（ドルの増刷）で400兆円規模のマネーを投入し、銀行システムを救済しています。予定外の3度になったのは、100兆円規模の1回のQEでは銀行のデフォルトの連鎖をおさめることができなかったからです。

**〔大きな金融危機の基本のパターン〕** 大きな金融危機であっても、起因は小さなことです。多くの人は、短期の価格変動として見逃します。

①それがまず少数の投資家グループの高所恐怖症に火をつけ、

②下げの局面での先物売り・空売り・CDSを買う投資家に利益を与え、

③遅延した津波のようにゆっくりと、しかし確実に広がり、

④最後は株価が50〜65%に下がったところで底打ちします。

起因の発生から株価の底値まで、およそ2年の期間でしょう。この長さを知ることは投資家にとって大切です。見通しが売買のタイミングをきめるからです。

バブルの崩壊の波及過程はフリードマンが1929年から33年の4年間の「大恐慌」において、研究したことでもあります。大恐慌のときは先物の売買と空売りはあっても、まだデリバティブはなかったので単純でした。証券の種類が5倍になると、25倍は複雑な入り乱れた動きになって、何が起こっているのか、FRBの議長グリーンスパンとバーナンキもわからなかったと回想しています。

## 【FRBが行った米国の大手銀行の救済】

米国の金融危機は不動産ローンの「回収権を証券化」するMBS（不動産ローン回収権の証券）、債権を集めてつくったCDO（貸付金回収証券）、ABS（資産担保証券）などの、銀行の間の双務契約であるデリバティブ証券の下落、そしてその逆のCDS（回収を補償する保険）の高騰から起こったものです。

米国債とおなじ格付けとされていたAAA格証券の下落は40％でした。米国、欧州、日本の銀行が保有していたものです。金額が大きなものとしては、債務の回収を補償する保険の機能をもつCDSがあります。対比すれば、7500兆円という銀行間デリバティブをもつドイツ銀行の5倍以上のリスクのエクスポージャーだったでしょう。エクスポージャーとは損失のリスクがある資産のことです。

## 【デリバティブ全体の本質的な原理】

**〈金融のリスクを等価で交換する〉**デリバティブの全部は、「金融のリスク部分」をお互いに売買しあう証券です。「証券価格、通貨、金利の変動部分」がリスクです。2000年代に急激に増えました。金融の時間リスクを証券に仕上げた銀行間の新種のマネーなので、BISが集計しています。

デリバティブでもっとも多い金利や通貨のスワップがその典型です。外為や金利の変動リスク部分の等価交換なので、スワップという。注意すべきは、交換のとき両者に認識されている

「確率的なリスク量の等価交換」であることです。

交換から時間が経ち情勢が変わると、外為のレートや金利も変わるので等価ではなくなります。スワップのあとの変化が契約者双方の損、または利益です。つぎのようにたとえるとわかるでしょう。普通は奇妙に思える「長短の金利スワップ」という取引がなぜ起こるか、です。

**〔金利スワップの事例〕** Aさんの住宅ローンの長期固定金利2％と、Bさんの、たとえば1％の短期変動金利の変動部分（＝ここが確率的なリスクの部分）を交換するのが、「金利スワップ」です。全部のデリバティブで通貨と金利スワップがいちばん大きい。

**〔条件〕** Aさんのローンの2％の金利は固定とします。10年間は上がるリスクはありません。しかしBさんの変動金利1％には上がるリスクがあります。上がるリスクがあるので、変動金利は利率が低いのです。

**〔合意〕** なにかの情報の判断からBさんは短期金利が上がる可能性があると思っているとします。経済情報はおなじでも、中身を読んだときの個人の判断は経験と知識により異なるからです。そこで銀行を通じて「金利スワップ」を申し込む。

固定金利のAさんには金利が上がるリスクはありません。しかし今払っている2％の金利が1％に下がるのは魅力でしょう。そこでAさんとBさんの合意ができ、Aさんの1億円・期間1年のローンの固定金利2％と、Bさんの10年の変動金利1％の「スワップ」が成立したとします。

**〈スワップのあと〉** Aさんはこのあと、Bさんの変動金利1％（年100万円）を払うことになります。利払いが200万円から100万円になるので一見、下がったように見えます。しかし毎月金利が変わる変動金利なので、そのあと10年の間に3％や4％に上がるリスクも含んで交換したことになります。

金利が上がったとき固定金利に戻せばいいと考えるひともいると思います。そのときは3％や4％に上がった変動金利以上に、1ポイントや2ポイント、固定金利が高くなっているでしょう（およそ例外はありません）。

**〈固定金利のBさんもリスクをかかえる〉** 一方、1％の変動金利との交換として2％・10年の固定金利を買ったBさんに金利が上がるリスクはなくなりました。しかし1年に100万円多く金利を払うことになります。2％の固定金利になったBさんのリスクは、銀行が新しく貸す固定金利が2％より下がったときです。逆に1％の変動金利になったAさんは、スワップのあとの短期金利が2％より上がるリスクも負っています。

以上が「長短の金利スワップ」という将来リスクの「確率的等価」の交換が生まれる原理です。取引が成立する理由は、固定金利と変動金利の双方が同じリスクをかかえているからです。

ファイナンス（金融）とは過去の数字を集計する会計（アカウント）とは違い、マネーの将来を言います。このファイナンスの将来リスクの等価交換がデリバティブ取引の原理です。

**〈先物売買にはサイクルがある〉** たとえば「株の先物売り」でも、限月までの株価が上がるリスクを買ったことになります。先物を売ったときの限月は、その時点の時価で反対の買いをしなければばならない期限の日です。増えた株先物や差金取引（CFD）での売買サイクルから、株価が3か月から6か月の変動パターンをもつ理由になっています。

**〈先物売りの裏に先物買いがある〉** 通貨・金利・債権・債務など、多種の金融商品に、先物の取引があります。その先物売りの裏には、おなじ金額と限月の先物買いを引き受ける投資家、あるいは証券会社が存在します。それらのひとがいなければ、先物売りと買いの取引は成立しません。先物の売買も限月までのリスクの損益が等価になる取引です。

**〈買うリスクと買わないリスクも等価である〉** 現物株であっても株を買うことは、株価が下がるリスクも買っています。逆に売ることは株価が上がるリスクを負ったことになります。リスクの観点から見ると、全部の金融商品の買いと売りではおなじ額のリスクをかかえます。

そして株を買わない大部分のひとたち（米国では60％：日本では94％）は、株価などの価格が上がったときも、預金の金利は上がらないというリスクをかかえています。株をもっていないひとには上昇しても利益がないからです。投資においての本質的なことをいうと、「買うリスクと買わないリスクは短期では等価である」というおどろくべき真理です。

## 【ブラック・ショールズ方程式の利用がデリバティブ全体を増やした】

ＧＤＰの期待成長率・物価・金利・失業率の変化などを実体経済の基礎指標（ファンダメンタルズ）として変動するマネーの将来リスクに着目したのがデリバティブです。それが将来のリスクを確率で計算をするブラック・ショールズ方程式でした。開発は１９７０年代でした。

この方程式から、だれもがリスクを計算できるようになって、金融商品のリスクの等価交換の取引が増えました。ただし銀行間だけの密室のＯＴＣ取引（店頭取引）なので、一般には知られなかったのです。とりわけ米国の90年代からの30年です。デリバティブの契約額は世界のＧＤＰの5倍から6倍以上に増え、お互いにおなじリスクを含んだ「金融資産＝金融負債」なのでインフレは起こさずに、２０１３年まで増える一方でした。それを示すのが、世界のデリバティブの未決済の残高です（ＢＩＳ：5京円から7京円を変動）。

**【ふたたび増えているデリバティブの契約残高（２０１８年）】** ＢＩＳの集計では、２０１８年6月末のデリバティブ契約は５９４兆ドル（6・5京円）です。17年末に対し、12％増えています。6・5京円は世界のＧＤＰの8倍に相当します（図7-1）。証券、株、金利変動のボラティリティ（2・5％の確率的な変動幅：1標準偏差幅（％）の2倍）が高まると、リスクをさけるためのデリバティブの取引が増えます。２０１４年、15年に減ってきた店頭デリバティブの残高は17年、18年にふたたび増加したのです。

この増加は、米国ＦＲＢの出口政策から①世界の、株価の下落のリスク、②それと金利上昇のリスクの高まりを示すものです。（ＢＩＳの統計）https://www.bis.org/publ/otc_hy1810.htm

## 図7-1　2014年から減っていたデリバティブの残高は、金融のリスクの高まりから、2017年から再び増加

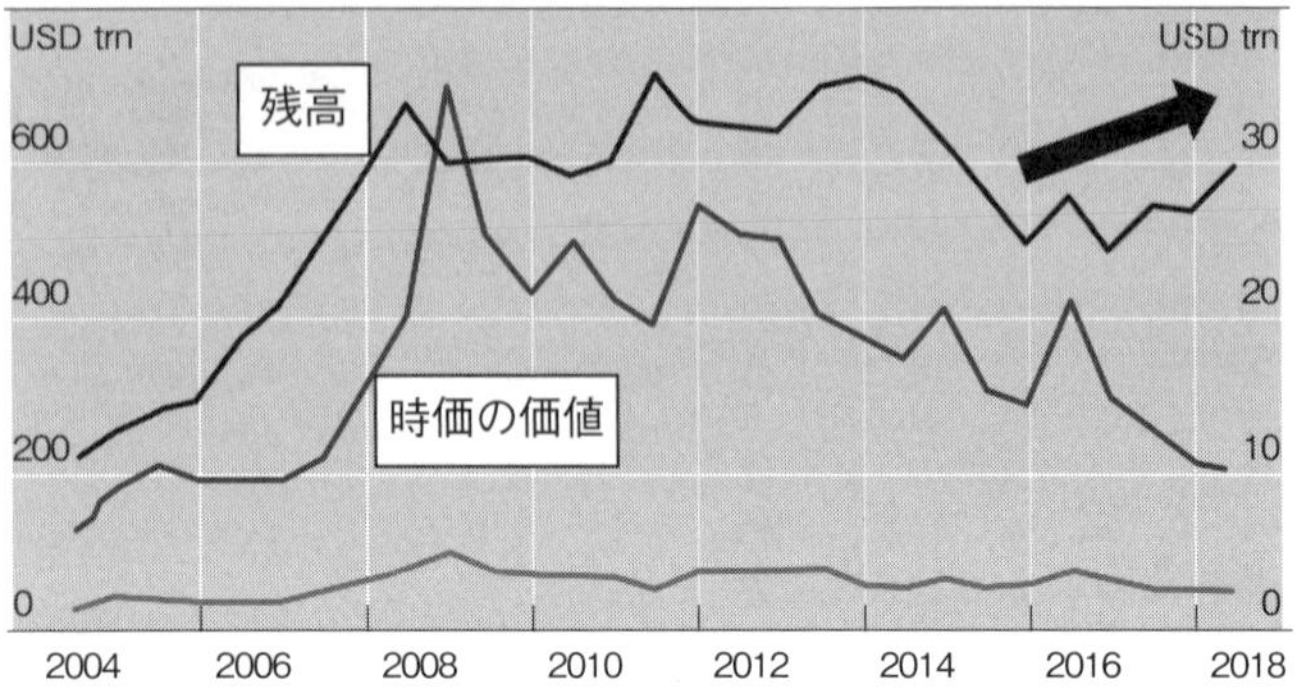


Lhs：—— Outstanding-notional amounts　Rhs：—— Outstanding-gross market values
—— Outstanding-gross credit exposures

http://www.bis.org/publ/otc_hy1810.htm

### 【リーマン危機へのFRBの対応のプロセス】

リーマン危機のあとのFRBの対応に話を戻します。

①FRBは不動産の下落（全米平均30%：都市部で40〜50%）から、もっとも問題が大きかったMBSを、40%下がっていた市場の時価ではなく額面金額で1・6兆ドル（176兆円）分買い取りました。売った銀行に下落分のお金「176×40%≒70兆円」を無償で供給したことになります。これがFRBから銀行への利益の提供でした。返済がいる貸付金ではない。MBSの下落の損失（70兆円）をFRBが被《かぶ》ったのです。

19年春は2013年の底値からは、2倍に上げています。ピークだった06年の平均価格を回復した不動産にともない、損が消えて正常な価

格に戻ったのです（ケース・シラー全米20都市住宅価格指数）。

②ＦＲＢは同時に、銀行がもっていた米国債を２・２兆ドル（２４２兆円）という高い価格で買い取って、期待金利をゼロ％に下げ、流動性（ドルの現金）を供給しています。

３回の合計で４兆ドル（４４０兆円）というＦＲＢ史上最大スケールのマネーを銀行に無条件であたえ、銀行が失っていた信用創造の機能（貸付金を増やす能力）を正常化させました（ＦＲＢのＢ／Ｓ：２０１９年４月）。　https://www.federalreserve.gov/RELEASES/h41/current/

銀行資産の収縮のときは、市中のマネー量（マネーサプライ）が減って米国株は売られ、危機の前からは50％も急落し、７００兆円の時価価値（ＮＰＶ：将来の企業純益の、割引現在価値）が失われていました（08年末）。失われた金融資産は、デリバティブ証券の下落による銀行の損失（約１００兆円）より７倍も大きかったのです。ＦＲＢの４兆ドルによってこの株価が回復し、米国経済は立ち直ったのでした。

## 【金融での複雑系の波及を研究したフリードマン】

以上がマネタリストの大家ミルトン・フリードマンが90年前の大恐慌で研究して論文を書き、しかしいまだにエコノミストには十分な理解のない「複雑系の金融におけるシステミックな波及」です。フリードマンは政治的にはおもしろくても、論理的にはつまらない俗説でしかない「金本位の無効」を結論にしたのではない。

①第一次世界大戦後の低金利が生んだバブル株価の下落が
②全米の銀行危機になり、
③預金でもあるマネーサプライが約30％減って、
④実体経済の恐慌（GDPの30％減少）になったという「複雑系の波及の様態」を研究したのです。

そのときはまだなかった複雑系という言葉を使ってはいません。しかし複雑系の内容である「波及のプロセス」がテーマだと述べています（『大収縮 1929‐1933』）。

フリードマンほどの学者は本質の究明に興味をもちます。

**〈複雑系の波及〉**リーマン危機は直接には、証券化商品の下落が生んだものです。しかしそれが株の売りに波及し、株式市場の700兆円の評価額を蒸発させたことにより、銀行の危機がGDP（商品生産＝所得＝需要）の実体経済を恐慌に至らせる恐れが生まれていました。

ところが学界の常として複雑系の経済についての、エコノミストの理解は浅かった。危機の2年前の2006年、リスクをさけるデリバティブ契約の急増としてBISの統計にはすでに表れていた金融危機の予告指標を彼らは見逃がしました（前掲図7‐1に、06年からデリバティブが2・5倍へ急増したのが見えます）。

08年9月の危機のあとも、前々FRB議長のバーナンキを典型例として、上流の水嵩《かさ》の増加（サブプライムローンのデフォルト率が15％に上昇）が半年の時間をおいて下流（株価の50％下落）に波及するという、複雑系の展開は予想できなかったのです。

**〔19年4月現在の重要な事実〕**現在に目を向ければ、２０１７年と18年は過去３年間つづけて減っていたデリバティブの残高が増加しています。これはリーマン危機の２年前の急増と似て、数年内の世界的な金融危機を示唆するものにも思えます（まだ小さい指標ですが）。１年後にわかる２０１９年末のデリバティブの残高を見れば、銀行資産の中の潜在的な不良債権による、インスリンをのんだ金融の低血症のような兆《きざ》しが出ているでしょう。

再び２００９年に戻します。米国の大手銀行はＦＲＢが供給した３・８兆ドル（４１８兆円）のマネーをもとにして、

①まず資産（Ｂ／Ｓ）を回復し、

②すこしずつ信用創造（貸付金の増加）ができるようになって、

③銀行はヘッジファンドや投資家にドルを供給したので、米国の株価は09年１月を底値にして大きく回復していきました。

代表的な５００社の加重平均株価であるＳ＆Ｐ５００の指数は、１５００から７００にまで56％下げていました。７００という底値は08年９月から６か月あとの09年３月でした。フリードマンふうに波及プロセスを追うと、このときから実体経済の危機でした。

図7-2　S&P 株価指数の長期推移（1996～2019年4月）

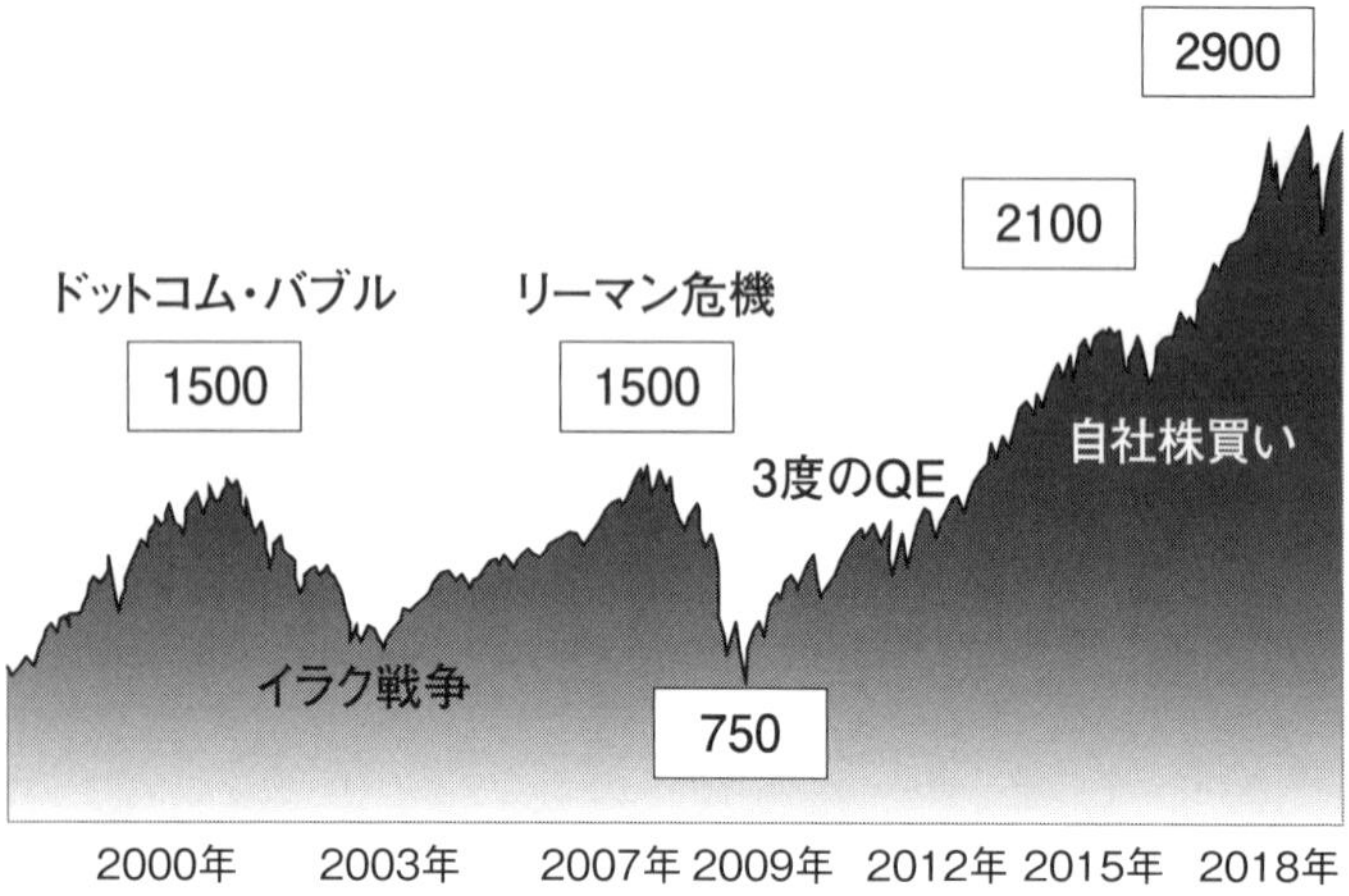


**【量的緩和が原因になった米国株価の反騰と急回復（14年12月）】**

ところがそのあと、図7-2のS&P500の株価指数は、危機を嗤《わら》うように長期で反騰をつづけ、7年あとの14年には危機前の1・3倍になっています（S&P指数1950）。

◎上がった株価を見て安心したのか、FRBはこのとき緩和の縮小を始めたのです。テーパリング（順次縮小）の始まりは、2014年1月でした。FRBのマネー投入と停止が原因だったので、株価の「下落～底値～上昇」と量的な緩和の「拡大～停止の動き」は一致しています。

ところがFRBが緩和を停止した14年10月のあとも株価は上がりつづけ、3年後の17年12月には危機前の約2倍の2900に達しました（S&P500指数）。これは変な現象です。あらゆる現象には原因があるはずです。

## 【株価が上がった原因は4兆ドルの自社株買い】

14年10月以降に1200兆円という株価総額の増加をつくった原因は、2011〜18年の40兆ドル（440兆円）の社債の発行による前例のない金額の自社株買いでした（ウォール・ストリート・ジャーナル紙：19・01・08）。これによって株価の時価資産は危機前の2倍に増えたのです。NYSE（ニューヨーク証券取引所）とナスダックの時価評価の総額は、空前の3000兆円という金額です（日本の約5倍：世界の40％：2019年4月）。2009年の危機の底値の660兆円から、企業と株主の金融資産が4・3倍に増えたことになります。推計では、この株価には30％から40％のバブルを含んでいるでしょう。900兆〜1200兆円は自社株買いによって上がったものに相当します。

金融資産の創造としては、FRBによる418兆円のマネーの投入が株価では7倍のレバレッジがかかり、2340兆円のマネーになったことを示しています。このうち1200兆円が2011年から18年の8年間での440兆円の自社株買いによるものです。

日本の自社買いは、増えても7兆円／年くらいですから、米国の大きさがわかります。

米国の銀行・保険・ヘッジファンド・機関投資家・世帯・海外投資家がもつ米国株の時価資産は、「FRBの量的緩和＋企業の自社株買い」により3000兆円にふくれ上がっています。

### 図7-3　米国の部門別負債（2008〜2018：BIS）

| 年度 | 米国の負債（単位は10億ドル） | | | |
|---|---|---|---|---|
| | 政府の負債 | 世帯の負債 | 企業の負債 | 合計 |
| 2008 | 9,198 | 14,283 | 10,313 | 33,794 |
| 2009 | 10,915 | 13,853 | 10,626 | 35,394 |
| 2010 | 12,240 | 13,683 | 10,125 | 36,047 |
| 2011 | 13,780 | 13,520 | 10,040 | 37,341 |
| 2012 | 15,631 | 13,346 | 10,365 | 39,342 |
| 2013 | 16,818 | 13,374 | 10,887 | 41,079 |
| 2014 | 16,915 | 13,566 | 11,461 | 41,942 |
| 2015 | 17,810 | 13,929 | 12,202 | 43,941 |
| 2016 | 18,767 | 14,618 | 13,408 | 47,070 |
| 2017 | 19,248 | 15,153 | 14,260 | 48,661 |
| 2018 | 19,674 | 15,466 | 14,962 | 50,102 |
| （08年比） | （211%） | （101%） | （145%） | （148%） |
| （GDP比） | （98%） | （74%） | （74%） | （246%） |

この金融資産が米国金融の信用創造を過剰に活発化させています。銀行の信用創造とは貸付金の増加のことです。

**【リーマン危機のあとの10年、米国負債は約50%の増加】**

危機のあと米国全体の負債は08年の33・8兆ドル（3780兆円）から、10年後の18年には50・1兆ドル（5510兆円）に増えました。リーマン危機のあとの銀行が、10年間行ってきた信用創造を示すものです。米国・日本・欧州の銀行が、ともに米国政府、企業、世帯への貸付に走り、貸出金・社債・国債の購入として1730兆円（1年平均173兆円）、信用創造額を増やしたのです（図7-3：米国の部門別負債の表を参照）。

これは、この期間のFRBのマネー投入

## 図7-4　全米20都市　住宅価格指数(1987-2019)

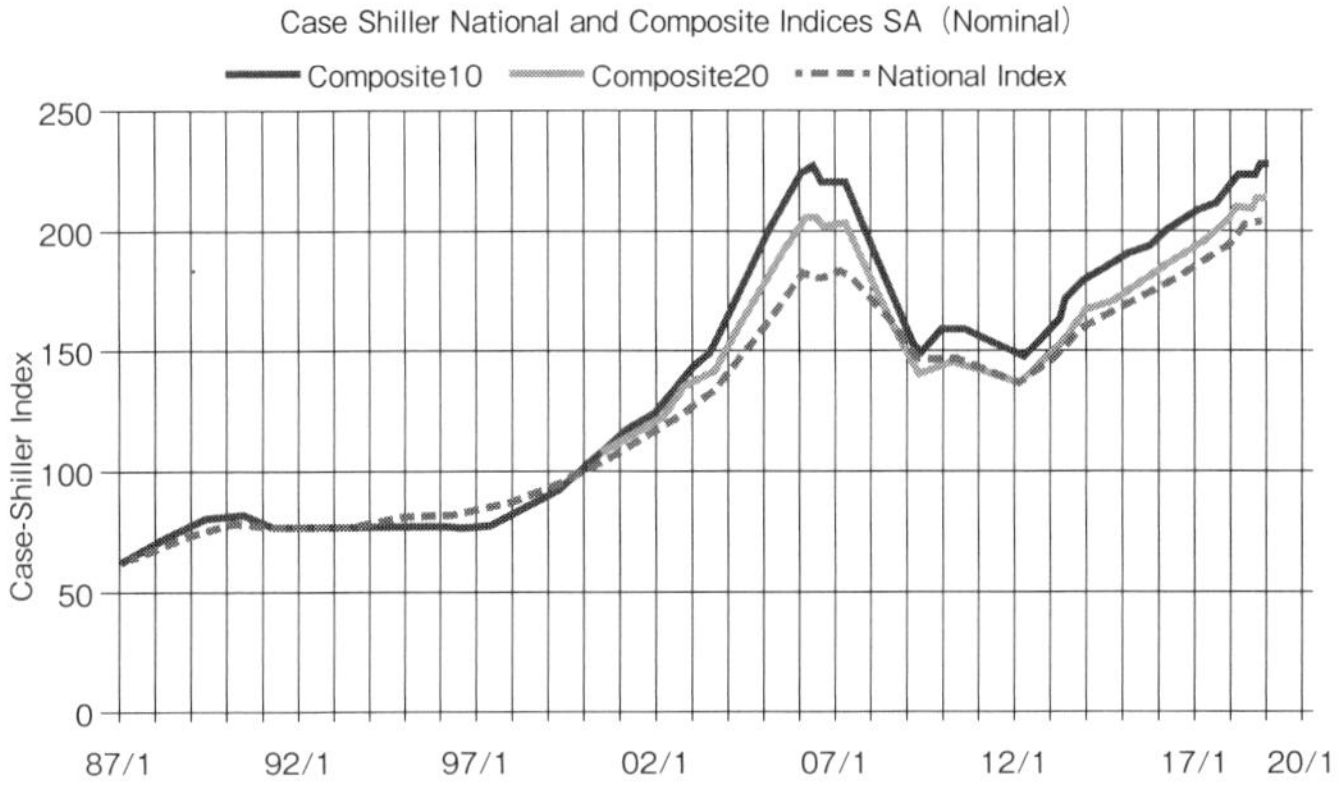


https://www.calculatedriskblog.com/2019/02/case-shiller-national-house-price-index.html

（418兆円）に対して、4・1倍になる銀行による信用乗数です。FRBが1兆ドルを投入するたびに波及し、銀行の貸付金が4・1兆ドル増えたということです。

**【GDP比の総負債は2・5倍になった】**

2018年での総負債は、GDP比で2・5倍（246%）に増えています。平均年率では9・4ポイント（%）増加です。この借り入れが増えるのを助けたのは株価と不動産価格の上昇です。

**【リーマン危機後の不動産は株価の上昇に3年遅れて上がった】**価格に粘着性があり、売買が株ほど速くない不動産の価格の動きは、一般に株価に遅れて株価よりおだやかです。20都市平均の価格指数は2006年がピークの206でした。09年1月には141へと30%下がっています。株価に約3年遅れて12年から上がり始め、そのあとも株価を追って直線的に上げつづけ19年の1月には06

年のピーク価格を越える214になっています。（図7-4：全米20都市の住宅価格指数1987〜2019：Case-Shillerの指数）

住宅価格の上昇は、商業用の貸付金の増加と健全化にもなります。不動産の価格という要素だけなら、米国金融は2018年で完全に回復しました。

日本の不動産価格が、地価バブル崩壊から戻っていないのは、日米の人口構造の違いからです。生産年齢人口の減少の95年からわが国の不動産需要は減りましたが、米国では海外からの買いもあって、増えつづけたからです。

https://www.calculatedriskblog.com/2019/02/case-shiller-national-house-price-index.html

## 通貨量が増え、株価と不動産価格をバブルにした時代

図7-5にFRB、ECB（ユーロ）、人民銀行（元）、日銀（円）のふくれ上がったB／Sをまとめています。欧・中・日の中央銀行もFRBに時間をおきながら、総計18兆ドル（2000兆円）の通貨を増発してきました。

中央銀行の銀行に対する通貨の増発が原因で、銀行は貸付金をその4倍ふくらませています。これが①リーマン危機のあと、半年目から株価を、②2012年からは不動産を上げてきたのです。

## 図7-5　米国、ユーロ、中国、日本の中央銀行のマネーの増発は18兆ドル（2000兆円）

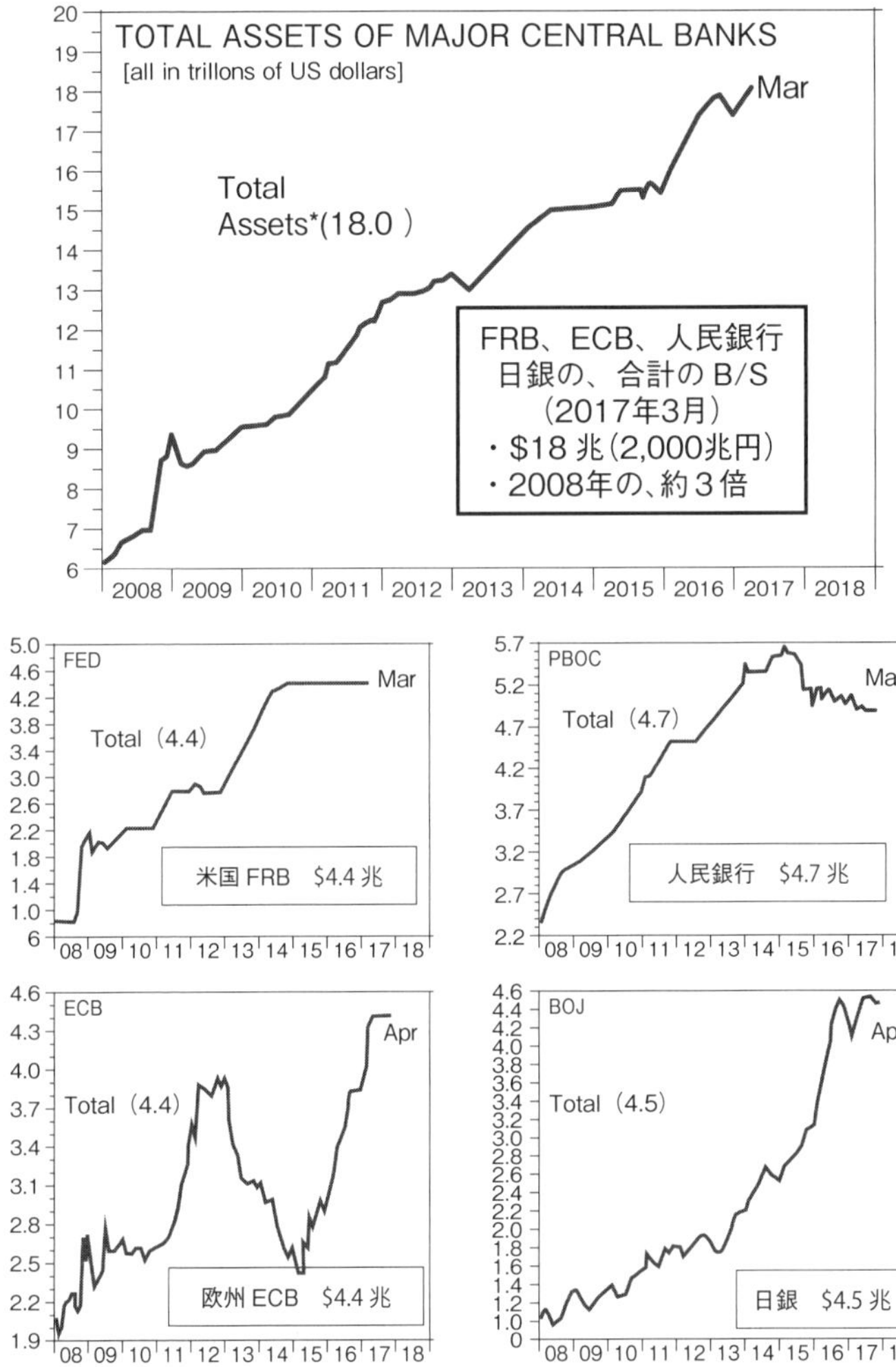


米国FRBは4.4兆ドル、ECBは4.4兆ドル、人民銀行は4.7兆ドル、日銀は4.5兆ドルのマネーを増発した（17年3月）。

銀行自体の資産は、保有していた株の上昇（平均3倍）によって回復して、２０１２年ころから正常な自己資本による信用創造（貸付金の増加）になっています。ただし平均自己資本は総資産・負債の５％と日本より低い。日本の銀行は約10％です。米銀の自己資本比率の低さは、つぎの危機のとき問題になります。

**〔日本の株価上昇と不動産〕** ２０１５年には、11年と比較して50％の円安（1ドル１２０円）になります。この円安によって為替差益が増えた海外生産と輸出企業が多い東証１部の株価指数が、米国並みに3倍に上がっても、不動産の価格は横ばいだった国が日本です。

原因は、人口が1年に０・４％（50万人）減っているからです。人口が減ると住むのに必要な住宅の戸数と総面積がすくなくなるので、東京圏以外では空き家が増えています。

空き家は２０１３年に８２０万戸でした（総務省）。２０３３年には現在の２・６倍の２１６７万戸になると野村総研が予想しています（全住宅7126万戸の30・4％：町の3軒に1軒が空き家という想像外の事態）。筆者が住む都市部の比較的に広い住宅街でも、70歳以上が独りで住む家が多くなり「この一年、（物置になった）2階に上がったことがない」というひとも多いという。住宅は①人口密度が上がる地域、②商業やリゾート需要から開発が行われる少数の地域以外では、需要面から価格が上がる原因を失っています。

まだ人口が増えている東京都は、２０２５年に１３９８万人でピークアウトし、おだやかに減り始めます。２０６０年までは年率で０・56％減（7万人：3・5万世帯分）と、19年の日本全体の減りかたとおなじレベルに上がります（東京都による予測：２０１５年）。

**〔米国の個人金融資産〕**負債とは逆の、米国の個人の金融資産は、１９９７年からは17年の20年で２・９倍の９０４０兆円に増えています（ＧＤＰの4倍超：世帯平均７５３３万円）。この増加のうちでは、持ち株の上昇分が70％と大きい。米国では、約60％の世帯が株をもつので、１世帯平均で金融資産が７５３３万円、平均年収６７０万円のじつに11年分。いかにも大きすぎます。米国は株価の下落によって、大きな金融危機を引き起こすでしょう。

**〔日本の個人金融資産〕**わが国の株を含む個人金融資産は１８６０兆円です。１世帯当たりの平均は米国の約半分の３５００万円。平均年収の約5年分です。これでも平均としては大きすぎるように見える理由は、個人の金融資産として意識しない年金基金と生命保険の積み立てがはいっているからです（２０１７年）。

このうち60歳以上の世帯が、全部の世帯の金融資産のうち64％にあたる１１９０兆円を保有しています（米国にはない固有事情）。残高は大きく見えますが、過去20年で１・４倍にしか増えていません。

日本人の個人金融資産（銀行の仲介で企業や政府への貸付）は米国人の半分です。国民がもつ預金は金融機関を通じて１１１０兆円の国債（国庫短期証券を含む）になっている点が問題になります。海外投資家は１３４兆円の円国債をもっています（18年12月：財務省）

## 【負債バブルが金融的な資産の高騰を生んでいる】

２００９年からの10年、われわれは世界のマネー量がバブル的に増えた渦中にいます。各国の中央銀行の①通貨増発（4大主要国では２０００兆円）をもとに、②銀行から経済に対して過剰に増やされたマネーが、③「借り手としての政府・金融機関・企業・投資家・個人」のマネーになりました。それらの投資（買い）を通じて株価と不動産を高い水準に上げています。

21世紀は、通貨と生産コスト、賃金の低い国でグローバル生産の分業が進みました（サプライチェーンの形成）。これによって名目ＧＤＰの成長を超える通貨量の過剰（マネー量×流通速度）が原理的にもたらすインフレは、消費財から金融的資産（不動産・株式・国債・債券）に移っています。フィッシャーの交換方程式（ＭＶ＝ＰＴ）は、金融的資産の領域で働いています。

ＧＤＰは資産を除いた「付加価値生産＝需要＝所得」です。物価の上昇も消費財だけが対象です。「不動産・株式・国債・債券などの金融的な資産」はＧＤＰの物価上昇、需要、所得には含まれていません。金融的資産の売買は、経済的な付加価値の生産と見なさないという理由からです。

２０１０年代からはとりわけ、これらの金融的な資産にマネーが向かっています。

このため消費財のインフレには、なっていない。むしろ生産費が低いグローバル生産の増加によりディスインフレの傾向が強くなり、消費財ではない金融資産の株・不動産・国債・証券のバブル的な高騰を生んでいます。これが２０１９年4月の世界です。

**【通貨発行の増加→貸付金の増加→負債の増加→資産価格の上昇という波及】**

「中央銀行＋銀行」による通貨発行の増加は、借り手の「負債＝預金」を増やします。負債のマネーは金融的資産の買いに向かって、その価格を上げています。そして上がった金融的資産が再び借り入れの担保になるという、マネーの増加の循環が起こっています。

「借り手の負債能力の増加→借り入れの増加→投資の増加→資産価格の上昇」というマネー量の螺旋階段の上昇にはいって、資産価格のバブルをつくります。過去、何回も繰り返されてきたことなのに不思議ですが、経済学にはまだこの学説がないのです。逆のデフレの学説もない。

今回のマネーの現象（働き）で大きな順にいえば、

①ゼロ金利から2％台の低い金利の国債価格の上昇（金利は一層下落）

②シラーの10年の平均純益で計算するP／Eレシオで30倍に上がっている米国の株価、

③人口減の日本を除く、世界の不動産価格の高騰です。

金融的資産の上昇は、投資家（金融機関・企業・世帯）の負債の増加によって生じたものです。負債が増えた根源に「ＦＲＢ＋ＥＣＢ＋人民銀行＋日銀」による２０００兆円のマネタリーベースの増加があります。

◎まとめると、「各国の中央銀行がペーパーマネーの発行を10年増やしつづけ（↓）銀行の貸し出しを増やし（米国では信用乗数が4倍）（↓）借り入れを増やし（↓）金融的な資産の買いを大きくして〔↓〕世界の資産の価格を上げている」のです。〔↓〕が時間の遅れがある、波及をあらわしています。

**【これから数年、問題発生の原因になるものは世界の負債の臨界点】**

マネー量増加の波及の本質的な問題は、どこまでいっても「金融資産＝ほかのひとの負債」であることから生じます。金融資産といっしょに低金利の中で負債が増えつづけて、2018年末には世界で250兆ドルになっていることです（2京7500兆円：世界のGDPの3・4倍：国際金融協会）。250兆ドルは金融資産です。そして別の誰か（政府、金融機関、企業、個人）の負債です。2京7500兆円の負債には、借り手が利払いと返済ができる上限があります。どこまでも増えつづけることはできない。「増えた金融資産＝増えた負債」ですから、株価・不動産バブルは必ず終わります。

**【負債は臨界点に達し、資産バブルは崩壊し、金融危機になる】**

図7-6には、2000年から18年までの世界の総債務を示しています。2000年には80兆ドル付近でした。18年に250兆ドル（2京7500兆円）へと3・1倍に増え、平均年率6・5%と世界のGDPの増加率よりずっと大きい。18年の残高は世界のGDP80000兆円の約3倍になっています。

## 図7-6　世界の総負債は250兆ドルに増加
## （世界のGDPの3.4倍）

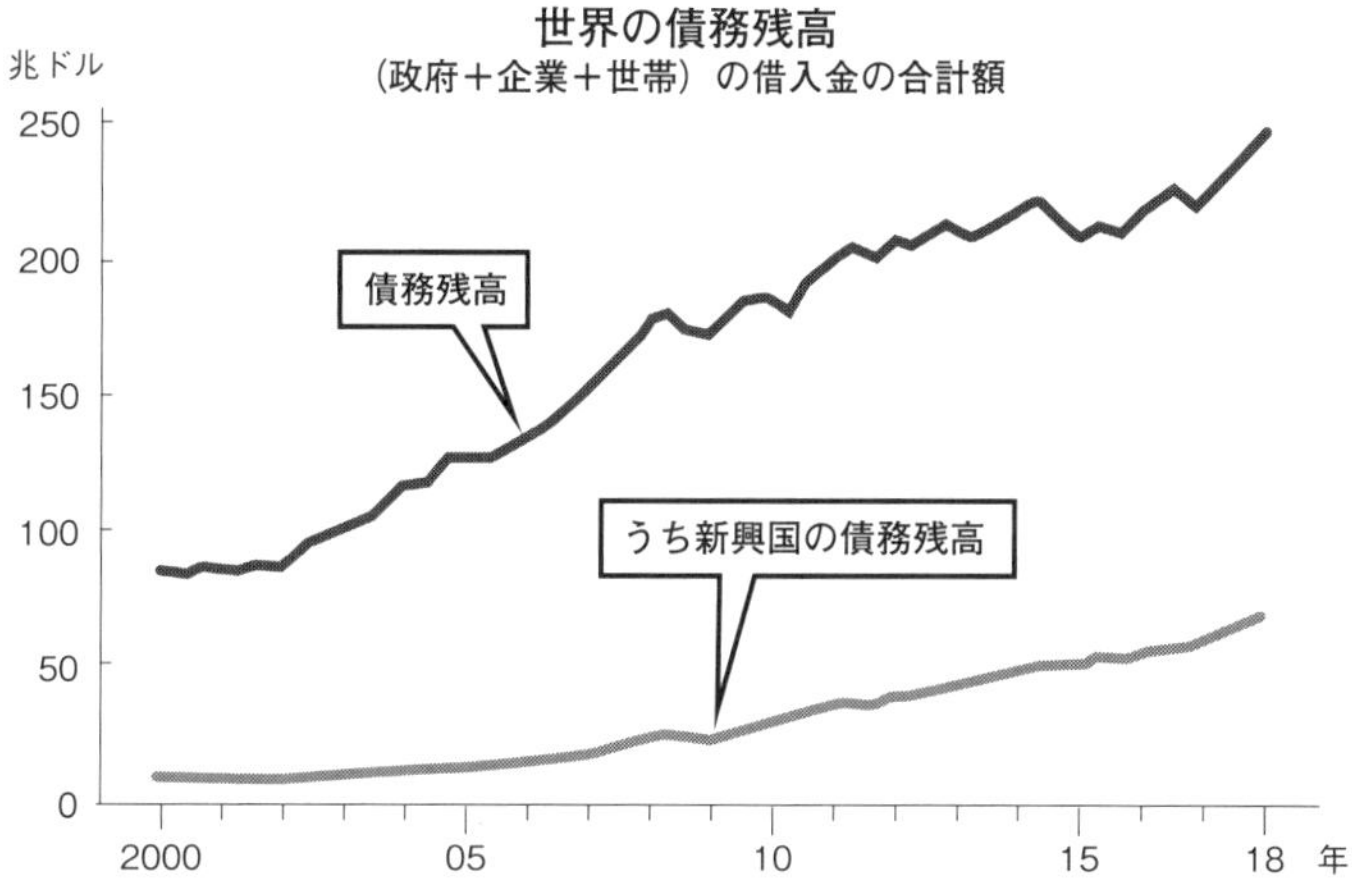


この負債に株価を加えたものが世界の金融資産です。「銀行からの総負債２京７５００兆円＋世界の株価総時価８０００兆円＝世界の金融資産３京５５００兆円（世界のＧＤＰの４・４倍）」になっています（２０１８年）。

**〔原因→結果〕**負債の増加率が名目ＧＤＰの増加率より数ポイント高いことが18年間、リーマン危機という金融収縮をはさみながらつづいています。この負債の増加が世界中で「金融的資産のバブル価格」を生んでいます。金融的な資産とは株価、国債、不動産、証券化商品の総体です。通貨も金融的な資産に属しますが、そのリスクはお互いのレートが動く変動相場ではわからないので、固定尺度である金価格との関係で見なければならない。

返済と利払いの時期がくる負債が、長い年数、名目ＧＤＰ成長率より大きく平均年率で６・５

い、ずつ増えると、負債の臨界点に至って資産のバブルはこわれる宿命にあります。借り入れが増えるとき市場のお金が潤沢になり、リスク商品への投資が増えます。しかし借りて使ったあとは、利払いと返済のときになるからです。これからの米国、欧州、日本、中国は、

①20年間ふくらみつづけた250兆ドル（2京7500兆円）を返済できるかという難題、

②8000兆円にふくらんだ株価を維持・上昇させることができるのかという問題に、

数年内に直面します。

マネー量の増加が止まったときは株や不動産が売られて、価格が崩落するバブル崩壊が起こります。マネー量が減るのはバブルが崩壊するときと並行しますが、時間的には金融的な資産の下落を追うものです。

◎現在の過剰流動性相場では、世界のマネー量の増加がとまったとき、金融的な資産の下落が始まります。最近では2018年10月から12月の米国株価の20％下落に、これが現れています。起点はFRBのわずか0・25％の利上げでした（18年9月）。それとFRBによる国債の少しの売りでした。これが10月から株の売りを生み、3000兆円だった時価総額を600兆円も下げたのです（18年12月24日）。この株価下落は、放置すればリーマン危機後10年目の危機になるものでした。FRBのパウエル議長は相当にあわてて19年1月に、「予定していた19年の3回の利上げを行わない、国債の売りも行わない」と発表しています。その後、米国株は20％回復して18年9月の株価に戻しています（19年4月24日：S&P500：

2927ポイント)。

いったんバブル価格になると、その裏ではだれかの負債がバブル価格といっしょに増えているので、バブル価格の長期での維持は、100%の確率で可能ではありません。

近い歴史では、

①90年の日本、5年で5倍になった株価と地価の崩壊、

②10年あとの2000年の米国、11年間で13倍になったドットコム株価の崩壊、

③8年あとの2008年の米国、10年で2倍になった住宅価格からの、住宅ローン証券の下落(100兆円：30%)が証券化商品全部の崩壊(400兆円)に波及し、株価の時価を700兆円下げたことからの危機でした。

リーマン危機は証券全体の下落であり、特別なものでした。理由は、すでに述べた2000年からの証券化商品(デリバティブ)の急増です。

## 【今日も増えつづけている世界の総負債2京7500兆円の意味】

リーマン危機から10年目の2018年は、世界で250兆ドル(2京7500兆円)というイマジネーションを超える金額の負債が、世界中で金融的な資産の高騰を生んでいます。

このバブルが崩壊すると、貸し手の「中央銀行+銀行」の不良債権になるので、世界スケールの金融のリスクが発現するでしょう。

**〔「時期」だけの問題〕**負債は増えつづけているので、利払いと返済が難しくなる「臨界点がいつくるか」という時期だけの問題です。

大切なことをいえば、次回の金融危機には別の問題がひかえています。

◎ＦＲＢ・ＥＣＢ・人民銀行・日銀がすでにそれぞれ4兆ドル以上にＢ／Ｓをふくらませたままであり（19年4月）、4大中央銀行はいずれも「マネー増発の余力」が小さくなっていることです。

リーマン危機のあとは、ＦＲＢが行った4兆ドルの増発（3回のＱＥ）を原資とした株価の上昇がともない、銀行危機から回復することができたのです。次回はどうなるか、どう処理できるのか……です。

**〔4大中央銀行が背負った問題〕**信用の余力が小さくなった中央銀行が通貨の発行をさらに増やすと、海外投資家と国民の側からよせられる通貨価値への信用が下がって、対外債務が大きな新興国通貨のように不安定で大きな通貨安になっていきます。

トルコのリラは、２０１４年には63円でしたが、19年4月は19円です（3・3分の1）。通貨はいざとなる時期には、主要国の通貨であってもトルコのような大きな下げになるでしょう。ところがドル・ユーロ・円・人民元の4大通貨の同時下落は、変動相場制の中ではあらわれません。

## 【変動相場の中での主要国の通貨の同時下落とは】

変動相場の相対軸の中ではドルと円がおなじ率下がっても、下がったようには見えません。どういう下げ方になるのか？

70年代の二度の石油危機を思い起こしてください。原油は6年で13倍に上がりました。しかしほんとうは増発されていたドルの13分の１への価値（購買力）の下落でした。下がったドルとの関係で２００円から２５０円台を維持していた円も、ドルと同時に原油に対して13分の１に価値を下げています。主要国通貨のおなじ時期の下げは、こうした形で起こります。

70年代に通貨の価値基準（尺度）となったのは、中東の原油の輸出価格でした。

次回は金の値段でしょう。金が１９８０年を再現して数倍から5倍に上がり、主要国の通貨が同時に下がると予想しています。相場は過去にしか記憶をもたない人間がつくる人為なので、上がるときも下がるときも、どこかのいつかのパターンを繰り返します。記憶や知識は過去のものです。未来の記憶はないからです。およそおなじ条件でのパターンは、過去に探すことができます。人間の記憶が、過去のことに未来を探すのです。バブル崩壊後の株価が、ピークの30％あたりを底値にする理由でもあります。

## 自社株買いがもたらした株価バブルと米国の対外負債

米国において第一の懸念は、2011年から18年の4兆ドル（440兆円）の自社株買いをおもな原因に（W・S・J・紙：19・01・08）、1200兆円分上がって3000兆円になっている株価の時価総額です。

米国企業において8年間普通に行われ、しかし並外れた自社株買いは分母の流通株数を減らし、1株当たりの企業純益（EPS）を67％上げています。同時期のS&P500社の純益額は、23％しか増えていません。つまり株価は、企業純益の金額に対しては47ポイント高く評価されています。米国の株価47％は自社株買いによるバブルと見ることができます。

時価総額が3000兆円と、世界の8000兆円の38％を占めているため、米国からの売買が世界の株価をきめています。事実、東証の売買額の70％を、ガイジンによる世界の株へのポートフォリオ投資（一定率をきめた世界の金融的な資産への分散投資）が占めています。リーマン危機のあと、3倍になっている日本株（日経平均）も、米国株とおなじリスクの土俵の上です。

**【シラーP／Eレシオは30倍を超えた】**

図7-7の、10年の平均純益で計算した「シラーP／Eレシオ」も、30％から40％は高すぎ

## 図7-7　シラーP/Eレシオは19年3月に、30倍を超えた
（インフレ調整後のS&P500の株価÷10年平均の企業純益）

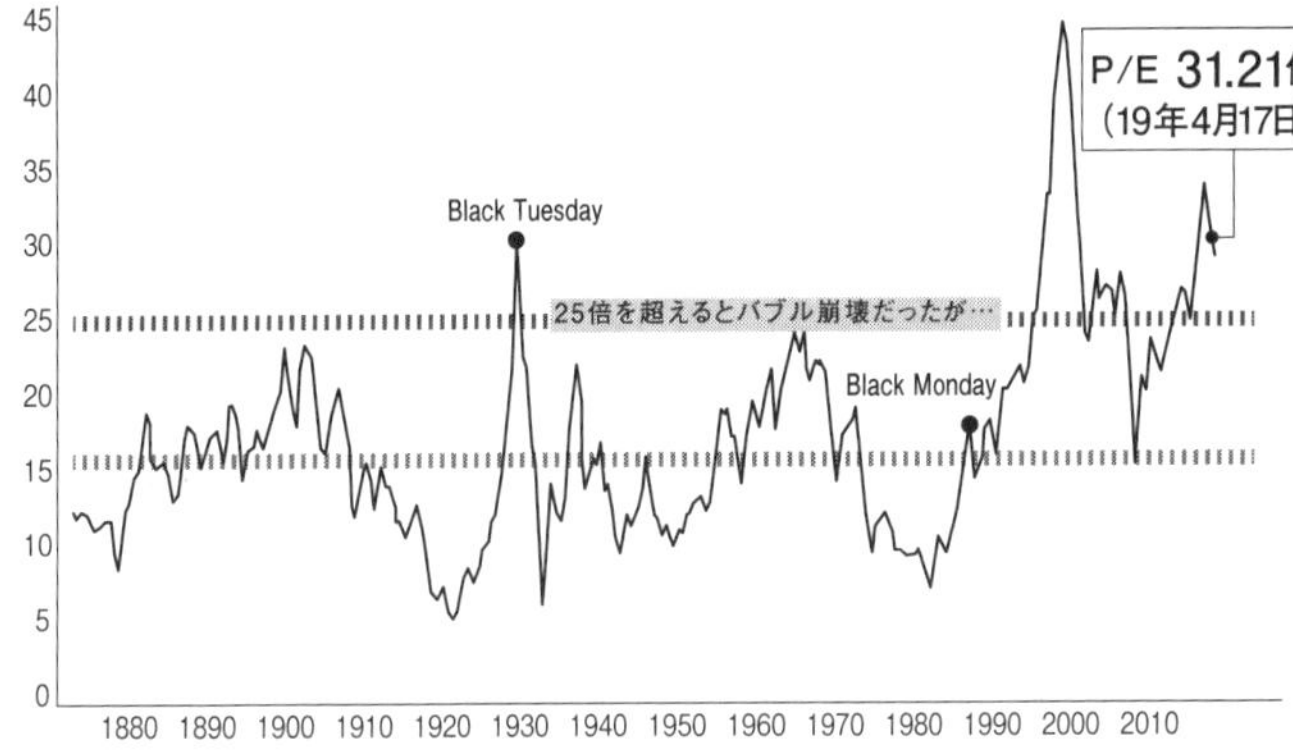


シラーP/Eは10年の平均純益で株価を評価したもの。1年では企業純益が変動が大きく正確なP/Eが出ないからである。2013年のノーベル賞経済学者のロバート・シラー教授（行動経済学）が開発。

ると見える現在株価を示しています。140年間の株価と、500社の税引き後の純益データから計算した「10年の純益でのP／Eレシオ」の平均値は15・7倍です。25倍を超えたときは2回、接近したときが3回です。この5回のあとはいずれも暴落しています。今度は下がらないといえる新しい根拠はない。人間は過去5回の下げの前は、あるいは下げたあとでも「今度は違う」といってきましたが、毎回、この願望は裏切られてきたのです。

**【とりわけ2011年からの自社株買い】**

2011年からの自社株買いの多くが、金利が2%台と低い米国社債（満期には一括償還するリスクのある借入金）の発行で得た現金で行われてきました。4兆ドルの借り入れを増やして流通株を減らし、1株あたりの純益額を仮想的に上げ、2011年から8年も株価を上げてきた

原動力が自社株買いでした。

2018年の自社株買いは1・3兆ドルととりわけ大きかった。ところがNYダウは1月2万6610ドルから12月2万2245ドルへと、16%下げています。2018年は、1・3兆ドルの自社株買いは会社の資本を増やさず（株の価格を上げず）、すでに借入金を増やすだけになっていたのです。


【問題になる2019年、20年の自社株買い】

問題は、2019年からの自社株買いの金額がどうなるかです。株価を上げる効果がないときは、負債だけが増えるだけになる自社株買いの実行は難しくなります。

自社株買いが1・3兆ドル／年から減っていくと、日銀が株ETFの買い（年6・5兆ドル）を減らしたときの日本株のように米国株が下落します（これは確実でしょう）。

〈今後の自社株買い〉半年先の19年秋の米国株の動きは、自社株買いが1・3兆ドルより増えることが難しくなってきたという原因から、予断をゆるさないものになっています。
◎株価が30%下がって、その先も反発する気配（市場の共同予想）もないと、900兆円の株価時価の蒸発から米国は金融危機になるからです。米国株の下落は時間をおかず、世界に波及します。これも確実なことです。
〈HFTの瞬間売買が60%〉2010年ころから世界の株式市場の売買では、60%がHFT（超高頻度売買）という自動プログラムになっている事実があるからです。1秒に数万回、数十万回の売買を繰り返すHFTでは、「下げるトレンドが出た」となると一斉に自動の売りが出ます。上がるときはピークを警戒しながら買うのでゆっくりですが、下げの局面ではリスク回避の売りを一斉に実行するので短時間で大きな下げをします（瞬きの間の下げなのでフラッシュ・クラッシュという）。

HFTのプログラム取引でつくられるのは、上げはゆっくり、下げは急速という非対称なパターンの罫線《けいせん》（グラフ）です。ファンドマネジャーはこうした瞬間的な自動の売りに、プログラムを停止する関与しかできません。PCの大きな画面を見て、「あ、売っている（または、ヘッジの先物を買っている）」という感じです。すでにおよそ10年も前から先物、オプション、ETFでは人間は売買していないのです。インターネットで見られるスイスのデュカスコピー（DUCASCOPY）では、10秒単位での株価の激しい動きがわかります。

## 第二の問題は36兆ドルと増えすぎた対外負債

高すぎる株価のほかに、米国の第二の不安は36兆ドル（3960兆円：GDPの1・8倍）に達し、1年に1兆ドルは増えつづける対外負債です。「日本＋中国＋スイス＋欧州」という対外純資産をもつ貸し手からみれば、対外資産です。ここでも当然、「債権国の対外資産＝債務

**図7-8　米国の対外負債、資産、純負債(09～18)**

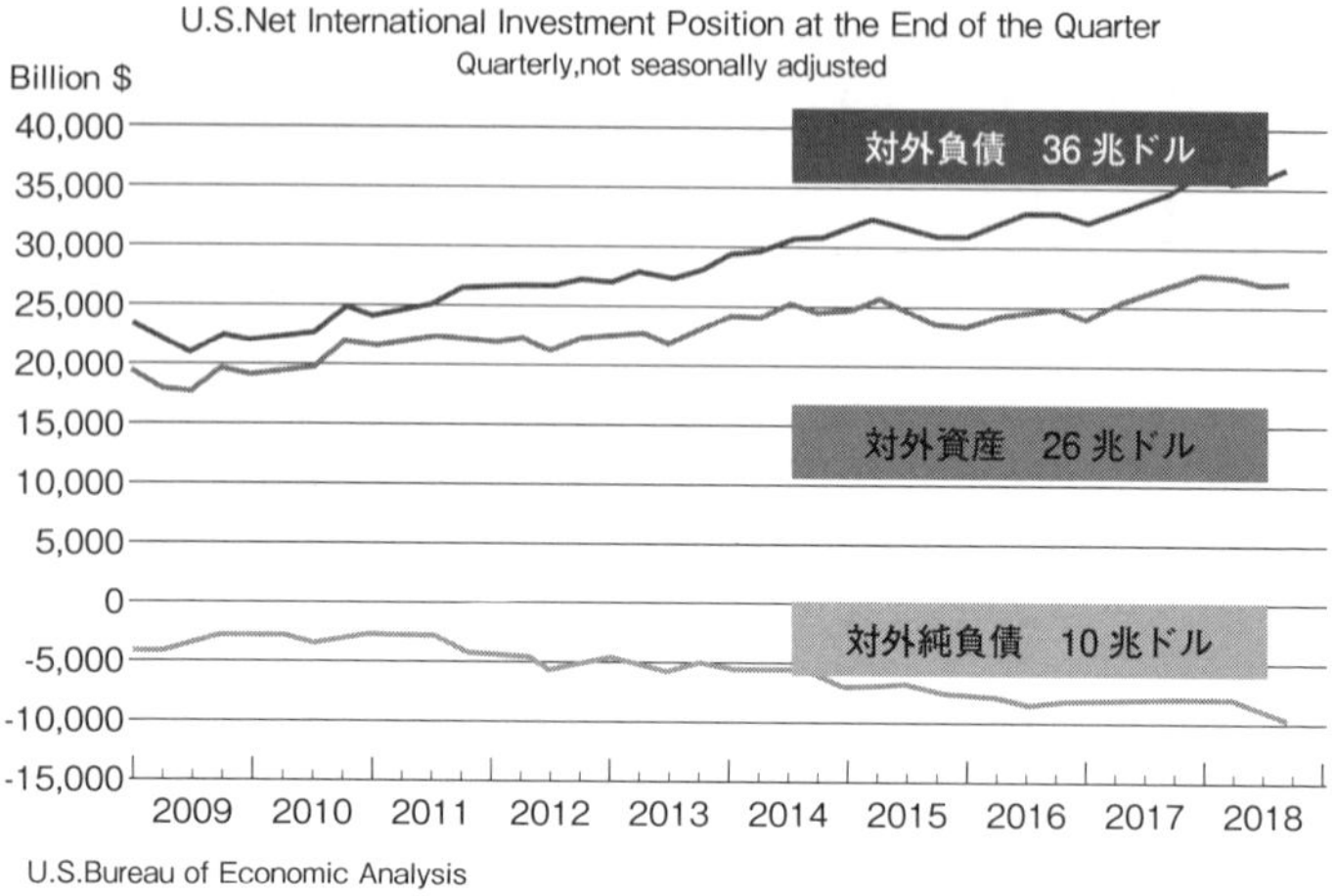


国の対外負債」です。

図7-8でこれを示しました。米国の対外負債は36兆ドルです。対外資産が26兆ドル、対外純資産は10兆ドルです。

①2017年からのトランプ減税（10年で1・5兆ドル）と19年度の軍事費の増加は、米国政府の財政赤字を増やし、

②FRBによる2018年の利上げ後の対外資産の引きあげ（ドルの米国への還流）も加わって、海外からの純負債の増加ペースが上がっています。

この対外負債には米国からの利払いが必要です。

**【対外負債の利払いだけでも1年に1兆ドル】**

株の配当と平均金利を低めに3%としても、元本を減らさない金利の支払いだけで1年に1

兆ドル（110兆円）です。1年でおよそ400兆円にはなる返済は行えず、全額が借り換えでのジャンプです。

◎米国の36兆ドルの対外債務の危機は、利払いが負債の増加になる時期から起こります。

①ドルの金利が上がって米国債の価格が下がり、金利の増加支払いを原因にして、対外負債が増え始めるようになったとき。

②借入金の金利が払えなくなって利払い分の借り入れ追加で負債を増やす企業とおなじように、米国にも対外デフォルトの時期が近づきます。

以上をまとめていえば、

①最近10年間の「中央銀行＋銀行」の信用創造、250兆ドル（2京7500兆円：前掲図7-6）による世界中のペーパーマネーの増加が資産にバブル価格を生み、

②負債の過剰から不良化の兆しが出ている中、あるいは不良化に向かう前後に、

③中央銀行と投資家からはドルの反通貨との認識になってきた金の価格は、どう予想できるでしょう。

## 数年後の金価格：金はドルと株の反対通貨という現象

図7-9に①1～2年の短期の金価格をきめてきた売買の4つの要素と、②およそ3年から

## 図7-9　金価格をきめている要素

筆者作成(2019.02)

(1) 短期的な要素の4項(1年から2年の、買いと売りの交錯)

金価格の多変量解析(要素は4項)・・・1年〜2年の期間の、短期的な売買

金価格(↑)=〔α×ドルの予想下落率〕+〔β×世界の長期金利の下落予想〕+
〔γ×株価の予想下落率〕+〔δ×株価のボラティリティ〕

(2) 中長期的な要素の2項(Buy&Hold)

上記に、バイ&ホールドの要素が加わって、長期トレンドをつくる・・・大きなバイ&ホールドの要素は、2項

①投資家の、金ETF(残高2440トン:2018年)の売りが増加するとき、下がる。(←米国FRBの価格調整)
→金が大きく下げるときは、2440トンの金ETFから、大口売りがあると見ていい。

②米国経常収支の、構造的な赤字から、ドルの長期的な下落を想定した、BRICsの中央銀行の買い増しが、
→ 合計で400〜500トン/年以上に増えるとき、上がる。
→ 08年以降のドル下落/元上昇(=47%)により、人民銀行の買いは、継続して大きい。
預金額で世界No.1の中国の金買いが、長期的に金価格を上げる最大の要素になっている。

の中長期の金価格をきめているバイ&ホールドの2つの要素を示します。合計で6つの要素です。

戦後の金価格の短期、中長期、長期の動きからつくったものです。

**【金はドルの反通貨】**まず金は各国の中央銀行を筆頭に、たくさんの投資家から「ドルの反通貨」であると認識されていることです。このため「ドルの実効レートが下がると金は上がり、ドルが上がると下がる基本の傾向」をもっています。これは投資家の認識によるものです。その上で以下の要素です。

**【1〜2年の短期】**これから1〜2年の金価格の短期の動きは、①ドルが下がる予想率、②世界の長期金利が下がる予想率、③米国株価の予想下落率、④S&P株価指数のボラティリティ(変動幅)などの要素からきまることが多い。い

ずれの要素もその率が上がると、金価格は上がることが多い。

## 【金価格において短期と中長期をきめる６つの要素】

ただし図の多変量方程式で４要素の重みであるαβγδの係数は、そのときどきで比重が変わります。過去の相関関係（あるいは並行関係）からデータセットをつくって、ＡＩふうに深層学習させ、過去の方程式の係数をきめることもできますが、数か月後の係数の定量的な予想は難しい。

複雑系の現象では、「原因→結果」が相関関係か並行関係かの判定は、原理的にできません。世界中の無数にいる投資家の売買理由が多すぎて、数式にできないからです。量子コンピュータのＡＩを使っても不可能です。これは集団的な社会心理といってもいいものです。金先物、金ＥＴＦを売買している投資家の心理（経済学的な期待）は、数か月で変化します。要素の係数がランダムウォークする現象は株価でもおなじであり、複雑系に共通の特徴です。

**〔中長期の要素〕** ３年以上の中長期のトレンドでは、金ＥＴＦが年３００トン以上の売りになるときは下がり、買いになるときは上がる傾向が強い。

◎もっとも大きな価格上昇力になる要素は、中央銀行の金の買い増しです。買い超が４００トンから５００トン以上になると、中期トレンドで上がることが多い。中央銀行が金を売り越すことは、２０１０年以後なくなっています。ＢＲＩＣｓの買い増しが増えるのは、米ドルが中長期にわたって下げるときです。中央銀行が買いを減らす年度はあっても、売り越すことはありません。

**〔数年内のドル危機のとき〕** 米国の対外純負債の増加は確実なことです。このため長期トレンドで金利が上がっていくと、数年内あるいは数年後に対外的なデフォルトの危機予想ができます。今のトルコのリラのようにドルが下げると（30〜40％）、金価格は1970円台や80年代のように半年から1年内に4倍から5倍に上げる可能性が高いと見ています。

**〔金の売買市場の特徴〕** 金は年4300トン付近からは増えにくい生産の構造なので、1000トン級の増加買いがあると数倍から5倍に上がるでしょう（過去の事実）。この価格形成の仕方《しかた》が、買いが増えると売りも増える株式市場と違うところです。

株は形がなく、すばやく売買される証券なので、先物・ETF・現物が売買されながら、上げと下げを繰り返して上がっていきます。しかし金が上がるときは、買いが増えて売りは少なくなる性質があります。市場の金が枯渇するため、価格は直線的に上がる性格をもっています。1970年代、1980年がその短期の実例であり、2000年代が長期の実例です。

**〔金の市場の構造〕** 金価格におけるこの価格の現象は、

①いったん買われた金地金は長期にホールドされるものが多く、
②需要が増えても、鉱山からの生産量に1年には、3千数百トンという設備限界があり、
③先物の売買は長期の価格に対しては中立的であり。

④金の地金は売られることが少ない、という4つの要素からきています。

埋蔵量が多い原油に対して、金は埋蔵量が少ないからです。

売られるものは短期では証券である金先物、1年から2年では金ETFです。

こうした市場の構造の違いから、各国の中央銀行と投資家からの金地金の買いがドルの下落予想から増えるとき、金の値段は短い期間で数倍に上がることも想定できるでしょう。

**〔株価と金価格の動きは、反対になる〕**S&P500の株価が下がる時期と同時にボラティリティ・インデックス（VIX）が上がるときは、

①株の損をカバーする代替資産として、

②金先物・金ETFあるいは金現物が買われ、金の値段が上がることが多い。

大口投資家や機関投資家にとって金地金は、50億円で1トンの重さになります。金額が大きいと現金輸送トラックでの移動と保管も大変なので、金証券のETF（上場投信）が使われることが多い。金ETFと金価格は裁定取引によって、常に一致する仕組みがあります。

**〔金先物売買の要素は価格にどう影響するのか〕**金先物の買いで上がったときは、限月までに清算の売りで下がるので、1年以上の金の価格に対してはおよそ中立的でしょう。先物の売買の変化は金価格の短期変動を起こすことが多いのです。

**〔株価が下げると追《お》い証《しょう》が必要〕**株価が下げるとき、金もいっしょに下がることもあります。

理由は、市場での換金が速い金を証拠金の10倍などのレバレッジで投資しているヘッジファン

ドや投資信託が売って益出しをして、株の下落のとき迫られる追加の証拠金（追い証）にあてるためです。

**〈3か月決算での益出し〉**　または3か月サイクルの決算のとき、投資家に開示しなければならない運用のポートフォリオ（異なる金融商品への分散投資）の、利益のための益出しです。

これらは短期的な先物買いの清算売りであることが多く、数か月あとには、再び買いのサイクルがきて上昇トレンドにもどります。

**〈アービトラージが生じる〉**　ただしリーマン危機の波及から、株価が大きく下げたときの金価格は、ドルと米国経済の危機と判断した投資家のドル債を売った買いが増えて、価格を上げています。こうした投資をアービトラージといっています。下がったものを売って、上がる可能性があるとプログラムから、あるいはファンドマネジャーが判断するものを買う代替投資です。

**〈相場は繰り返す〉**　投資家のマネーは、投資家集合から上がると心理的に期待される金融商品に向かいます。この心理的な未来への予想は過去の記憶からきます。「危機のあと上がったものはなんだったか」という心の動きです。

これが理由になって、相場のパターンはある期間をおいて繰り返します（期間は不定）。このときの記憶の期間は、一般には30年以内です。それ以上先は、普通は「事情が違う昔のことだ」と無視されます。30年以上前の現象を、共通な論理で現在と未来予想につなぐのは、受動的な感情と記憶ではなく、原理を探す投資家に備わった論理的な理性でしょう。記憶は短期です。

論理は長期です。この項に書いたことは、日経平均株価と金先物のシステムトレードのプログラムによる20年のバックテストから得られた知見のまとめです。机上の理論ではありません。

# 第八章　中国は問題解決のため新人民元創設に向かう

中国は2008年のリーマン危機のあと、米国・欧州・日本への輸出の減少によって打撃を受けました。中国の二桁の経済成長を引っぱってきたのは輸出です。

94年からの元のドルペッグ制のあと、米国、日本、ドイツ、フランス、香港、台湾の外資企業が資本と技術を投入して、土地と農村の出稼ぎ労働を先進国の30分の1の賃金で安く提供した5つの特区を中心に、工場をつくりました。そこで生産された商品の3分の1から5分の1という安さが海外の需要を生んでいました。

中国共産党は、人民の安定した統治には最低でも8%の経済成長が必要としていました。08年の11月に政府は4兆元（64兆円）の経済対策費を国有企業に貸し付けて設備投資を喚起し、リーマン危機のあとも二桁のGDP成長をつづけようとしたのです。

中国のGDPの中身では、設備と住宅の固定資本投資が47%と、とても大きい（日本は20%）。一方個人消費は35%とびっくりするくらいすくない（日本は59%：米国は71%）。

## 図8-1　中国の部門別負債（2008〜2018.03）

| 年度 | 中国の部門別負債：単位は10億ドル | | | | | | | | 政府GDP兆＄ | 実際の推計GDP兆＄ |
|---|---|---|---|---|---|---|---|---|---|---|
| | 政府 | GDP比 | 世帯 | GDP比 | 企業 | GDP比 | 合計 | GDP比 | | |
| 2008 | 1,152 | 29% | 757 | 19% | 3,928 | 97% | 5,837 | 145% | 4.6兆 | 4.6兆 |
| 2009 | 1,365 | 29% | 897 | 19% | 5,143 | 108% | 7,405 | 156% | 5.1兆 | 5.1兆 |
| 2010 | 1,749 | 33% | 1,359 | 26% | 6,429 | 121% | 9,537 | 180% | 6.1兆 | 6.1兆 |
| 2011 | 2,170 | 33% | 1,816 | 28% | 7,929 | 121% | 11,915 | 182% | 7.5兆 | 7.5兆 |
| 2012 | 2,646 | 33% | 2,227 | 31% | 9,819 | 123% | 14,692 | 187% | 8.6兆 | 8.6兆 |
| 2013 | 3,107 | 35% | 2,733 | 34% | 12,077 | 136% | 17,917 | 205% | 9.6兆 | 8.8兆 |
| 2014 | 3,697 | 38% | 3,312 | 34% | 14,096 | 145% | 21,105 | 217% | 10.5兆 | 9.1兆 |
| 2015 | 4,329 | 41% | 3,838 | 36% | 16,196 | 162% | 24,364 | 230% | 11.2兆 | 9.4兆 |
| 2016 | 5,021 | 46% | 4,706 | 43% | 18,090 | 166% | 27,817 | 255% | 11.2兆 | 9.7兆 |
| 2017 | 5,963 | 48% | 6,141 | 48% | 20,343 | 160% | 32,448 | 256% | 12.1兆 | 10.0兆 |
| 18年3月 | 6.428 | 54% | 6,629 | 55% | 22,052 | 164% | 35,110 | 262% | 13.4兆 | 10.3兆 |
| 08年比 | 5.6倍 | | 8.8倍 | | 5.6倍 | | 6.0倍 | | 2.6倍 | 2.2倍 |
| 平均増加 | 19%/年 | | 24%/年 | | 19%/年 | | 20%/年 | | 10%/年 | 8%/年 |

データ：BIS 世界の負債https://www.bis.org/statistics/totcredit.htm
実際のGDP推計は筆者による。GDP増加は2013年から3%に落ちている。

中国の経済成長の半分は、「設備投資と住宅建設の増加」で果たされています。

この設備投資と住宅建設の増加は、企業と世帯の借入金の増加分になります。

政府からの4兆元の緊急対策のあとも、今度は人民銀行から①4大国有銀行に500兆円の元が貸し付けられ、②銀行は企業と世帯に対して10年間の合計で28兆ドル（3080兆円：図8-1）という巨大な信用創造を行っています。これがリーマン危機のあとの中国の成長率の低下を底支えして、おぎなってきたのです。

図8-1は、BIS（国際決済銀行）の世界100か国以上の負債の統計から、中国の非金融法人の部門別負債を抽出したものです。中国政府の負債と不良債権のデータは、信頼性がないので、米国の負債とおな

じようにBISのデータを使いました。

## 政府と世帯の負債は正常

中国の政府負債は1・1兆ドルから6・4兆ドルへと、10年で5・6倍に増えています。平均年率で19・6％の増加です。中国では土地は国有です（共産党が国家ですから共産党のもの）。民間である企業や世帯は70年や90年の賃借権を買っています。政府（省政府）にとって土地を売ると税収になるので、合計負債は6・4兆ドル（GDP比54％）に抑えられています。

米国にはGDPにくらべて100％、日本にはGDP比240％の政府負債があります（2018年）。中国の54％は低い。日本や米国のような政府負債の問題は中国にまだ存在しません。ただし政府には賃借権を高くする誘因が働きます。これが中国の不動産価格が、年々上がってきた主原因になっています（工場用の敷地は安く提供しています。この点が「任意」です）。

**〔不動産は国有企業間の取引である〕** 政府の土地を企業が買うとき、4大国有銀行がこれもまた国有の建設業に貸付金を拡大させます。このため企業部門の負債は22兆ドル（2420兆円）と巨大になっていて、すでに利払いと返済ができる額をおよそ80％も超えているでしょう（あとで推計計算を示します）。中国企業の不良債権の問題は、世界史上で最大級に大きい。

2013年ころの負債額から見て、すでに問題は起こっているはずですが、銀行と借り主が国有企業であるため隠されています。

日本の独立行政法人が資産と負債を対照させるバランスシートをつくっていなかったこととおなじです（道路公団など）。中国の企業の不良債権は独自の中国制度が生んだ不良債権であり、公表データがない。マクロ経済データからの数値論理による推論しか方法がありません。

## 【世帯の負債額も問題はない】

世帯の負債は、おもに住宅を買ったローンの借り入れです。中国は住宅をもっていることが結婚の条件とされる文化です（インドでは金）。08年が0・75兆ドル、2018年が6・6兆ドル（726兆円）の負債です。日本の5000万世帯の負債は321兆円（18年末：日銀：1世帯平均642万円）です。中国の4・3億の世帯の総負債は、日本の総世帯の2・3倍です（1世帯平均は169万円）。中国のGDPも日本のおよそ2・3倍ですから、日本の世帯の約2・3倍の世帯負債は、普通の状態と考えていいでしょう。中国世帯の負債6・6兆ドル（726兆円）は、世帯の借金が世界一大きな米国15兆ドル（1650兆円）の2・3分の1で問題にならない範囲です。

## 利払いができない金額にふくらんできた企業の負債

**【企業の負債の概略】**

問題になるのは、22兆ドル（2420兆円）、GDP比で164％にふくらんでいる企業の負債です（2018年）。GDPの公的な成長率の10年平均の10％／年を2倍も上回る19％／年で増加してきました（図8-1）。政府統計によるGDPは10年で2・6倍なのに、企業の借入金は約6倍にも増えています。まずこれがGDP（＝企業と農業などの、個人事業の売上総利益の合計）との比較で、サステナブルな借入金ではない。最大でも4倍以下、普通は中国GDP伸び率に近い3倍が限度だからです。

例をあげてくらべると、日本の260万社企業の借入金は407兆円です（2018年：日銀）。GDP比で0・77倍です。中国のGDPに比例するように2・5倍にしても1018兆円。つつまり日本企業の負債並みであれば、中国企業の借入金は1018兆円です。これが実際は2420兆円ということから、おなじ売上規模の日本企業にくらべて借入金が2・4倍多いことがわかります。この借入金で平均金利が6％と高いと経営をつづけることはできず、普通なら、その前に破綻するでしょう。ところが不良債権は少ないとされています。ここに矛盾があります。

金利を数字にすれば、一層よくわかるでしょう。中国企業の借入金はおなじ売上総利益の日本企業の2・4倍です。日本の銀行の貸出金利は平均で0・75％です（19年3月）。他方中国の金利は6％です（同時期）。中国の企業負債が正常な債権なら、日本企業の利払いの「2・4倍×（6÷0・75）＝19・2倍」の金利を払っているはずです。日本企業のおよそ20倍の利払いです。3倍や5倍でも利払いは難しくなるでしょう。中国企業の負債は2013年ころから、利払いができる金額をはるかに超えてしまっています。といっても、これから返済はできない。

## 【GDPから見た企業負債の上限】

GDPは生産面では、企業と個人事業による商品生産の二重計算を除いた付加価値の合計です。「全企業＋農業・サービス業の個人事業」の生産の付加価値（仕入れ原価を引いた粗利得益額）に一致します。

中国のGDPである1474兆円（2018年）は、企業・個人事業の1年の売上総利益を示すものです。

（注）売上総利益は、「売上高－原材料と商品の仕入れ原価（卸売価格）」です。卸売価格の売上総利益も、「卸売上高－仕入れ原価」です。この売上総利益の二重計算を、レオンチェフの産業連関表で取りのぞいたものがGDPです。このGDPは、「世帯所得（人件費）＋企業所得＋設備と機械の減価償却費（劣化分の見積もり）」と一致します。さらに、この所得は、「消費＋貯蓄」とおなじです。

前掲図8-1の企業の債務2420兆円は、中国の全部の企業が1年に生む売上総利益の1474兆円（＝GDP）の1・6倍にあたります。これは異常といえる金額です。

最大でも、企業全部の合計の売上総利益の100%、つまり1474兆円が限度でしょう。「企業負債2420兆円－中国企業の最大に可能な借入金1474兆円」＝946兆円の超過です。GDPとの関係からも946兆円分、企業の負債が大きすぎます。

## 【金利の支払い能力から見た企業負債の上限】

つぎは中国企業の支払い可能な金利から検討します。中国の貸出金利率はずっと6%台です。短期金利は4・35%ですが、短期金利で借りるのは金融機関です。企業や世帯が借りるときは、長期金利です。公定歩合は人民銀行から銀行向けの短期の貸出金利です。中国は資本を自由化していないので、規制金利です（外貨交換を制限）。

（中国の金利）https://www.rakuten-sec.co.jp/web/market/data/cnt1ll.html

企業の総負債2420兆円に対して正常な利払いが行われているとすれば、「2420兆円×6%＝145兆円」が金利の総額になります。つまり製造・小売・卸・物流・サービス全部の企業の売上総利益（＝GDP1474兆円）の10%（145兆円）にあたるマネーが借金の金利の支払いに消えてしまいます。企業経営では、最大で見ても売上総利益のうちおよそ6%が利払いの上限でしょう。「(10－6)÷10＝40%→2420兆円×40%＝968兆円」は、正常な金利が2013年から支払われていない借入金と推計できます。

金利の支払いは借りたひととの絶対的な義務であっても、お金がなければ、払える分しか払えないからです。金利の支払いが6か月ない貸付金は、普通の国では不良債権です。しかし中国は、共産党が決める貸付であり、普通の市場経済ではありません。2420兆円のうち968兆円（38％）は、潜在的な（ほんとうは顕在的な）不良債権である可能性が高いのです。

◎〔対策は追い貸し〕負債が不良債権になった企業に共産党の国有銀行は、成長率が8％以下に下がったGDPを増やすための、設備投資と住宅建設を行わせる追加の貸付をリーマン危機のあと10年間行ってきたのでしょう。中国には、過剰な負債を投資にしてきたGDPバブルがあります。

利払いの可能能金額から見た企業負債の超過分968兆円は、GDPから見た過剰債務の946兆円と一致します。中国の企業債務のうち、確定的な不良債権は1000兆円と見ていいでしょう。1300兆円、1500兆円かもしれません。

ところが中国の不良債権は150兆円とされています（PwC中国法人の郭庭廷パートナー：18年末）。従来から、ほんとうの不良債権は、海外の金融機関の推計調査で政府発表の何倍もあるといわれてきました。ここでの計算でも推計の不良債権1000兆円は150兆円の6・6倍であり、従来説と一致します。中国の不良債権は企業負債の2420兆円のうち、少なくとも1000兆円（構成比41％）として間違いではないでしょう。

## 【正常債権に仮想する利払いは追い貸し】

どういう方法で利払いできないはずの1000兆円が正常債権とされているのか。いや、正常債権とは政府もいわない。「不良債権は160兆円」としています。要注意債権という概念もないのです。

1000兆円は、1000億円の負債がある会社の1万社分になる金額です。普通、6か月以上金利が払われないものは不良債権でしょう。これを正常と偽装するには、中国の4大国有銀行と、国民からお金を集めた理財商品から900兆円の融資をしているシャドーバンク側が「利払いがあったように帳簿の数字での追い貸し」をしていなければならない。この偽装をしないと、中国でも追加の貸付は銀行の不正な融資になるからです。融資の審査はまがりなりでも銀行で行われています。

中国では国有企業が50％です。わが国でいえば、政府がたりないお金を貸している独立行政法人のようなものです。国有銀行やシャドーバンクから1年に「1000×6％＝60兆円相当」の追い貸しがつづき、これが国有企業が50％を占める企業の借入金増加（2017年2兆ドル：220兆円）のうち60兆円（27％）くらいを構成しているでしょう。推計の計算ですが、正確と思っています。利払いの追い貸しも加わって、借金をふくらませる要素（27％）になっているでしょう。

日本の資産バブルのときの借入金とは違い、政府がGDP伸び率を6%以下に下げないため、国有銀行に命令して企業に増加借り入れを行わせ、設備投資、商業用ビル、ショッピングセンター、そしてなにより住宅建設を行わせてきたといえます。

## 【5000万戸の空き家の存在】

ブルームバーグは中国の空き家が5000万戸に達しているという記事を公開しました(18・11・09:ポール・ランクハルト記者)。身辺のリスクを冒《おか》して調査を行ったのは、成都市の西南財経大学の甘犁《ガンリー》教授です。中国の都市部住宅のうち、空き家は約22%(5軒に1軒)であるとしています。金額は1戸を1000万円と低く見ても、500兆円分の空き家です(こうした報道は政府にとって不都合な事実を明らかにするので、中国では反政府的とされます)。空き家は二種です。投資用に買われたが、借り手がないもの。建設されても売れていないもの。

中国の新築住宅は躯体《くたい》のまま販売され、内装は買ったひとがそれぞれの好みで行うのが一般的です。骨組みだけの空き家は夜、明かりがともらず、「鬼城」といわれ高層の幽霊屋敷や廃屋に見えます。中国の新築は1年に約1000万戸(日本の10倍)です。その5年分の空き家です。住宅の正常な在庫期間は6か月、最長でも1年くらいですから、これも度外れです。

中国の住宅価格の統計は特殊です。新築の売りだし価格だけが集計されています。「売れた住宅の価格」ではない。このため、「鬼城が全国にはいっぱいあるのに、住宅価格の統計では上がりつづけている」という、おかしなことが起こります。

米国や日本ふうの住宅統計なら、すでに多くの都市で相当に値下がりしているでしょう。住宅を建設し販売する企業の負債は世帯に売ると、建設費の借金分は世帯に移動します。ところが企業の借入金は、年率20％で増えつづけてきました。毎年1000万戸建設したものが、相当数（半分以上か）売れていないからでしょう。このため「新築住宅の価格は下がらない」。しかし限界はもうすぎています。

不良債権の公的な認定はなく、企業債務は1年に平均20％の速度で今日も天井知らずに増えつづけています。日本でも1998年の金融危機のとき、金融庁の認定（最終的に約80兆円）の2倍以上の200兆円スケールの不良債権でした。経済データの情報開示が乏しい中国では、1000兆円（企業の借入金の41％）はあるということでしょう。

問題は2019年、20年、21年と、この確定的な推計1000兆円の不良債権がどう向かうかです。いったん不良債権になると、中国のほんとうのGDPの成長は3％以下に下がっていて、好転することはないからです（2018年は実質成長が1・67％だったという説もあります）。

**〈ほんとうのGDPの推計〉** 前掲図8-1の右端のコラムに、ほんとうと思えるGDPの値を、中国内の民間研究所のデータから推計で計算して示しました。

成長率が急落した2013年から3から5ポイントのGDP偽装がつづいているでしょう。底上げが累積した2018年では3・1兆ドル（341兆円：13％）少なくなります。ただし、このＧＤＰは不良債権の推計には使っていません。これを使うと、中国企業の不良債権の１０００兆円が１３００兆円くらいに増えるでしょう。ここが実相かもしれません。しかしどの国でも、正常債権と不良の境界にはグレーな部分があり、概略でしか示せないので30％の３００兆円も大差ではない。

## 不良債権は銀行のマネー不足を引き起こす

企業の負債のうち40％（１０００兆円）の不良債権が推計される中で、その借入金が年率10％（2兆ドル：２２０兆円）増えつづけると、追い貸しの不良部分も毎年80兆～１００兆円加わっていくでしょう。

◎いつかは政府が対処しなければならない。

どこかで銀行への預金者からの小さな取り付けが起こると、政府から不良債権の開示がないことを知っている国民の不安をかきたて、スマホのＳＮＳやYoutubeから短時間で広がっていくでしょう。国民は5年前から情報発信の手段をもっています。預金の取り付けを防ぐため、米国の大恐慌期（１９２９～33年）のように銀行が閉鎖されると、国民の不安は一層高まります。

中国は日本より10年先を行って、情報伝達とマネーが変わってしまっています。電子マネーも日本より4倍は多い。中国のキャッシュレス比率は買い物額の60％です（日本はクレジットカードをいれても15%と低い）。それに中国は高い貯蓄率（2010年16%、17年7・7%）から、日本以上に銀行の預金が多い。現代の預金封鎖は難しいのです。

銀行閉鎖なら、決済のオンラインを切らねばならない。そうすると銀行の決済機能の停止になり、商品取引の活動も停止します。銀行の閉鎖は紙幣時代のものでした（1929～33年の米国の大恐慌と日本の戦後に実行）。日本でも、混乱を大きくする預金封鎖は行えません。できるのは、普通預金の1回の引きだしに50万円などの上限を設けることだけでしょう。なお定期預金は、銀行との契約では満期日しか引きだせないものです。解約に応じているのは、銀行の任意です。

政府・人民銀行は、金融危機への対策として利下げという選択肢は確かにあります。しかしこの利下げは、売れていない新築住宅価格のバブルを進展させ、崩壊のときの不良債権額を今より大きくするでしょう。これに加えて下がった預金金利から、特に富裕世帯の「預金引きだし」と、抜け道の多い外貨への交換を促進することになるでしょう。このため政府の利下げによって、銀行資本の回復は逆に阻害されることにもなります。

政府は企業の不良債権増加への対策として、利下げをするかもしれません。しかしこれは、銀行資本の回復という面での効果が少ない。むしろ逆になります。金利が下がると、銀行の貸付金とコールローン（銀行間の貸し付け）の金利収入が減るからです。それに政府が利下げをしても過去の不良債権は減りません。銀行の債務超過が露呈してきたときの金融危機に対しての利下げは、貸付金の金利収入を減らすことです。企業の利払いが減るのと同じ金額、金利収入を減らして銀行の赤字を大きくするだけであり、不良債権で大きな債務超過になっている中国の銀行資本には回復に効果がありません。

## 【米国の銀行は持ち株の価格上昇で回復した】

米国のリーマン危機のとき、銀行危機の内容は資産の縮小でした。ＦＲＢの４兆ドル（４４０兆円）の投入によって、回復したかのようにされています。しかしすでに述べたように、事実はそうではない。ＦＲＢからの銀行への資金投入は貸付金です。銀行の負債を増やす貸付金で失われた資本は回復しません。現金の投入により、当面の資金決済の能力が回復し、これもまた当面の預金の引きだしに応じる現金が準備されただけです。

◎米国の銀行に信用創造力（貸付金を増やす力）を回復させたのは、自己資本になる保有株が上がったことでした。09年1月に総時価が７００兆円に減っていた株は、３０００兆円に向かって直線的に上がりました。株価上昇のプロセスで、銀行のもっている株式も幾倍にも上がることにより、自己資本を回復させたのです。まとめれば、米国の金融危機はＦＲＢの４４０兆円を呼び水にした株価によって回復しました。

関連した例をあげると、98年、日本の金融危機からの回復がゼロ金利を敷いてもおよそ８年かかったのは、銀行がもつ株価時価の増加という要素が米国よりはるかに小さかったからです

（市場の時価規模は米国の6分の1）。企業との間に持ち合いがつづいていた株（リスク資産）は、むしろ銀行資本を不安定にさせるとしてバブル崩壊後の30年間、銀行から売り越されて、持ち株数は減っていました。中国がもつ企業株も日本に似ています。

人民元の投入により株価をふくらませるだけでは、1000兆円の不良債権で巨大な債務超過になる銀行を救うことができません。第一に不良債権が米国の2倍は大きく、第二に時価総額で米国の3000兆円に対して上海総合は4兆ドル（440兆円）、香港市場も4兆ドル（440兆円）と小さいからです。両方の市場に上場している企業も多いので、二重分を引いた時価総額は6兆ドル（660兆円）でしょう。日本の時価総額617兆円（19年4月）とおよそおなじです。

中国政府と人民銀行は不良債権に対して、どんな対策をとりえるのか。中国政府になりかわったつもりで、関連する要素を考えながら、検討します。

## 「中国共産党だから大丈夫だろう」という論

中国の国有銀行に対しては従来から、「地方政府と国有企業に対して不良債権を考慮せず、過剰な融資を行っている」という強い批判が内外からつづいていました。

銀行は、国民の資金を効率のいい産業部門に信用創造して、融資しなければならない。逆に資本効率の悪い産業と企業からは、資金を引きあげなければならない。ところが中国は開放経済（中国の市場経済化）のあとも、金融と企業政策において共産主義でした。

国有銀行と国有企業の両方の幹部は共産党員であり、党の支配下にあったからです（仲間うちのクローニー資本主義ともいいます）。無利子で、無返済の貸し付けすらあったのです。旧ソ連の共産主義の銀行貸し出しでも見られたことです。

中国の銀行の信用創造（貸付金）は、近代化前の「政府紙幣」とおなじでした。日本、米国、欧州の市場経済の銀行は曲がりなりにも、利益をあげる企業から正常な金利を得て返済を受け、銀行自身の収益を確保しています。その利益が銀行株の評価になり、資本を得ています。

中国の銀行と市場経済の銀行は、仕組みが違っていたのです。

これが中国の銀行が赤字の企業に約30年も融資をつづけ、不良債権をふくらませてきた原因です。この原因をリセットして外科手術をしないと、システムは再生しません。

◎端的にいえば中国の銀行システムは、明治初期の日本のような政府紙幣と、事実上、おなじものである人民元の、信用基盤の改革をしないと回復しません。中国政府は１９９４年にゴールドマンを招聘《しょうへい》して、金融システムの近代化をしましたが、改革は制度の表面だけだったのです。

＊

ここからは、「まだ起こっていない状況」です。論理とイマジネーションを使わなければならない。中国の国有銀行（株の51％以上を共産党が所有）であっても、不良債権が発覚したあと不良債権に金利の追い貸しをして不良債権をどんどん拡大していったとき、株式市場が株価を下げて指弾するでしょう。

２０１１年から12年のギリシャ国債を思い起こすと、これがわかります。ギリシャ政府は中国国有銀行の不良債権のように、ゴールドマンとのデリバティブ契約で財政赤字をとばして偽装していましたが、これが11年に暴かれました。その後、ギリシャ国債は3分の1に下落し（12年）、財政赤字の連想からスペイン、イタリア、ポルトガルの南欧国債に波及して、２０１２年の第一次ユーロ危機にまで発展しています。ＥＣＢは政策として下がった南欧国債を買いあげて危機を一時的にとめたのですが、根本の財政改革には至っていません。熱さましの対症療法なので、数年のサイクルで再発するでしょう。２０１８年後半にも南欧債の下落が起こり、フランクフルトにあるＥＣＢはユーロを追加投入しています。

中国の銀行資産の40％を占める巨大な不良債権が明らかになると（たとえ10％でも）、銀行の株券は紙くずになります。結果は銀行にとって株価下落よりこわい、国民からの預金取り付けでしょう。瞬間でリーマン危機のような中国の銀行全体のシステミックな危機になっていきます。

この事態を受けた人民銀行は人民元を増刷して、銀行システムに人民元を供給することは確実なことです。わが国で山一證券に対して行われた「日銀特融」とおなじ性格のものです。担保をとらない特別の貸付金ではあっても、それはあくまで貸付であり、銀行側の負債を増やすものです。山一は結局、破産しました。緊急の貸付は銀行の信用のもとである自己資本（株主資本）を回復するものではないからです。1000兆円の不良債権の資産価値はないので、政府は債券の担保がとれません。とっても無意味です。したがって、この不良債権は人民銀行の損失になり、人民元の価値信用を大きく低下させます。信用低下とは内外から人民元の投げ売りが起こることです。中国の四大国有銀行（工商、農業、建設、中国）の総資産は、1600兆円と巨大です。世界の銀行の資産ランクで4位までを独占しています（2018年）。およそ、1500兆円の国民の預金（銀行にとっては負債）があるということです。これとは別に不良債権が多い理財商品としての預金が900兆円です。不良債権が露呈し、一部から預金取り付けが起こって波及したときは、人民銀行による元の増発が追いつかないことを示すのが、預金額での2400兆円という大きさです。リーマン危機は、銀行間のデリバティブ証券の下落でした。国有銀行の中国では、預金取り付けからの銀行危機になるでしょう。共産圏では、危機の起こり方も違います。

銀行の自己資本（株主資本）は、

①銀行が資本を回復して、効率のいい産業に金利がとれる貸し付け（信用創造）をしたことにより、利益を上げられる状態になること、

②所有している債券と株券が上がること、でしか回復しません。

不良債権のため、国有銀行がもっている貸付債権（金利払いを受ける権利と元本の回収権）に総資産の40％と推計できる穴があいています。人民銀行から国有銀行への特融で数か月は決済の不能と預金引きだしに対応できても、資本を不良債権が大きく上回る債務超過はつづきます。

総資産が約15兆ドル（1600兆円）の中国の4大国有銀行の合計資本は10％の1・5兆ドル（165兆円）程度でしょう。このとき人民銀行が市場の株を買って上げようとしても、売りが超過して無効になっているでしょう。中国人の金銭感覚は日本人よりはるかに鋭敏です。王朝の興亡を繰り返して、そのたびにマネーが紙くずになってきた歴史をもつ国民は、心の奥では政府を信用してないフシが見えます。その点が日本や米国とは違います。おなじ経済体制だった旧ソ連の崩壊と、1999年のルーブルの1000分の1切り下げの記憶は、まだ新しいのです。

銀行の債務超過がつづく限り、国民の預金引きだしはつづき、政府紙幣である人民元は価値の低下を恐れる国民により、香港の英国銀行、HSBCやほかの外銀を通じた外貨の買いで外銀預金になっていくでしょう（マネーの海外流出）。これが国家の金融崩壊の最終形です。自国通貨がパニックになって海外に逃げてしまう。中国内はマネー不足になって、インフレ型とは逆のデフレ型恐慌を引き起こすでしょう。以上のような事態が想定されます。国民の預金の価値も下がるので、ちょうど1989年のソ連崩壊時のような公務員の給料と年金の無効化と似ています。ここからもう一歩先に進むと、ソ連で起こった政治体制の危機から崩壊です。

共産党の体制は人民解放軍によって守られています。仮に（万一、と念をいれます）、銀行危機のときは軍事予算を削減される人民解放軍の一部が預金封鎖も加わって困窮した人民の側に立てば、体制は一夜でのクーデタで終わります。このような事態を政府はなんとしてもさけねばならない。どんな対策があるのか。

ずっと以前から中国共産党はフランス革命と明治維新を研究し、人民を統治する政策に活かしています。人間の考えは、人類の行動の事実である過去のモデルにアナロジー（類比《るいひ》）を求めます。

封建時代の国王は地位が脅かされる恐怖を抱きつづけていました。自分の権力が資本というマネーや武器と城ではなく、幹部の心理（忠誠心）というあやういもので支えられていることを、上に立ったときに感じるからです。これには例外がない。

85歳の明仁上皇と美智子上皇后は伊勢神宮で退位の報告（奉幣の儀）をされたあと、宿泊先の伊勢志摩に向かう電車の中でずっと窓側に向いて立ちつづけ、一目拝顔しようとむかえる沿線の住民に会釈を送り、こきざみに手を振っておられました。国民の支持によって天皇の立場があると、かた時もわすれず意識されておられるからでしょう。意識は行動と態度の端々に現われます。身をおきかえれば、並大抵でできることでない。トランプとは対極のすごい人格です。封建領主の恐怖心から株主が会社を統治する資本主義という制度がつくられたのかとも思うくらいです。

織田信長の部下への苛烈な扱いと徳川家康の知略は、寝首をかかれる恐怖からきています。習近平主席では共産党幹部の不正の摘発です。憲法を改正したので自分で辞めない限り、人為的な法の上では終身の主席をつづけることができます（２０１８年3月：全国人民代表大会）。

しかし、王が配下に対して強制する権力をもちえるのは、側近が王に服従するからです。配下が王に服従するのは国民が王に従うからです。国民が王に従うのは王が生活を豊かにし、安全と財産を保障してくれるからです。このように王の絶対権力は立場があたえるものではなく、下のものの服従心がつくります。

この点は通貨もおなじで政府が関与した通貨の価値は、国民がインフレを起こさないと信用することによってつくられるものです。王という立場を承継しても、国民が服従しないと一夜で権力を失います。マネーもおなじです。習近平氏は共産党幹部の不正を摘発し法に依存して立場を守ろうとしています。これが将来の間違いにならなければいいのですが……。ソ連はルーブルの崩壊で壊れたからです。

## 中国が金融危機に向かうときの世界の通貨

数年内にＧＤＰ成長率の３％以下への低下と重なって、中国の１０００兆円の不良債権がいよいよ表面に出るとき、政府・人民銀行が通貨でどんな対策をとりえるのか。これを考えるには、そのときの人民元をとりまく主要国の通貨の状況もあわせて、想定しなければなりません。

要素が多数あり、整合させるのは難しいのですが、ここで行います。

## 【(1) 対外債務が増え、株価下落の危機もはらむ数年内のドル】

まずドルです。米ドルは、36兆ドル（3960兆円）の対外総債務が毎年1兆ドル以上増えて、正常な利払いが難しくなっていくでしょう。これが通貨面で意味するのは、「ドル安」です。世界の外為投資家がドルの危機を感じて売るでしょう。

ドル安は米国債・株・社債の内外からの売り超ですから、ドルの金利は上がり、国債と社債を下げて、株価は国債より大きく下がります。世界からマネーを集める強みをもっていたドルが逆転するからです。海外に散布されてきたドルの流れに、アマゾンのポロロッカのような逆流が起こります。これにともなって2011年から2018年までの4兆ドルも行われた自社株買いは、株価が下がるときは実行できず、減っていきます。

ドル安になると、米国の過剰流動性の上にのっている金融的な資産（国債価格、不動産価格、株価、債券価格）の価格は、おなじときに下がります。このとき鉄板だった過剰流動性は燃え上がる藁《わら》になります。リーマン危機時とおなじ複雑系の波及が米ドルに生じるでしょう。

これに対して米国政府・FRBは、対外負債を半分にする第二のプラザ合意（ドル切り下げ）への誘惑にかられるでしょう。

実際には、①1960年代（ケネディの時代）、②70年代（石油危機の時代）、③80年代（高金利からプラザ合意の時代）と、およそ10年のサイクルでドルの下落調整が起こってきました。そのたびに、ペーパーマネーのドルの対外負債が消されてきたのです。

米国の対外負債は基軸通貨である特権からドル建てです。海外がドルを買ったという形をとっています。ドル建ての対外債務はドル安によって消すことができます。一方の米国の対外資産は現地通貨建てです。ドル安のとき、現地通貨は米国から見ると上がります。たとえば米国がもつ日本の株（150兆円）や国債は円建てです。

米国株価の暴落、国債価格の下落、金利の上昇をともないながら、ドルが2分の1に切り下がると、円はドルに対して2倍になり、日本の株価と国債が2倍に上がったような為替差益を米国にあたえます。金利の上昇は借入の需要に対するマネー不足から起こりますが、投資の資金需要が増えることによる良い金利の上昇と、マネーが他国の通貨を買って海外に逃げることによる悪い金利の上昇があります。

## 【(2) 金融抑圧をつづける円】

これから数年内の円は政府すら予定している金利の上昇（『中長期の経済財政に関する試算』2019・01）から、ゼロ金利国債の値下がりにより（金利1％につき7・9％下落）、財政危機のモードにはいり、国債の金利を低く抑える金融抑圧から円安に向かっているでしょう。

## 【(3) 危機の要素が3つあるユーロ】

ユーロは①通貨、金利、債券のリスク交換のデリバティブが7500兆円のドイツ銀行、②EUと英国のGDPの増加率をイングランド銀行の想定より大きく、10%は低下させる、英国のEU離脱、③イタリア・スペインを先頭にした南欧の、いまだに解決していない財政赤字（国債）という問題をかかえています。

3要素のいずれもユーロの下落を示すものです。ユーロ19か国はドイツ経済の信用をバックにして、FRB・人民銀行・日銀と並ぶ500兆円のユーロをECBが増発して、リーマン危機のあとを底支えしてきました（前掲図7-5）。ユーロ増発による対策のツケがまわってきます。

## 【中国の非近代化ファイナンスの残存の問題】

つぎに検討すべきは、1000兆円の不良債権をかかえた人民元、共産党の独裁体制を守るため、どんな有効な対策をとることができるかです。

**〔王朝の交替〕** 中国の不良債権問題は、金融においては「上海幇《しゃんはいバン》や北京閥《ぺきんばつ》」でもある共産党のクローニー資本主義という国家体制の本質から生まれてきたものです。国のマネーを集結する国家資本主義ともよばれています。習近平氏の太子党は上海幇です。その前の胡錦濤主席は北京閥でした。このとき王朝が交替したのです。前々主席の江沢民氏も上海幇ですが、習近平氏とは人民解放軍の指揮権をめぐって今も内部闘争をつづけています。

習近平主席は、反腐敗運動で200万人の政府幹部を追放したといわれます。共産党は約8000万人で中国のエリート階級です。人口が10倍、国土が26倍の中国（米国並み）では、なにごとにつけても数字が大きくなります。

**〈幇《バン》の紐帯が強い〉** 封建の部族国家の人的な絆を引きついだ現代中国社会は、強い同志的な紐《ちゅう》帯《たい》である「幇《バン》」があります。この中では近代的・資本主義的な会計と債権／債務の意識が薄く、返さねばならないのが借金という考えも弱い（日本のかつての家《いえ》のようなものです）。中国に進出した海外企業で、中国企業への売掛金の回収が今もなかなか進まない理由がこれです。20回請求してやっと払われるとか。これらの中国進出企業の90％は売掛金の回収難や特例の税負担から、実質的には赤字という統計もあります。売掛金があっても、お金が長期間、回収できないからです。

明治の日本は、米国資本主義の父フランクリン（100ドル紙幣の顔）を学び、残存していた村落共同体的な考えを否定して、西欧化してきました。福沢諭吉の「天は人の上に人をつくらず、人の下に人をつくらず」は、ジェファーソンとフランクリンの独立宣言に由来します（『学問のすすめ』）。共産党になった中国に毛沢東の文化大革命はあっても、日本のような近代化に向かうときの社会思想の革命はなかったのです。この国は中華思想至上主義だからです。

**〈外面的なドルペッグ制〉** 中国では1994年から外面ではドルペッグ制をとっても、人民元の中身は封建時代の政府紙幣とおなじです。「幇《バン》」の共同体にある赤字の国有企業にも貸しつけられてきたものでした。工場と街と店舗は近代化され、市場経済化されても、ひとびとの目には、具体物が見えない金融は古いままのものでした。その状態のままに、GDPが世界2位の13・4兆ドル（1470兆円：実際は推計10・3兆ドル）に拡大してきたのです。

**〔GDPに現われた矛盾の原因〕** 公的なGDPを3・1兆ドル底上げするという矛盾も（2018年の累積）、利払いのない不良債権が正常債権とされていることからきています。不良債権をもつ国有企業が商品生産と、売れていない在庫が5000万戸の住宅建設を赤字にもかかわらずつづけているからです。

ケインズがいった短期的な失業の発生は抑える「穴を掘って埋める」政府事業とおなじです。マッキンゼーの報告では、5万1000社の国有企業には、企業部門の負債総額の60％がありますす（13・2兆ドル：1450兆円の負債）。売上は3000兆円です（卸の二重計算を含む）。

国有・国営企業のうち20％は下らないといわれつづけてきた赤字企業に貸し増しをつづければ、雇用は維持され、失業は抑えられます（公的な失業率は5・3％：19年2月）。しかしその労働は有効な生産物は生まない。今のままいけば、推計500兆円の住宅の不良在庫は600兆円、700兆円と積み上がります。不良な在庫の増加であっても、評価減をしない限り、マクロ経済のGDPではプラス要素になるからです。

ここまでジグソーパズルを1つずつはめていき、中国の不良債権とGDPにおける仮想の全体が、原因から解けたような気がしています。不良債権を増やしつづけている「幇《バン》の共産主義」を解体しないと、中国の経済成長は今後果たせないでしょう。中国の株価が、PERで11倍から12倍と低い理由も、企業会計の信頼性が薄いことからきています。中国人自身が「中国企業の利益」を信用していないことを示すのが、このPER（株価÷1株当たり企業純益）の低さでしょう。

## 中国政府と人民銀行の金融危機対策の想定

**〈25年目になったドルペッグ制〉** 1994年に、人民銀行は元を切り下げてドルペッグにしています。海外貿易のためには、人民元と海外通貨との安定したレートでの交換性を確保しなければならないからです。自国の通貨が弱く、安定しない新興国、途上国が共通に採用する方法が基軸通貨とのレートを一定範囲のフロートに固定するドルペッグ制です。東南アジア、香港、シンガポールもドルペッグを採用しています。

①輸出で中国企業がドルを得る。②そのドルは国内での元での支払いのため、銀行で元に交換する。③国有銀行にたまったドルは、人民銀行が元で買いあげて準備通貨にして保管する。このプロセスの結果、人民銀行が銀行からドルを買いあげたときに渡す同額の元が元の発行になります。④国有銀行はその元を準備通貨にして自治体・企業・世帯に対して信用創造を行い、

預金通貨を発行する。これがドルペッグ制の全体です（前掲図6-6の人民銀行のB／Sを参照）。

**〔ドルペッグの弱点〕**ドルペッグ制の弱点は、ドルが仮に2分の1に下落したとき、準備通貨が半分の価値になるので人民元の発行も半分にしなければならないことです。

人民銀行がこれを行えば、国内の元の流通量が半分に減って恐慌に転落するでしょう。恐慌は20％から30％のマネーサプライの減少から起こります。基軸通貨のドルが一定の価値を維持するという前提で、自国通貨のドルペッグ制が成立します。

もし人民銀行がドルが下落しても人民元の発行量を減らさないときは、担保のない「浮き貸し」になるため人民元の信用は下落します。日銀にたとえると、円国債の価格が半分に下がったときの円の価値信用の低下とおなじです。このとき日銀が２５０兆円の債務超過になり、発行した円の国内、海外からの信用は下落して暴落します。

**〔中国はドルに代わる基軸通貨の提案をG20で行っていた〕**２０１０年に人民銀行の前総裁周小川氏はG20で、「下落するドルは国際基軸通貨としては不適当である。ＩＭＦのＳＤＲのような無国籍通貨に変えるほうがいい」という提案を行っています。

２０１６年に米国は人民元をＳＤＲの円より大きな構成通貨にして、中国の国際的な面子《めんつ》をたてています。ＳＤＲの構成通貨であることの実質的なメリットはなにもない。ＳＤＲは、通貨危機や金融危機におちいった新興国への貸付金にしか使用されない、限定されたバスケット通貨でしかないからです。

**〈おなじ2010年からの中国による金の買い集め〉** G20でSDRを提案した2010年から中国政府と人民銀行は、金を買い集めることを開始しています。偶然の一致にしてはできすぎています。中国の金買いには、長期戦略があるはずです。米国FRBがいうように無用な金属なら、日本人よりはるかに利に敏《さと》い中国共産党が買うはずもない。

中央銀行グループが2008年まで約50年も売り越してきた金を、BRICsが一転して買い越しに転じたのは、リーマン危機のあとの2009年からでした。原因は、リーマン危機のあとの不換紙幣の基軸通貨であるドルの下落です。

**〈2010年からの米ドル〉** 2012年末からのアベノミクスで円が大きく下落したため（ドルに対して50%）、リーマン危機のあとのドルの下落は、変動相場の中ではわかりません。前掲図6-4の実効レートで見ると、元の相対レートは2010年の100から16年には130に上がっています。ただしユーロと円がドルより大きく下がったため、ドルも130付近に上がったように見えています。

**〈ドル高の実際〉** ところが実際はドルが強くなったわけではない。ユーロのマイナスからゼロ金利、円のマイナスからゼロ金利のため、ユーロと円からのドル買いがあることによるドル高です。プラスの金利差がないと買われない弱い通貨であるドルの金利は、2%から3%とユーロと円より高い。

金利が高いことによって通貨が高くなるのは、米国経済の実力からドルが高くなったとはいえません。金利差の利益（イールド・スプレッド）から「ドル買い／円売り・ユーロ売り」が起こっているだけです。その証拠にユーロと円との2％から3％の金利差がなくなれば、米ドルは30％下げるでしょう（1ドル77円）。ドルは円やユーロに対して2％から3％の金利プレミアムをつけて買われている通貨です。ドルはハンディ20のゴルファーのようなものです。弱いドルより、比較上で強いシングルプレーヤーはハンディの低いゼロ金利のユーロと円です。スイスフランはマイナス金利のときも世界から買われるスクラッチ・プレーヤーです。以上がドルの、ユーロ、円、スイスフランにくらべた隠れた実力です。ドルが米国経済の実力より30％は高く買われているため、米国が貿易赤字をつづけているのです。

**〈世界で一番強い通貨はスイスフランとドイツマルク〉**世界でもっとも強い通貨は、世界の富裕者からの買いが大きいスイスフランです。財政赤字と貿易赤字が両方ともない唯一の通貨だからです。外為市場の実勢に任せれば、スイスフランが高くなりすぎるので、スイス国立銀行は、「ドル買い・ユーロ買い／スイスフラン売り」の介入をつづけています。

仮にユーロが解体され、ドイツがマルクに戻れば、スイスフラン並みに強い通貨になります。しかしマルク高のためドイツ製商品（車、化学製品、機械）の価格が上がって、現在の貿易黒字は減るでしょう（2018年：ドイツの貿易黒字は2400億ユーロ：30兆円：日本の3兆円の10倍：中国は38兆円）。ユーロは加盟国の加重平均の通貨であるため、ドイツマルクより安いのです。

# 人民銀行が金準備制へ移行を始めた

ドイツはプラザ合意のあと10年の準備期間を経て、合意の形成に時間がかかる、ややこしい欧州に統一通貨のユーロ圏をつくり、「ドルの罠」から逃れました。ドルの罠とは、貿易黒字国がドルを貯めれば貯めるほど、米国からのドルの流出になるため安くなっていくことです。
◎日本は、「ドルの罠」にとらわれているという意識も逃れようとする意思もない。ドル買いで「ドルの罠」にますます深くはまる「円安／ドル高」すら求めています。通貨思想をもつエコノミストと政治家がわが国には皆無です。

中国では事情が違います。人民銀行の周小川前総裁などの考えが、共産党の意向として出ています。黒田総裁あるいは麻生財務大臣または安倍首相が周小川前総裁のような考えに至ることは仮想することすらできません。立憲民主党も変わらない。財務省官僚もおなじです。敗戦国であったことが尾をひいているのでしょう。１９６０年代まで米国経済は最強でした。中国は、ブレトンウッズの体制をつくった第二次世界大戦の戦勝国のグループです。
**〈人民元の国際化とは〉**２０１０年にＧＤＰで世界2位になった中国共産党の悲願は、人民元の国際化です。国際化とはドルにかわる基軸通貨になることではない。ドルに交換せずに、元のままで貿易ができることです。

ただし人民元を基軸通貨にしようとする意思まではないと見ています。国籍をもつ元が基軸通貨になれば、ドルとおなじように特権を得ることと引き換えに、すでに示した「トリフィンのディレンマ」にかかるからです。20年後に仮に中国のGDPが世界一になっても、元が世界的な基軸通貨になることはないでしょう。基軸通貨は「国籍をもたない通貨」でなければならないからです。

人民元が使われるのはアジア経済圏限定となるでしょう。アジアにおけるユーロのような通貨になる可能性があるということです。東南アジアの金融と企業の経営者の多くがシンガポールを例に見るように華僑です。シンガポールはアジアの金融のウォール街です。香港とシンガポールの金融取引額は、すでに東京市場を超えています。外為取引額での1位はロンドン、2位ウォール街、3位シンガポール、4位香港、5位が東京です。

**〔30％の経済圏〕**日本をのぞく中国とインドを含むアジアのGDPは27兆ドル（3000兆円：世界の30％：日本の5・5倍）です。ブレトンウッズ後、約70年の世界はドル圏（日本が属する：40％）、ユーロ圏（20％）、人民元圏（30％）の三極通貨の体制に向かっているとみていいでしょう。

## 【人民銀行の金準備制の可能性】

中国の不良債権解消のきめ手は、人民元をドルペッグ制から金準備制に変えることと同時に行う「旧人民元2元＝新人民元1元」とする通貨単位の切り下げでしょう。これによって中国の負債35兆ドル（3850兆円：旧人民元）は、17・5兆ドル（1925兆円：新人民元）となって名目額が減ったようになります。国民の預金も同時に半分になります。

しかし旧1元で買えていた商品は新1元ではおなじ1元です。物価の上昇はない。賃金も旧1万元は新1万元のままです。過去の旧人民元の預金、政府の借金、世帯の借金、企業の借金が新元では2分の1になります。これが過去の借金と預金を同時に減らす徳政令です。

GDPに対する負債は現在の2・6倍から、新人民元では1・3倍に減少します。中国企業の過剰な負債も半分に減ります。旧通貨単位を2分の1に切り下げたその日から、以上のような「組み換え」が起こります。為替レートも変わりませんが、海外からの元の預金は新元では半分になります。この旧通貨の切り下げは、「2分の1デノミ」とは違います。デノミでは所得・物価を含みすべてを2分の1にするので、なにも変わらない。ただ、あらゆるものが半分の価格になるだけです。

**〔日銀の設立の目的〕**以上のことは維新政府が明治15年（1882年）に日銀の設立のときに行った通貨の整理とおなじです。中国はフランス革命と明治維新を研究しています。

維新政府は、「旧太政官札2両＝新1円＝1ドル＝約1・5グラムの金」として、3倍のインフレを起こしていた政府紙幣の太政官札（2両）と新円を2分の1で交換させて、回収しました。通貨の切り替えにより、太政官札の過剰発行が引き起こしていた経済のがんのインフレをおさめたのです。さらに日銀が金兌換の新円の増発を抑えたからです。初期は銀兌換でしたが、金と銀の交換率をきめていたので金準備制とおなじことです。

**〔不良債権１０００兆円〕**中国にとって経済のがんはインフレでなく、１０００兆円と推計される不良債権です。これが銀行資本を空洞化させている限りは銀行の正常な信用創造はできず、ＧＤＰの偽装もつづいて、いずれクローニー資本主義として悲劇的なソ連の破局に向かうでしょう。

回避する方法は、明治維新にならって金準備の新元の発行、不良債権を生んだ旧人民元の回収しかないと思えるのです。商人からの借金を消した徳政令とおなじです。国民の預金額も２分の１になるのが難点です。しかし世帯の負債（６・６兆ドル：６６６兆円相当）も２分の１になるので、住宅ローン負債のある世帯には見合うでしょう。

## 世界の通貨の行方

六章でも述べたことですが、中国は、２０１０年から世界の金を買い集めています。準備通貨になる金地金として政府と人民銀行がどれくらいを集めたか、推計によるほかありません。宝飾品用として地金を輸入申告すると、中央銀行の金を管理しているＩＭＦが中央銀行の金保有とはしないからです。輸入以外に中国は、アフリカの金鉱山を開発援助として買っています。

カナダの金鉱山にも出資しています。これらが世界中にいくつあるか不明です。それに2017年に山東省で発見された金鉱山は中国史上最大規模という。素朴な疑問は、なぜ中国がこの10年、金を集めつづけているかです。情けないことですが、対外資産が世界一、中国の3倍の1000兆円ある日本は金をほとんど買っていません（図8-2）。

図8-2に2010年から18年までの、各国の金の輸入量（トン）を示しています。WGC（ロスチャイルド系の世界金委員会）からとっています。金で取り引されることが多い武器や麻薬での、かなりの量のモレがあるとは思えますが、われわれにはこの統計しかない。宝飾用とされた需要と、投資用のゴールドバーの需要をのせました。

（注）初の著作で金準備制を提案し、中国では150万部以上のベストセラーになったという宋鴻兵の『Currency Wars（邦訳は不適当な題名に思える「ロスチャイルド、通貨強奪の歴史とそのシナリオ」）』はリーマン危機が発現した2007年に出版されています。日本では気がつくひとが少なく、さほど売れていません。現職は中国語でグローバル金融をあらわす「環球財経研究所院長」です。

まず宝飾用と投資用ゴールドバーとも、中国の輸入が世界中の3分の1を占めていることです。2018年では1040トンです。他に1年に450トンくらいの中国内での金生産があるでしょう。合計では、最近の10年で1年に1500トンから2000トンくらいの金が中国に集まっていると推計されます。

このうち中国政府または人民銀行の買い上げは、50％付近の9000トンと想定されるでし

## 図8-2　国別の、金地金の需要
### (2010〜2018年：WGC：単位はトン)

(1)宝飾用需要

| | 2010年 | 2011年 | 2012年 | 2013年 | 2014年 | 2015年 | 2016年 | 2017年 | 2018年 |
|---|---|---|---|---|---|---|---|---|---|
| 中国 | 676 | 873 | 918 | 1,449 | 1,083 | 1,048 | 970 | 1,011 | 729 |
| インド | 1,002 | 974 | 914 | 959 | 833 | 857 | 666 | 727 | 598 |
| 日本 | −19 | −36 | 5 | 21 | 14 | 33 | 34 | 14 | 16 |
| 中東 | 327 | 302 | 298 | 383 | 320 | 296 | 212 | 231 | 168 |
| 米国 | 122 | 115 | 107 | 112 | 116 | 119 | 118 | 123 | 128 |
| 欧州 | 396 | 424 | 318 | 337 | 274 | 297 | 277 | 262 | 245 |
| その他 | 529 | 653 | 599 | 795 | 612 | 511 | 484 | 502 | 336 |
| 世界合計 | 3,138 | 3,388 | 3,213 | 4,132 | 3,302 | 3,233 | 2,856 | 2,909 | 2.220 |

(2)投資用需要

| | 2010年 | 2011年 | 2012年 | 2013年 | 2014年 | 2015年 | 2016年 | 2017年 | 2018年 |
|---|---|---|---|---|---|---|---|---|---|
| 中国 | 184 | 266 | 264 | 418 | 208 | 236 | 292 | 314 | 311 |
| インド | 340 | 355 | 319 | 341 | 206 | 195 | 162 | 164 | 162 |
| 日本 | −40 | −52 | −11 | 4 | -3 | 16 | 17 | −3 | 12 |
| 中東 | 73 | 88 | 90 | 109 | 72 | 63 | 19 | 41 | 10 |
| 米国 | 104 | 82 | 53 | 75 | 48 | 72 | 93 | 39 | 28 |
| 欧州 | 288 | 334 | 240 | 262 | 196 | 220 | 201 | 188 | 171 |
| その他 | 215 | 344 | 294 | 443 | 286 | 227 | 214 | 228 | 482 |
| 世界合計 | 1,164 | 1,418 | 1,249 | 1,651 | 1,014 | 1,028 | 998 | 971 | 993 |
| 中国の金需要合計 | 860 | 1,139 | 1,182 | 1,868 | 1,292 | 1,284 | 1,262 | 1,325 | 1040 |
| 中国の国内金生産 | 350 | 355 | 400 | 425 | 450 | 450 | 450 | 453 | 450以上 |

注)中国の金生産はUS Geological Surveyより；他のデータはWGC(World Gold Council)
2017年には山東省で中国史上最大の金鉱山が発見されています。カナダにも触手を伸ばしています。

ょう。10年の累積でおよそ９０００トンです（現在の時価1トン50億円で45兆円）。人民銀行が現在保有しているとされる１８４２トンと合わせて1万８４２トンです。１・１万トンとします。意外にすくない。世界で1番金を所有しているとされているのは、米国ＦＲＢの８１３３トンです（時価で40兆円）。武器輸出で世界の金を集めた米国ＦＲＢの１９４４年の金は２万２０００トンでした。

この金を準備通貨として、ドルを世界の基軸通貨にしたのです（１９４４〜71年の27年）。人民元がドルペッグ制とされてから今年で25年です。１つの通貨が命脈を保つのは約30年ということも見えてきます。

金兌換制であっても例外なく、しばらく経つとペーパーマネーの通貨は政府の意向から増発されて、１単位の通貨価値（購買力）を下げていくからです。ドルの場合は、1年に３・２％のインフレで商品物価に対して30年で約3分の1でした。金に対しては30年で30分の１くらいに下がっています。

本章で示したように、これから数年内にドル・ユーロ・円・元のおよそおなじ時期の下落が起こる可能性が高い。中国が集めた金で金準備制に向かうと知られると、世界からも大量の金買いが起こって1グラム５０００円の金は１９８０年の再現をして上がるでしょう。中央銀行が金を買い集めるときは、価格が上がらないように、そして買っている主体がわからないように少しずつ買う方法をとります。集める途中で上がってしまうと買える量が減るからです。

仮に金価格の上昇を5倍として1グラムを2・5万円とします（これでも上昇予想としては低い）。1・1万トンの金は、275兆円に相当します。あと3年か4年で金ETFを含む4000トンを買い増せば1・5万トンで375兆円相当です。ここまでの想定情報を知っておけば、中国の金買いの増加で新人民元の発行と金価格の上昇がご自分でも予想できるでしょう。

**〈準備率の計算〉** 人民銀行が今、準備通貨としてもつ外貨は366兆円です（ドルが60％：ユーロ30％：推計）。これは米国の対外負債のリスクから半分の評価が下がり、180兆円程度の価値になっている可能性があります。

上がった金が375兆円、外貨が180兆円相当で合計は555兆円です。人民銀行の元の発行残は総計580兆円です（1元17円換算）。新元の発行も580兆円分です。

「金375兆円＋外貨180兆円＝555兆円」は、新元580兆円のおよそ100％準備通貨になることができます。現状の水準で新元580兆円の発行には、十分の準備通貨です。準備率は100％である必要はありません。最低はおそらく準備率で20％あたりでしょう。

解決が難しい企業の不良債権の問題から中国が一夜で解放される方法が、こうした金準備制による新元の発行です。

これと類似した方法は、明治15年に3倍のインフレをおさめるために維新政府が実行したことです。ロシアでは1999年に旧ルーブルを1000分の1に切り下げてインフレをおさめました。第一次世界大戦後のドイツではレンテンマルクと新札を発行して、旧マルクを1兆分の1に切り下げています。1兆マルクを新1マルクとしたのです。このときもインフレは一夜でおさまっています。通貨の切り下げは過去の負債と預金を減らすことでもあります。
◎金準備制の新元発行は、幕末の旧通貨の混乱を整理した維新のような中国の新世紀になるでしょう。中国はそのあとドルは使わず、金準備制に変わった新人民元で貿易ができます。世界は、金準備の通貨には価値の保存能力を認めるからです。中国がドル買いからはずれれば、残るのは日本と産油国、新興国になります。ドルレートは半分に向かって下がり（このため金も上がり）、36兆ドルの米国の対外債務も半分になります。日本にとって痛いのは対外資産1000兆円の評価が500兆円に減ることです。ドル安に反比例して上がる金を買っていれば、日本もドル安からの損を緩和することができます。しかし中国と違い、ドルの罠にはまってしまっていることを意識してない日本は、金というドル安ヘッジの選択肢をもっていません。151兆円の公的年金を運用しているGPIF（18年12月）も、63兆円も保有しているドル国債とドル株を減らして金をもてば、国民の年金資産の蒸発をさけることができるでしょう。GPIFも通貨を広く見て、ポートフォリオを見なおすべきです。
金細工師とジョン・ローから書き始め、金本位のコインから、ペーパーマネーの中央銀行の時代、そして戦後のドル基軸体制からの崩壊から変動相場（1973年から現在）、その間の日本の資産バブルとその崩壊、リーマン危機の発生と回復、その後の再び資産バブルの発生とこれから数年内の崩壊、中国の不良債権の露呈から新人民元にまできました。新人民元の発行後は、三極の通貨体制、ドル圏、ユーロ圏、人民元圏の時代になるでしょう。

この中で経済成長率がもっとも低くなるユーロは、解体される可能性もあります。価値の下がる通貨を19か国が次第に使わなくなっていくからです。通貨価値を高めるのは、経済の実質成長力です。実質成長率は、「働く人の生産性×労働人口」を高めることよってしか上昇しません。通貨がもたらす現象と本質について、本書で書きつくしたような気がしています。ここで終わります。

# おわりに

21世紀に通貨の価値を守るのは、金《きん》だという結論に至りました。しかし、この結論は、ドルをはじめとする世界の通貨が、金準備制に変わることを意味するのではありません。

意図して国民が誤解するようにしか説明されてこなかった「金本位制」は、通貨を金貨とする制度です。「金準備制」は、中央銀行が通貨を発行する信用の裏付けとなる資産を金とするものです。金準備制では、金の準備率を下げることによって、金の保有高に縛られない金額の通貨を発行することもできます。

１９４４年のブレトンウッズ体制から１９７１年の金・ドル交換停止までは、米ドルは金準備制でした。金がもつ価値の信用という裏付けによって、米ドルは基軸通貨のポジションを獲得していたのです。

米国財務省とＦＲＢは１９７０年代からおよそ50年、「高騰する金価格との戦い」を世界金融の裏でつづけています。この戦いは、一般には見えなかったものです。とりわけドル圏に強く組みこまれた日本からは、まったく見えなかった。われわれは、円の価値をドルとの比較だけで評価してきたからです。これこそが意識せず、「ドルの罠」にかかっていることでした。

本書で書いたように、中国が企業の負債危機のあと、この負債を半分にする目的でドルに依存しない金準備制に移行して旧元を切り下げる可能性が高い。それ以外に過剰な負債を減らす方法がないからです。それでも、ドル・ユーロ・円が金準備制に変わるということはないでしょう。人民元以外の3大通貨は変わらず、政府の財政信用を根拠とした通貨発行の体制をつづけるということです。

貿易通貨は米ドル圏35%、ユーロ圏30%、人民元圏30%の3極の体制になるでしょう。日本はドル圏への帰属しか選択しません。このうちユーロ圏は10年という期間を想定すると、崩壊している可能性もあります。

ユーロは南欧諸国（イタリア・スペイン・ポルトガル・ギリシャ）を経済の実力より高くしているため、これらの国の財政赤字と貿易赤字は構造的に減りません。通貨が安くなることで貿易赤字が減り、高くなることで輸入が増えて輸出が減るという変動相場の自律調整が働かないのです。ドイツに対してはマルクより安い通貨になり、貿易黒字が拡大しています。統一通貨の矛盾はユーロを解消しない限り、大きくなっていきます。ユーロの理論的な根拠をつくったマンデルは、「域内の労働移動の自由があれば、格差は解消していく」としていましたが、20年経ってもユーロ加盟の19か国の経済格差は解消していません。ユーロが成立する根拠だった経済格差の解消は、理論的な画餅だったのです。

もともと国籍をもち、米国内の都合で増発されるドルが世界の貿易で使われるドル基軸体制には矛盾があったのです。ところがドル体制は経常収支が赤字つづきであっても、「ドルを増発して決済すればいいという特権」を米国経済にあたえてきました。この排他的な権利の維持のため、米国はときに軍事力を使って守ってきました。この特権の累積が対外負債の36兆ドル（3960兆円）になり、維持が難しくなってきています。

トリフィンが指摘したディレンマから来る「ドルの罠」を察知していたＢＲＩＣｓと新興国は、2010年からドルの代わりに金を買い集めるように変化しています。

人民元は現在、外貨準備を準備資産として、人民元を発行しています（ドルペッグ制）。この矛盾が「元に対するドル安」として、年々大きくなっています。このため中国は、ひそかに集めてきた金を準備資産にする体制に変わっていく可能性が高いでしょう。

これから数年、主要国はいずれも、「大きすぎる負債の利払いの危機」に直面します。これが通貨の危機（米国）、株価の危機（米国と日本）、銀行の危機（中国、日本、欧州）、財政の危機（日本）になっていくでしょう。根底にあるのは、「通貨の価値の危機」です。われわれが預金や株式の金融資産を守る手段も本書で示しました。

令和元年5月

吉田繁治　記

## 【参考文献一覧】


・日銀 資金循環表（各年度）https://www.boj.or.jp/statistics/sj/sjexp.pdf
・日銀 営業毎旬報告（２００８～２０１９年）https://www.boj.or.jp/statistics/boj/other/acmai/index.htm/
・財務省 日本の財政関係資料 https://www.mof.go.jp/budget/fiscal_condition/related_data/201811.html
・内閣府 中長期の経済財政に関する試算 https://www5.cao.go.jp/keizai2/keizai-syakai/shisan.html
・米国 ＦＲＢのバランスシート https://www.federalreserve.gov/monetarypolicy/bst_recenttrends.htm
・ＢＩＳ 世界各国の非金融部門の負債（１９５０～２０１８）https://www.bis.org/statistics/totcredit.htm
・ＢＩＳ ＯＴＣデリバティブの統計（各年度）https://stats.bis.org/statx/toc/DER.html
・ＷＧＣ 金の需要と供給（各期・各年度）https://www.gold.org/goldhub/data/demand-and-supply
・米国20都市のケースシラー指数 https://fred.stlouisfed.org/series/SPCS20RSA
・シラーＰ／Ｅレシオ https://www.multpl.com/shiller-pe
・日経新聞、Wall Street Journal、Bloombergの記事切り抜き
・『貨幣理論』ロバート・Ａ・マンデル：柴田裕訳（ダイヤモンド社）
・『ブレトンウッズの闘い』ベン・ステイル：小坂恵理訳（日本経済新聞出版社）
・『とてつもない特権』バリー・アイケングリーン：小浜裕久監訳、浅沼信爾解題（勁草書房）
・『雇用、利子および貨幣の一般理論』（上・下）Ｊ・Ｍ・ケインズ：間宮陽介訳（岩波文庫）
・『金融危機の経済学』岩田規久男（東洋経済新報社）
・『デフレの経済学』岩田規久男（東洋経済新報社）
・『ドル消滅』ジェームズ・リカーズ：藤井清美訳（朝日新聞出版）
・『ロスチャイルド、通貨強奪の歴史とそのシナリオ』宋鴻兵：橋本碩也、河本佳世訳（武田ランダムハウスジャパン）
・『ＧＯＬＤ ＷＡＲＳ』：Feldinand Lips（米国 ＦＡＭＥ出版）
・『大収縮１９２９－１９３３』ミルトン・フリードマン、アンナ・シュウォーツ：久保恵美子訳（日経ＢＰクラシックス）
・『国家破産』吉田繁治（ＰＨＰ研究所）
・『マネーの正体』吉田繁治（ビジネス社）
・『米国が仕掛けるドルの終わり』吉田繁治（ビジネス社）

著者略歴

吉田繁治（よしだ・しげはる）

1972年、東京大学卒業（専攻フランス哲学）。流通業勤務のあと経営と情報システムのコンサルタント。87年に店舗統合管理システムと受発注ネットワークのグランドデザイン。経営、業務、システムの指導。95年～2000年は旧通産省の公募における情報システムの公募で4つのシステムを受託し、開発。2000年、インターネットで論考の提供を開始。メールマガジン『ビジネス知識源プレミアム（有料版）』『ビジネス知識源（無料）』を約4万人の固定読者に配信。経営戦略、商品戦略、在庫管理、サプライチェーン、ロジスティクス、ＩＴ、経済、世界金融、時事分析の考察を公開し、好評を得る。主な著書に『仮想通貨金融革命の未来図』『米国が仕掛けるドルの終わり』『膨張する金融資産のパラドックス』『マネーと経済 これからの５年』『マネーの正体』（いずれもビジネス社）、『財政破綻からＡＩ産業革命へ』（PHP研究所）、『利益経営の技術と精神』（商業界）などがある。

HP：http://www.cool-knowledge.com/
メールマガジン：http://www.mag2.com/m/P0000018.html
e-mail：yoshida@cool-knowledge.com

**臨界点を超える世界経済**

2019年７月１日　第１版発行

著　者　吉田 繁治
発行人　唐津 隆
発行所　株式会社ビジネス社
〒162-0805　東京都新宿区矢来町114番地　神楽坂高橋ビル５階
電話　03(5227)1602（代表）　FAX　03(5227)1603
http://www.business-sha.co.jp

印刷・製本　株式会社光邦
カバーデザイン　大谷昌稔　本文組版　茂呂田剛（エムアンドケイ）
営業担当　山口健志　編集担当　本田朋子


ISBN978-4-8284-2104-9

ビジネス社の本

# データで読み解く
# マネーと経済
# これからの5年

吉田繁治……著

定価　本体1700円＋税

ISBN978-4-8284-1724-0

**5万人を超える購読者を誇る**
**ビジネスメールマガジンNo.1**
**「ビジネス知識源」の発行人による提言！**

個人資産が危ない！アベノミクス＝異次元緩和である。あまりにも独断先攻すぎるため、いままでの経済理論とも乖離が生じているのはご存知のとおり。このままいくと国民の経済はどうなるのか？　異次元緩和のパラドックスを避け、個人資産を守るための方法論を提示。

**本書の内容**

第1章　GDPの2・4倍、1121兆円の政府負債、そして国債の発行と需要
第2章　わが国の資金循環、つまりお金の流れの全容
第3章　国債は、誰が、どう買ってきたのか？
第4章　政府の国債と、中央銀行の通貨の本質
第5章　インフレ・ターゲット2％の政策
第6章　異次元緩和の実行がもたらした国債市場の不安定と、混乱の意味を解く
第7章　これから2年、異次元緩和のなかで国債市場はどう向かうか
第8章　財政破産を避けるために必要な日銀の政策修正
第9章　異次元緩和の修正と、本筋の成長政策